Kleine Bibliothek 46

Politik Wissenschaft Zukunft

Schriften des Internationalen
Institus für den Frieden
Wien

prv

Wilfried von Bredow (Hrsg.)

Ökonomische und soziale Folgen der Abrüstung Texte aus West- und Osteuropa

Mit Beiträgen von Wladimir Aboltin, Wilfried von Bredow, Stefan Doernberg, Klaus Engelhardt, Gerhard Fink, David Holloway, Egbert Jahn, Pertti Joenniemi, Alexander Kaljadin, Peter Knirsch, Milton Leitenberg, Maciej Perczynski, Dieter Senghaas

Pahl-Rugenstein

Mit freundlicher Genehmigung des Internationalen Instituts für den Frieden, Wien, und des Verlags Gazetta, Wien.
Die Rechte an dem Beitrag „Rüstungsdynamik und Abrüstung“ liegen bei Dieter Senghaas.
Lektorat: Jürgen Hartmann.
Umschlagentwurf: Dmitrij Werschbizkij.
Gesamtherstellung: Franz W. Wesel, Baden-Baden.
ISBN 3-7609-0116-6

Inhalt

Anhang

Wilfried von Bredow

Einleitung: Intersystemare Kooperation und Abrüstung

Seit dem ersten Einsatz von Kernwaffen, 1945 in Hiroshima und Nagasaki, der eine neue und schreckliche Qualität der Vernichtungswaffen ankündigte (eine Ankündigung, die durch die waffentechnische Entwicklung der folgenden Jahrzehnte unmißverständlich bestätigt wurde), gibt es eine dem Drängen der Weltöffentlichkeit auf Abrüstung mehr oder weniger ernsthaft entsprechende große Zahl von Abrüstungsplänen und Rüstungskontrollmaßnahmen. Die Frage, weshalb es in den 50er Jahren so wenige waren und welche Faktoren seit der Mitte der 60er Jahre ein langsames Abebben des Kalten Krieges auf den verschiedenen Ebenen der internationalen Beziehungen bewirkt haben, ist noch nicht hinreichend geklärt. Die Hinweise auf die Veränderung des internationalen Kräfteverhältnisses zwischen sozialistischen und kapitalistischen Gesellschaften mögen einen wichtigen Faktor, der für diesen Wandel mitverantwortlich ist, treffen. Aber es mangelt ihnen doch an genügender Präzision bei der Bestimmung dessen, was für Kräfte bei einer solchen Bezugnahme ins Verhältnis gesetzt werden und wie man sie im einzelnen gewichten soll. Einig sind sich jedoch Wissenschaftler und Politiker aus Ost und West (mit wenigen, sehr konservativen Ausnahmen), daß in den Ost-West-Beziehungen ein Entspannungsprozeß zu beobachten ist.

Wenn wir von dem Ziel ausgehen, daß Entspannung und intersystemare Kooperation Europa dem Frieden[1] ein Stück näher

1 Wir wollen hier als ein Muster für eine allgemein akzeptable Friedens-Definition die in liberaler Terminologie formulierte Definition von Johan Galtung zitieren: „Frieden ist mehr als Überleben: er beinhaltet die autonome und gerechte Entfaltung aller Teile eines Ganzen nach deren Neigung, bis hinunter zur autonomen Entfaltung des Individuums, welches stets die Grundeinheit und der alleinige Adressat politischen Strebens ist." J. Galtung, Europa – bipolar, bizentrisch oder

bringen sollen, und ferner davon, daß einer der allerwichtigsten Schritte in Richtung auf mehr Frieden die Vereinbarung einer wirksamen Truppen- und Rüstungsverminderung (als erste einer Reihe von Maßnahmen, die auf Abrüstung hinzielen) ist, dann stehen wir vor der Frage, in welcher Form die Ost-West-Entspannungspolitik mit ihrem Resultat, nämlich einer wachsenden (wenngleich quantitativ beschränkten) intersystemaren Kooperation positive Impulse für die Abrüstungsbemühungen in Europa geben kann.

Hier sollen weder ökonomische noch strategische Analysen über die Folgen von möglichen Rüstungsreduzierungen in kapitalistischen oder sozialistischen Ländern vorgenommen werden. Statt dessen konzentriert sich der folgende Versuch auf die Skizzierung einiger alternativer Positionen hinsichtlich des Problems des Übergangs vom jetzigen System gegenseitiger Abschreckung im herkömmlichen Sinne zu einem System des „Abrüstungswettlaufs“[2] in Europa. Trotz aller Vereinfachung stellen diese Positionen keine Modelle dar, sondern lassen sich konkreten politischen Standorten zuordnen. Die Akzentuierung dieses Problems erscheint aus einer Reihe von Gründen gerechtfertigt. Erstens fehlen trotz der Aktualität des Themenkomplexes Untersuchungen über diese Übergangsproblematik. Oder sie wird in ihrer Bedeutung verharmlost. Zweitens mangelt es in diesem Punkt in besonderem Maße an der Kommunikation zwischen Wissenschaft und Praxis. Drittens läßt sich an dieser Stelle des Entspannungsprozesses bereits deutlich erkennen, ob und in welchem Maße er dem obersten Ziel der Schaffung von mehr Frieden dient. Und viertens kann man an dieser Stelle des Entspannungsprozesses auch Handlungsmöglichkeiten der kritischen Öffentlichkeit in Europa vermuten.

kooperativ?, in: Aus Politik und Zeitgeschichte, B 41 v. 7. 10. 1972, S. 3.

2 Vgl. Philipp Sonntag, Politische und rüstungstechnische Kriterien für einen Abrüstungswettlauf, in: Eine andere Verteidigung? Alternativen zur atomaren Abschreckung, München 1973, S. 104.

Antagonistische Kooperation als Form der Systemkonkurrenz

Bevor die unterschiedlichen Positionen zum Problem der möglich gewordenen Überwindung des Drohsystems in Europa dargestellt werden sollen, ist es nützlich, noch einmal die Art und Weise zu beleuchten, wie die Systemkonkurrenz zwischen „Ost“ und „West“, zwischen Kapitalismus und Sozialismus und den ihnen entsprechenden Ländern, nach dem Ende des Kalten Krieges ausgetragen wird. In den Diskussionen über die Möglichkeiten und Grenzen der inter-systemaren Kooperation ist, zumindest im Westen, ein Gesichtspunkt vergleichsweise wenig zur Sprache gekommen: der Inhalt dessen, was denn nun die Unterschiedlichkeit der Systeme ausmacht.

Es scheint realitätsgerecht zu sein, zunächst einmal beim Wort zu nehmen, was mit Begriffen wie „Systemkonkurrenz“ oder „Systemauseinandersetzung“ angesprochen ist. Die Auseinandersetzung zwischen Kapitalismus und Sozialismus als zwei unterschiedlichen sozialen Organisationsmustern und Wertsystemen kann in der Tat als eines der durchschlagendsten und weiter an Gewicht gewinnenden Strukturprinzipien der Weltpolitik betrachtet werden, und zwar sowohl im internationalen Rahmen als auch in innergesellschaftlichen Auseinandersetzungen (z. B. in Westeuropa).

Diese prinzipielle Auseinandersetzung der Systeme bleibt auch auf absehbare Zukunft hin Grundmuster der Ost-West-Beziehungen. Wir haben es bei der inter-systemaren Kooperation also mit einer Spielart der Systemkonkurrenz zu tun, allerdings einer, bei der die Beteiligten insgesamt ein geringeres Risiko der allgemeinen Vernichtung tragen und bei der die Möglichkeit größer ist, daß die einzelnen Mitglieder der beteiligten Gesellschaften weniger stark belastet werden.

Um die Besonderheit dieser Art Zusammenarbeit zu kennzeichnen, scheint der Begriff der „antagonistischen Kooperation“ nicht ungeeignet. Antagonistische Kooperation als inter-systemares Handlungsmuster ist dann sinnvoll, wenn beide Parteien sich vor Probleme gestellt sehen, deren Lösung jeder einzelnen von ihnen ohne die Hilfe der anderen nur in weniger befriedigender Weise möglich ist, wenn absehbar ist und kalkuliert werden kann, daß beide Parteien durch die Kooperation so viel gewinnen, daß ihnen ihr eigener Gewinn wichtiger erscheint als der des anderen, und wenn drittens die Kooperation nicht den Tatbestand des Antagonismus der kooperierenden Parteien zu verwischen droht, d. h. von einer Partei als Überwindungs-Strategie eingesetzt wird. Jede dieser drei Bedingungen muß ausführlich erläutert werden, was hier nur angedeutet werden kann.

1) Als gemeinsame Probleme, die ohne die Hilfe des Gegenüber nicht gelöst werden können, sind zunächst die in den Rüstungskontrollverhandlungen aufgegriffenen Probleme zu kennzeichnen. So interessant und anregend die von einigen Friedensforschern vertretene These von der dominierenden Priorität binnen-gesellschaftlicher Motive für Entscheidungen auf dem Rüstungssektor ist, so darf man sie doch nicht überstrapazieren – indem man etwa die Erfolglosigkeit solcher inter-systemarer Rüstungskontrollverhandlungen apriori unterstellt. Darüber hinaus verbindet sich mit der Ost-West-Kooperation eine ganze Reihe von ökonomischen, wissenschaftlichen und technologischen Interessen.

2) Der antagonistische Gehalt dieser Kooperation kommt aber bereits in der zweiten Bedingung klar zum Ausdruck. Zwar gehört in den Katalog offizieller Kooperations-Eigenschaften auch die Formel vom „gegenseitigen Nutzen". Was heißt das? Selbstverständlich geht es den Sozialisten keineswegs darum, daß als Konsequenz der Kooperation der Kapitalismus sich verjüngt, die Profite der Unternehmer auf Kosten der Löhne der Arbeiter steigen usw. Auch wird man kaum einen im „Ostgeschäft" engagierten Unternehmer aus der BRD oder jedem anderen kapitalistischen Land finden, der damit bessere Lebensbedingungen in sozialistischen Ländern schaffen und den Sozialismus stärken will. Aber – er nimmt es in Kauf. Denn so selbstverständlich sich der Nutzen bei Kooperation auf alle Beteiligten verteilen muß, weil sie sonst kaum zustande kommen dürfte, so unterschiedlich erfolgen doch die Gewichtun-

gen dieses Nutzens. In antagonistische Kooperation will jede Partei sich nur dann engagieren, wenn der Nutzen der eigenen Seite für größer als der der anderen Seite gehalten wird, d. h. wenn der der anderen Seite den eigenen nicht neutralisiert.[3] In der Praxis kommt man den Konsequenzen dieser Bedingung nicht leicht auf die Spur, weil z. B. in kapitalistischen Gesellschaften höchst unterschiedliche Auffassungen über den „eigenen Gewinn“ herrschen, und diese Auffassungen und ihre Vertreter stehen in einem zuweilen erbitterten innenpolitischen Gefecht (vgl. etwa die unterschiedlichen Interpretationen der Ostpolitik innerhalb der SPD/FDP-Regierung).

3) Antagonistische Kooperation ist undenkbar ohne sie begleitende Abgrenzung, die die Funktion hat, den Antagonismus der Gesellschaftsformationen im Bewußtsein der Bevölkerung wachzuhalten. Abgrenzung – inhaltlich unterschiedlich und auch formal anders, weil bestimmt von den Regelungsmechanismen der einzelnen Gesellschaften – läßt sich in beiden Systemen konstatieren. Sie soll unerwünschte Folgen, vom Gegenüber möglicherweise erwartete und unterstützte Folgen der Kooperation verhindern.

Wenn man diese Bestimmungen der antagonistischen Kooperation aufnimmt und weiter vertieft, gelangt man vielleicht eher an einen Punkt, von dem aus sich die politische und soziale Entwicklung in den Ost-West-Beziehungen – „von der Konfrontation zur Kooperation“ – stimmiger erklären und von dem aus die Möglichkeiten und Grenzen dieser Zusammenarbeit sich präziser formulieren lassen. Daß sie Möglichkeiten birgt, die zivilisations-gefährdenden Begleiterscheinungen der Systemkonkurrenz langsam zu domestizieren, wird theoretisch kaum noch bestritten. Worauf es aber jetzt ankommt, ist das Ausschöpfen dieser Möglichkeiten antagonistischer Kooperation.

3 Hier finden sich Möglichkeiten für diplomatisches Taktieren, so indem man in Verlautbarungen nach außen das Interesse der eigenen Seite an solcher Kooperation herunterspielt und das der anderen Seite überakzentuiert.

In den Reden führender Politiker aus Ost und West taucht dieser freundlich gemeinte Topos in letzter Zeit nicht selten auf: Das internationale System und insbesondere Europa befinden sich im Stadium des Überganges von der Konfrontation zur Kooperation. Indes haben nicht erst die oben angestellten Überlegungen über die Charakteristika antagonistischer Kooperation zu Vermutungen Anlaß gegeben, daß es mit diesem Übergang so ganz problemlos denn doch nicht sei. Auch ein kurzer Überblick über den Ablauf der gesamteuropäischen Politik zeigt, daß es hier zahlreiche Mißverständnisse, falsche Interpretationen, gezielte und ungezielte Rückschläge gibt. Eine Garantie für den Erfolg der Entspannungspolitik existiert nicht. Um so wichtiger erscheint es deshalb, die verschiedenen Positionen darzustellen und zu durchleuchten, von denen aus einzelne Akteure der Ost-West-Politik den so oft beschworenen Übergang einleiten wollen.

a) Inter-systemare Kooperation und Entspannung als mögliche Gefährdungen der Position des „freien Westens"?

Es mag deprimierend wirken, wenn zunächst eine Auffassung zur Sprache gebracht wird, nach der die Weiterentwicklung der Ost-West-Beziehungen in Richtung auf mehr Frieden und Entspannung letztlich als unerwünscht gilt. Nicht nur die Logik der Darstellung, sondern auch die politische Realität verlangen jedoch diese Reihenfolge, findet doch gerade diese Auffassung in vielen sich als „staatstragend" definierenden Kreisen im Westen Unterstützung.

In der Sicht der Entspannungs-Kritiker erscheinen eine Reihe sich z. T. widersprechender sozialer Entwicklungen und neuerer Vorstellungen über ein europäisches Sicherheitssystem als ein gefährliches „Syndrom", das die überkommenen Werte zu verdrängen begonnen hat. Elemente dieses Syndroms seien z. B. ein wachsender Anti-Amerikanismus in Westeuropa, die Kritik an der Abschreckung, die Unpopularität der Militäraus-

gaben, die Reformeuphorie der Liberalen, die Enttäuschung über die geringen Fortschritte bei der Formierung einer politischen Union Westeuropas und die hier und da anzutreffenden Träumereien von Pazifisten und Neutralisten.[4]
Einzelne der hier versammelten und als sich ergänzend hingestellte politischen Strömungen haben in den letzten Jahren z. B. in der BRD gewiß an Zugkraft gewonnen. Es bedürfte jedoch sehr detaillierter Untersuchungen über ihre wahren Ursachen und Ausmaße. Ganz abstrus ist es, wenn ein „Ideensydrom" diagnostiziert wird, gegen das dann als Therapie die alten schwarz-weiß malenden Antikommunismus-Thesen verschrieben werden.
Nach den hier referierten Auffassungen ist die Entspannung zwischen Ost und West nur vordergründig und scheinbar. In Wirklichkeit bröckelt die Position des „freien Westens" ab, wenn man sich auf diese Politik einläßt. Kooperation mit sozialistischen Ländern sollte besser auf ein Minimum herabgeschraubt werden. Die Perspektiven dieser Strategie lassen sich dahingehend zusammenfassen, daß eine Neubelebung des Kalten Krieges angestrebt und die damit verbundenen Kosten bewußt in Kauf genommen werden.

b) Stärkung der westlichen Militärapparate als Voraussetzung von inter-systemarer Kooperation und Entspannung?

Im Kommuniqué der Ministertagung des Nordatlantikrates vom 13. und 14. Juni 1973 in Kopenhagen finden sich u. a. folgende Sätze: „Der Fortschritt in Richtung auf bessere Ost-West-Beziehungen und die Verminderung der Spannungen in Europa hätten ohne den unerschütterlichen Verteidigungswillen und die erforderliche militärische Verteidigungsfähigkeit des Westens nicht erzielt werden können. Die Minister stellten nachdrücklich fest, daß ein wirksames Verteidigungssystem eine Grundvoraussetzung für den weiteren Fortschritt darstellt ... Die Minister brachten ihre volle Zuversicht zum Aus-

4 Vgl. z. B. Hans Rühle, Sicherheitspolitik auf sozialistisch, in: Die politische Meinung, 17. Jg., 1972, H. 140.

druck, daß das Bündnis auch weiterhin ein lebenswichtiges Element für die Wahrung des Friedens, die Verbesserung der Ost-West-Beziehungen und die Förderung größerer Sicherheit und erhöhten Wohlergehens ist."[5] Problematisch erscheint hier in jedem Fall die bruchlose Verknüpfung einer *Militärallianz* mit Fortschritten in der Entspannung und inter-systemaren Kooperation. Selbst virulente Verfechter der These, daß erst die Summe von militärischen und gleichzeitigen Entspannungsbemühungen den Erfolg der letzteren garantiere, müssen zumindest den Anschein von Unlogik dieser These zugestehen.

Die Sätze aus dem NATO-Kommuniqué verweisen jedoch auf das politische Gewicht, das dieser Auffassung zukommt; sie bildet den Kern des Entspannungs-Verständnisses seitens fast aller Regierungen des Westens, insbesondere auch der Bundesregierung. In zahlreichen Stellungnahmen von Regierungsmitgliedern, zumal der Verteidigungsminister Schmidt (1969 bis 1972) und Leber (seit 1972) wird dieses Entspannungs-Verständnis propagiert und mit Hilfe nicht weniger Publikationen einer nicht recht überzeugten Öffentlichkeit deutlich zu machen versucht: daß Entspannungspolitik nur gelingen kann, wenn sie zugleich angemessene Verteidigungsanstrengungen neben der Entspannungsbereitschaft zur Grundlage hat. Je nach dem Argumentationszusammenhang wird das expansive Wesen der sozialistischen Staaten durch ihre Ideologie (mittels einiger collagierter Zitate von Marx, Engels, Lenin), durch die Kontinuität großrussischen Machtstrebens oder durch eine Mischung beider Erklärungen zu beweisen versucht, wobei unter militärpolitischen Gesichtspunkten solcher Diskussion die Hinweise auf den Umfang der Truppen und Bewaffnung der Staaten des Warschauer Paktes nicht fehlen. Die NATO-Staaten müssen deshalb alles unternehmen, um das „relative Gleichgewicht" der Militärapparate in Europa nicht zu gefährden. Was man aus dieser Sicht deshalb mit inter-systemarer Kooperation (jetzt im weitesten Sinne des Wortes) erreichen möchte

5 Bulletin des Presse- und Informationsamtes der Bundesregierung, Nr. 74 v. 19. 6. 1973, S. 739.

und erreichen zu können glaubt, ist eine Stabilität im Bereich strategischer Waffen unter Beibehaltung, ja Festigung bestehender militärpolitischer Strukturen.
Niemand wird behaupten können, an diesem Programm ließe sich auch nur ein Gran Entspannungseuphorie entdecken. Auf der anderen Seite erscheint die Anstrengung seiner Verfechter, die Ost-West-Beziehungen als eine Mischung aus Antagonismus und Kooperation zu interpretieren, zunächst als durchaus realitätsgerecht. Dennoch bleiben Zweifel, ob diese Konzeption die in ihr angelegten Widersprüche auch auszuhalten vermag oder ob sie nicht doch letzten Endes entspannungshemmend wirkt. Anhand einer regierungsnahen Interpretation der Truppenabbau-Konferenz sollen diese Zweifel demonstriert werden. Für ihren Autor gehört der Vorschlag einer Streitkräfteverringerung in Europa zu den Hauptproblemen, die zwischen Ost und West zu regeln sind.[6] Die NATO-Länder verbinden mit diesem Projekt die Absicht, das bestehende Gleichgewicht in Europa auf einem geringeren Stand zu stabilisieren. Da es aber kein Kriterium gibt, das die Gleichgewichtigkeit der militärischen Kräfte eindeutig festzustellen erlaubt[7], ist mit dieser Proklamation nicht viel ausgesagt.
Immerhin erlaubt sie, auch in die beginnende Entspannungsperiode die im Kalten Krieg entwickelten Maßstäbe hineinzutragen: für den Westen ist das MBFR-Projekt ein Instrument der Friedenssicherung. Anders im Osten: „Für die UdSSR und ihre Bundesgenossen ist also das Problem einer wechselseitigen Streitkräfteverringerung ein Instrument zur Manipulation der intereuropäischen Beziehungen."[8] Dies wird zwar nicht begründet, aber um so nachdrücklicher behauptet. Es versteht sich von selbst, daß Entspannungspolitik zwischen zwei antagonistischen

6 Gerhard Wettig, MBFR: Motor der Aufrüstung oder Instrument der Friedenssicherung?, in: Aus Politik und Zeitgeschichte, B 24 v. 16. 6. 1973.

7 Es sei denn, man bezeichnet jeden Zustand als gleichgewichtig, in dem es nicht zu militärischen Auseinandersetzungen und/oder zu einseitigen politischen Erfolgen aufgrund der Drohung mit militärischen Mitteln kommt.

8 G. Wettig, a.a.O., S. 4.

Systemen schwierig und mühselig ist. Wenn man darüber hinaus die Entspannung jedoch als eine besonders trickreiche Fortsetzung des Kalten Krieges betrachtet, die im Grunde sogar ein noch verstärktes Mißtrauen gegenüber den Aktionen der anderen Seite erfordert, fesselt man nicht nur sich selbst im circulus vitiosus des Abschreckungsdenkens, sondern man torpediert damit zugleich jeden Fortschritt in Richtung auf weitere Entspannung.

c) Inter-systemare Kooperation und Rüstungskontrolle als Konservierung bestehender Strukturen und verdeckte Aufrüstung?

Zu den schärfsten Kritikern der oben geschilderten „Zwei-Säulen-Theorie" von der notwendigen Ergänzung von Militär- und Entspannungspolitik gehören in vielen westeuropäischen Ländern die Vertreter eines Teils der Friedens- und Konfliktforschung. Ihre Argumente gewinnen sie u. a. aus der Analyse der westlichen Verhandlungsposition für das M(B)FR-Projekt.[9] „Vergangene Rüstungskontrollverhandlungen haben gezeigt, daß das Prinzip der Gleichgewichtigkeit und Symmetrie in der Tendenz einer in die Verhandlungen eingebauten Obstruktion möglicher Erfolge gleichkommt."[10]
Aus dieser Analyse resultiert bei vielen Friedens- und Konfliktforschern eine übergroße Skepsis hinsichtlich der Entspannungsbemühungen. Einige meinen sogar, sie dienten letztlich nur der Effizienzsteigerung der Militärapparate und damit der innergesellschaftlichen Herrschaftssicherung in beiden Systemen.
Diese Argumentationskette endet dann, muß enden, in einem schwer nachvollziehbaren Trotzdem-Plädoyer für Entspannung und inter-systemare Kooperation, obwohl keinerlei Abhilfe gegen deren angeblich negativen Seiten parat steht.

9 Vgl. u. a. Wilfried von Bredow, MBFR und europäische Sicherheit,in: Blätter für deutsche und internationale Politik, 18. Jg. 1973, S. 120–131; sehr ausführlich und konstruktiv auch: D. Senghaas, V. Rittberger, B. Luber, MBFR: Aufrüstung durch Rüstungskontrolle?, in: C. Bielfeldt u. a., Frieden in Europa?, Reinbek 1973 (rororo aktuell, 1686).

10 Senghaas, Rittberger, Luber, a.a.O., S. 64.

Was diese Position jedoch trotz ihrer Widersprüche für unsere Diskussion relevant werden läßt, ist ihre analytische Schärfe in der Kritik der offiziellen Militärpolitik, die Entspannung und Rüstung bruchlos miteinander zu verknüpfen vorgibt.

d) Inter-systemare Kooperation als Schrittmacher von Rüstungsbegrenzung und Abrüstung.

Die erste der oben dargestellten Positionen ist eine Beharrungsstrategie, der inter-systemare Kooperation und Ost-West-Entspannung verdächtig sind, die sie allenfalls als eine Vorstufe zur Exportierung des eigenen Systems akzeptieren würde.
Die zweite Position basiert auf dem voreilig mittels machtpolitischer Argumente harmonisierten Widerspruch, daß man erst vor dem Hintergrund einer auszubauenden Militär- und Sicherheitspolitik erfolgreich eine Ost-West-Entspannung erreichen könne. Daß weiter ausgreifende Fortschritte in diese Richtung dadurch blockiert werden, ist absehbar.
Die dritte Position umfaßt einerseits tiefgehende Skepsis über die Möglichkeiten, inter-systemare Kooperation wahrhaft friedensfördernd werden zu lassen, andererseits aber auch konkrete Vorschläge für erste Abrüstungsschritte.
Während die erste Position, wiewohl sie noch keineswegs endgültig überwunden ist, an dieser Stelle nur mehr die Distanz zwischen aktuellen Überlegungen und politischen Strategien der letzten beiden Jahrzehnte verdeutlichen soll, bieten sich – mit unterschiedlichem Gewicht in Theorie und Praxis – die beiden anderen Positionen als Übergangsstrategien von der Konfrontation zur Kooperation an. Beiden aber eignen, wie wir gesehen haben, Mängel, und es ist deshalb zu überlegen, ob nicht aus einzelnen akzeptablen Teilstücken dieser beiden Positionen eine stimmigere und nützlichere Konzeption gewonnen werden könnte. Elemente dieser Konzeption müßten sein:
– Der „diplomatische Realismus" der „Zwei-Säulen-Theorie", der zumindest in der Form nachvollzogen werden kann, daß

man die Dimension des Umschwungs in den Ost-West-Beziehungen nicht überschätzt und deshalb sich allzu rasche Abrüstungserfolge verspricht.

– Ein adäquates Bild von den die Rüstungsentwicklung beeinflussenden Faktoren in den verschiedenen Gesellschaften.

– Konkrete Vorschläge für die Reduzierung der Militärapparate, wobei darauf zu achten ist, daß hier nicht unter falschem Etikett Umrüstung oder gar Aufrüstung betrieben wird.

– Konkrete Vorschläge für den politischen Bereich inter-systemarer Kooperation, also Vorstellungen darüber, wie die ökonomische, wissenschaftliche, technische und kulturelle Zusammenarbeit neben ihrem jeweils unmittelbaren Nutzen für die Beteiligten auch zur Verbesserung des allgemeinen politischen Klimas in Europa so beitragen kann, daß das heute noch weitgehend vorherrschende apriori-Mißtrauen zumindest in Offenheit und Aufnahmebereitschaft verwandelt wird. Ohne diesen Prozeß nämlich erscheint die Hoffnung auf wirksame Streitkräfte-Reduzierung verfrüht.

– Eine deutlich und unmißverständlich ausformulierte Beschreibung des Ziels der inter-systemaren Kooperation und der Entspannung, die von beiden Parteien in dieser Form akzeptiert wird. Daß antagonistische Kooperation nur dann funktionieren kann, wenn die Legitimitätsgrundlagen der Beteiligten dadurch nicht angegriffen werden, ist an anderer Stelle betont worden. Wenn es nicht gelingt, ein gemeinsam anvisierbares verbindliches Ziel allgemein zu formulieren, muß man eben nüchtern beginnen.

Ein relativ wenig spektakulärer Ansatzpunkt für konkrete Schritte in Richtung auf erkennbare Rüstungsreduzierungen muß darin bestehen, im Anschluß an die Ergebnisse der KSZE und mit der Absicht, sie zu institutionalisieren, die hier behandelten Themen mehr und erfolgreicher zu solchen der kritischen Öffentlichkeit zu machen. Das, was an Rüstungskontroll-Vereinbarungen bisher erreicht ist, unterlag mit Recht der Kritik vieler Beobachter, weil es längst nicht weit genug ging. Nur schätzt man diese Vereinbarungen falsch ein, wenn man bei ihrer Beurteilung nicht auch berücksichtigt, daß sie zuverlässige Indikatoren für die Reichweite des gegenseitigen Mißtrauens und die Reichweite einer neuen Atmosphäre antagonistischer Kooperation sind.

Neben den unmittelbaren Auswirkungen für die Beteiligten hat jede Art von inter-systemarer Kooperation auf diesem Feld eine kaum zu überschätzende Funktion. Erst wenn sie mehr und mehr die Kommunikation zwischen Ost und West bestimmt, werden qualitative Rüstungsbegrenzungsschritte in Richtung auf eine Abrüstung möglich. Alle vorgeschlagenen Maßnahmen auf diesem Gebiet rücken erst dann in den Bereich des Möglichen, wenn die Perzeptionsmuster der politischen Entscheidungsträger und der Bevölkerungen nicht mehr die des Kalten Krieges sind. Die Warnungen vor einer „Entspannungseuphorie" übersehen, daß deren Kern viel realistischer ist als die Rüstungseuphorie der Anhänger militärischen Denkens. Dies zu verdeutlichen, ist eine wichtige, dringende Aufgabe. Es geht ja nicht darum, daß die eine Partei von heute auf morgen ihre Waffen niederlegt und sich der anderen wie der Hl. Sebastian auf Gnade oder Ungnade anbietet. Statt dessen geht es darum, daß die Existenz der Rüstungen und ihre Weiterentwicklung einen neuen Weltkrieg und damit den Untergang der Zivilisation statistisch immer wahrscheinlicher machen, daß andererseits die Kosten für den Unterhalt und die Weiterentwicklung dieser Rüstungen den Gesellschaften Lasten aufbürden, die anomische Konsequenzen haben. Wer angesichts dieser Tatsachen sich dem Drängen auf Rüstungsbegrenzung und Abrüstung verschließt, mag sich für einen Realisten halten, er ist aber ein Zyniker.

*

„Ökonomische und soziale Aspekte der Abrüstung" war das Thema eines am 16. und 17. 11. 1973 in Berlin (DDR) abgehaltenen Symposiums, das gemeinsam vom Institut für Internationale Politik und Wirtschaft (IPW) Berlin und vom Internationalen Institut für den Frieden in Wien veranstaltet wurde. Der Schlüsselbegriff dieser Experten aus Ost und West versammelnden Tagung hieß *„Umstellungsproblematik"*. Die

Umstellung der Rüstungswirtschaft auf zivile Orientierung, die Umstellung der Freund-Feind-Strukturen auf eine Kooperations-Perspektive, die Umstellung der Perzeptionen und Einstellungen – all das sind ja unabdingbare Voraussetzungen und Begleitmaßnahmen für die Einleitung eines Abrüstungsprozesses.
Aus den Diskussionen über dieses Problem ergab sich ein zweites, das unmittelbar auf die politische Praxis bezogen ist: Auf welche Weise kann versucht werden, den *Übergang* von der augenblicklichen Situation in einen Zustand zu erleichtern, der eben nicht von einer Dominanz der Rüstung oder allenfalls einem Nebeneinander von Rüstung und Rüstungskontrolle gekennzeichnet ist?
Die folgenden Texte kreisen alle um das Problem der Umstellung und das des Übergangs. Die sich auf der Tagung daran anschließenden Diskussionen können hier aus Platzgründen leider nicht wiedergegeben werden. Insgesamt gesehen, unterstrichen sie die Notwendigkeit, Abrüstungsforschung in Ost und West intensiv voranzutreiben. Es ist zu wünschen, daß die Publikation der Referate und einiger Kurzreferate des Berliner Symposiums dazu einen Beitrag leistet.

Stefan Doernberg*

Die Abrüstungsfrage im Wechselverhältnis politischer, ökonomischer und sozialer Aspekte

Der Kampf um dauerhaften Frieden, für internationale Entspannung und die volle Durchsetzung des Prinzips der friedlichen Koexistenz in den Beziehungen zwischen Staaten unterschiedlicher Gesellschaftsordnung ist in eine neue Etappe getreten. Durch die Veränderungen im internationalen Kräfteverhältnis sind echte Möglichkeiten entstanden, einen neuen Weltkrieg zu verhüten und die Menschheit schließlich von der Geißel des Krieges zu befreien.

Entscheidendes Gewicht kommt dabei der wachsenden Kraft der sozialistischen Staatengemeinschaft, ihrem zunehmenden Einfluß auf die Gestaltung der internationalen Beziehungen zu. Obwohl aggressive Kreise kapitalistischer Staaten nach wie vor internationale Konflikte schüren, militärische Aktionen in verschiedenen Regionen der Welt unternehmen und damit den Weltfrieden akut bedrohen, setzt sich dank den Veränderungen des Kräfteverhältnisses und im Ergebnis der konsequenten Friedenspolitik der UdSSR und der anderen Länder der sozialistischen Staatengemeinschaft die internationale Entspannung immer mehr als dominierende Tendenz durch.

Die sozialistische Außenpolitik hat von jeher im Rahmen ihrer grundsätzlichen Bemühungen um die umfassende Verwirklichung der friedlichen Koexistenz den Kampf für eine effektive Abrüstung zu einem der wichtigsten Anliegen ihrer Strategie und ihres praktischen Handelns gemacht. Heute ist die Abrüstung in vielfacher Hinsicht zur zwingenden Notwendigkeit geworden. Neue qualitative Erscheinungen auf militärtechnischem Gebiet, nicht zuletzt die Wirkungen der wissenschaftlich-technischen Revolution auf das Militärwesen, die

* An der Ausarbeitung waren beteiligt: Helga Schirmeister, Klaus Engelhardt, Rolf Gutermuth, Peter Klein.

Rüstungsproduktion und ihren Platz im volkswirtschaftlichen Leben, haben neue Probleme aufgeworfen. In zunehmendem Maße tragen nunmehr auch Regierungen kapitalistischer Staaten der Notwendigkeit Rechnung, einen neuen Weltkrieg zu verhindern. Sie deuten die Bereitschaft an, den Rüstungswettlauf zu bremsen und zu vertraglich vereinbarten Abrüstungsmaßnahmen zu gelangen.

Zahlreiche internationale Konferenzen und wissenschaftliche Tagungen haben sich mit den verschiedensten Aspekten der Abrüstungsproblematik befaßt. Über die ökonomischen und sozialen Folgen des Wettrüstens bzw. der Abrüstung wurden im Auftrag der UNO spezielle Untersuchungen angefertigt.[1] Die friedliebende Öffentlichkeit erkennt immer besser, welch große Bedeutung ihrem Engagement für die Abrüstung zukommt. Dies wurde erst jüngst sehr überzeugend auf dem Moskauer Kongreß der Friedenskräfte bewiesen. So gelangte die Kommission „Abrüstung" des Weltkongresses zu der wichtigen Schlußfolgerung, daß internationale Spannungen das Wettrüsten stimulieren, welches wiederum die Spannung verstärkt. Das Wettrüsten bewirkt Furcht, Mißtrauen und gegenseitigen Argwohn und vergiftet dadurch das politische Klima.

„Eine stabile, dauerhafte Normalisierung der internationalen Lage ist unmöglich, wenn man die riesigen Arsenale von Massenvernichtungsmitteln aufrechterhält, wenn man sie weiterhin in immer größerem Ausmaß mit immer gefährlicheren Waffenarten auffüllt. Die politische Entspannung kann nicht effektiv und unumkehrbar sein, solange das Wettrüsten anhält."[2]

Die bereits heute erreichten Erfolge auf dem Wege zur internationalen Entspannung haben wesentliche Voraussetzungen geschaffen, um praktischen Lösungen der Abrüstungsfrage nä-

1 Economic and Social Consequences of Disarmament. Report of the Secretary-General. Transmitting the study of his Consultative group, Bd. 1 und 2 (Hrsg. United Nations), New York 1962; Economic and Social Consequences of the Arms Race and of Military Expenditures. Report of the Secretary-General (Hrsg. United Nations), New York 1972.

2 Materialien des Moskauer Weltkongresses, Bericht der Kommission VI (Abrüstung), vgl. in diesem Band, S. 202.

her zu kommen. Ohne eine weitere Durchsetzung der internationalen Entspannung wird es keine echten Fortschritte auf dem Wege zur Abrüstung geben. Die Notwendigkeit der Abrüstung ergibt sich zweifellos auch aus anderen, vor allem ökonomischen und auch sozialen Faktoren. Sie haben ein bedeutendes Gewicht und sind daher auch Hauptgegenstand des gemeinsamen Symposiums des Internationalen Instituts für den Frieden, Wien, und des Instituts für Internationale Politik und Wirtschaft in Berlin. Trotzdem lehrt die geschichtliche Erfahrung, daß die Wirkungsweise dieser Faktoren solange begrenzt ist, ja praktisch nicht zum Tragen kommt, wie nicht durch politische Entspannung ihre Entfaltung ermöglicht wird.
Umgekehrt schafft die Abrüstung entscheidende materielle Grundlagen für eine dauerhafte stabile Entspannung und Gewährleistung des Friedens. Sie fördert die Entwicklung der Zusammenarbeit auf politischem, wirtschaftlichem, wissenschaftlich-technischem und kulturell-geistigem Gebiet, was zu einer weiteren materiellen Untermauerung des Entspannungsprozesses beitragen wird.

Der Generalsekretär des ZK der KPdSU, Leonid I. Breshnew, hob in seiner international viel beachteten Rede auf dem Moskauer Weltkongreß der Friedenskräfte am 26. Oktober vergangenen Jahres hervor: „Es versteht sich, daß die weitere Verstärkung des durch die aggressiven Kreise des Imperialismus angefachten Wettrüstens und die eingeleitete Minderung der internationalen Spannung zwei Prozesse sind, die in entgegengesetzten Richtungen verlaufen. Sie können sich nicht endlos sozusagen parallel entwickeln. Wenn wir wollen, daß die Entspannung und der Frieden dauerhaft sind, muß dem Wettrüsten Einhalt geboten werden."[3]

So ergeben sich folgende Hauptgründe, die die Abrüstung heute zur zwingenden Notwendigkeit machen:

1) Durch Vereinbarungen über die Abrüstung muß der ein-

3 Rede des Generalsekretärs des ZK der KPdSU, L. I. Breshnew, auf dem Weltkongreß der Friedenskräfte in Moskau am 26. 10. 1973, in: Neues Deutschland, 28. 10. 1973.

geleitete Prozeß der politischen Entspannung ergänzt und vervollständigt werden.

2) Durch die Beendigung des immer bedrohlicher werdenden Wettrüstens und die Vernichtung der angehäuften militärischen Mittel, deren Anwendung theoretisch zu einer mehrfachen Zerstörung der menschlichen Zivilisation ausreichen würde, müssen die unübersehbaren Gefahren vermindert werden, die gegenwärtig beim Ausbrechen internationaler Konflikte oder einer Zuspitzung vorhandener Widersprüche bestehen.

3) Durch effektive Abrüstungsmaßnahmen müssen die vom Wettrüsten ausgehenden negativen Wirkungen auf die Entwicklung von Wirtschaft und Wissenschaft sowie die Belastungen auf sozialem Gebiet – sowohl in einzelnen Staaten als auch in der internationalen Zusammenarbeit – überwunden werden.

4) Die Verminderung der Rüstungen ist notwendig, damit der unheilvolle Einfluß des Militarismus eingeschränkt und bessere Wirkungsbedingungen für die demokratischen Kräfte in ihrem Kampf zur Durchsetzung ihrer politischen und sozialen Forderungen geschaffen werden können, deren Verwirklichung heute in den kapitalistischen Industrieländern auf der Tagesordnung steht.

5) Wirksame Abrüstungsmaßnahmen sind erforderlich, damit die Entwicklungsländer ihre politische und ökonomische Unabhängigkeit festigen können.

6) Verminderungen des Rüstungsaufwandes werden zur weiteren Durchsetzung besserer äußerer Bedingungen für den Aufbau des Sozialismus und Kommunismus beitragen. Sie werden es den Völkern der sozialistischen Staaten ermöglichen, ihre Anstrengungen noch umfassender auf ihr friedliches Aufbauwerk zu konzentrieren.

Keineswegs darf das Wirken jener Faktoren unterschätzt werden, die das Wettrüsten bisher verursacht haben. In diesem Zusammenhang soll deshalb kurz auf die politischen, ökonomischen und sozialen Ursachen der Aufrüstung in der Nachkriegsperiode, ihr Zusammenwirken und ihre gegenseitige Abhängigkeit eingegangen werden. Dabei muß diese Analyse von den unterschiedlichen Gesetzmäßigkeiten ausgehen, die der Entwicklung des Sozialismus und Kapitalismus innewohnen, von dem Hauptwiderspruch unserer Epoche – dem Widerspruch zwischen Sozialismus und Kapitalismus – und schließlich von den Wechselwirkungen zwischen den beiden Systemen.

Aufrüstung – ständige Bedrohung des Weltfriedens

Das Wettrüsten der Nachkriegsperiode wurde als Mittel einer politischen Strategie des Imperialismus, des Konzepts des Kalten Krieges ausgelöst. Die als Mittel des Kalten Krieges entfesselte antikommunistische Hysterie, forciertes Rüsten und imperialistische Blockpolitik verfolgen als Ziel, die Wiederausdehnung des imperialistischen Machtbereichs über den ganzen Erdball, zumindest ein „roll back" des Sozialismus – die Rückgängigmachung der sozialistischen Entwicklung in den mit der UdSSR verbundenen Ländern – durchzusetzen.

Die Entfachung des Rüstungswettlaufs als Element dieser Politik beruhte auf zwei Prämissen:

erstens auf der Überbewertung militärischer Macht als Mittel zur Durchsetzung politischer Ziele; es wurde angenommen, daß sie sich durch Anwendung und vielfach schon durch Androhung militärischer Gewalt realisieren ließen;

zweitens auf der Annahme, der Rüstungswettlauf werde – kombiniert mit einer Sperrung des Zugangs dieser Länder zum internationalen ökonomischen Austausch mittels Embargopolitik und anderer ökonomischer Erpressungen – die UdSSR und die mit ihr verbündeten Staaten an den Rand des ökonomischen Zusammenbruchs bringen.

Es dürfte hier kaum notwendig sein, auf die Irrealität des Konzepts des Kalten Krieges einzugehen, das schließlich für seine Urheber infolge der wachsenden politischen, ökonomischen und militärischen Macht der sozialistischen Staatengemeinschaft mit einer strategischen Niederlage endete. Diese Periode hat jedoch zu einer tiefgreifenden Störung der internationalen Beziehungen geführt, die nur mühsam und allmählich durch Fortschritte des Entspannungsprozesses überwunden werden kann.

Mit dem Beginn der Phase eines Abbaus der Spannungen in den internationalen Beziehungen war und ist keineswegs ein Abbau aller Elemente des Kalten Krieges verbunden. Die Überbewertung militärischer Macht durch bestimmte Kräfte z. B. im NATO-Lager hat sich als zählebig erwiesen, sie bildet die Grundlage der verschiedenen Theorien vom „Gleichgewicht des Schreckens". Nach diesen soll die militärische Macht auch künftig das entscheidende Element in den internationalen Beziehungen bilden.

Die geschichtliche Erfahrung mit diesem durchaus nicht neuen oder originellen Konzept hat gezeigt, daß seine Anwendung die Instabilität der internationalen Beziehungen und insbesondere des Friedens erhöht, statt sie zu verringern. Unverkennbar ist aber, daß im Zuge der Veränderung des internationalen Kräfteverhältnisses auch in maßgeblichen Kreisen von NATO-Staaten neben Vertretern eines Konzepts der Priorität militärischer Macht und Gewalt Gruppierungen zu finden sind, die dem Scheitern der Strategie des Kalten Krieges Rechnung tragen und daher für politische Lösungen internationaler Probleme auf der Grundlage der friedlichen Koexistenz eintreten.

Es sei hier angemerkt, daß eine derartige realistische Position bezüglich der Beziehungen der entwickelten kapitalistischen Staaten zur UdSSR und den anderen sozialistischen Ländern Europas nicht unbedingt ausschließt, daß die gleichen Kräfte bezüglich der Beziehungen zu den sich entwickelnden Nationalstaaten noch auf dem Primat der militärischen Macht beharren und hier „begrenzte Kriege" als Mittel zur Durchsetzung aggressiver Ziele ansehen. Bei einer Gesamtschau der Rüstungsproblematik kann die Bedeutung dieser Politik als Stimulus der Rüstung nicht übersehen werden.

In den sozialistischen Staaten, in denen es keine ökonomischen Ursachen der Rüstung gibt, weil aufgrund des gesellschaftlichen Eigentums an Produktionsmitteln auch keine sozialen Gruppen von Rüstungsprofiteuren bestehen, kann sich auch kein rüstungsförderndes Wechselverhältnis von Ökonomie und Politik herausbilden. Die ökonomischen Entwicklungsinteressen der sozialistischen Staaten können vielmehr durch Abrüstungsschritte nur gefördert werden. Ebenso existieren auch keine innenpolitischen Ursachen der Rüstung. Die Rüstungsaufwendungen werden lediglich von dem Bedürfnis der Verteidigung nach außen bestimmt.

Das dem Kapitalismus eigene Wechselverhältnis von Ökonomie und Politik in Fragen der Rüstung ist anderer Art. Die Aufrüstung ist nicht nur Bestandteil einer auf Expansion orientierten Politik, die von den inneren sozialökonomischen Gesetzmäßigkeiten der kapitalistischen Gesellschaftsftsordnung determiniert ist. Rüstung wird auch als hochprofitables Geschäft betrieben. Diese typisch kapitalistische Erscheinung des Rüstungsprofits wird kaum ernsthaft bestritten.

Auf der einen Seite werden aber Auffassungen vertreten, die Rüstungswirtschaft der entwickelten kapitalistischen Industrieländer von heute sei demokratisch gesetzten Prioritäten und öffentlichen Kontrollen unterworfen, während andere besagen, der Rüstungsprofit erzeuge eine solche negative Wechselwirkung von Ökonomie und Politik, daß sie die Politiker völlig korrumpiere und eine Abrüstung im heutigen Kapitalismus unmöglich mache.

Während die eine Auffassung die kapitalistische Profitwirtschaft offensichtlich beschönigen soll, wird in der zweiten – nach außen hin prononciert kapitalismuskritischen – Auffassung ein zu undifferenziertes und zu pessimistisches Bild gezeichnet. Nach dieser Auffassung könnten erfolgreiche Abrüstungsschritte erst nach der Beseitigung des Kapitalismus getan werden. Gerade die Suche nach Wegen, unter den heutigen Bedingungen des Nebeneinanderbestehens sozialistischer und kapitalistischer Staaten im Interesse des Friedens *jetzt* wirksame Abrüstungsschritte herbeizuführen, zwingt zu einer näheren Betrachtung des Wechselverhältnisses von Ökonomie und Politik in der Rüstungsfrage.

Worauf beruhen die extrem hohen Rüstungsprofite im heutigen Kapitalismus?
Nennen wir, ohne sie hier im einzelnen ableiten oder ausführen zu können, vier Faktoren, deren Reihenfolge keine Rangfolge sein soll:
1) der hohe Konzentrations- und Zentralisationsgrad des Kapitalismus in der Rüstungswirtschaft, in der nur wenige Monopole den Markt beherrschen und unter sich aufteilen;
2) die Stabilität und Langfristigkeit der Rüstungsproduktion aufgrund von staatlichen Aufträgen und als Folge des weitgehenden Fehlens eines Marktrisikos;
3) die weitgehende staatliche Deckung der Forschungs- und Entwicklungskosten, die unentgeltliche Nutzung staatlicher Einrichtungen für die Entwicklung und Produktion von Rüstungsgütern sowie die vielfache Vorauszahlung;
4) die Entscheidung über die rüstungswirtschaftliche und militärpolitische Konzeption sowie über die maßgeblichen Rüstungsaufträge und ihre Kosten; sie erfolgt in den Führungsgremien des Militärisch-Industriellen Komplexes und ist damit jeder öffentlichen Kontrolle entzogen.

Die genannten vier Faktoren sind somit untrennbar damit verbunden, daß auf dem Rüstungsmarkt der Staat als Auftraggeber und Käufer in Erscheinung tritt. Die Rüstungskonzerne erzielen ihre über den üblichen Rahmen hinausgehenden Profite dadurch, daß ihnen der Staat wie keinem anderen Bereich der Industrie finanzielle Mittel ohne Gegenleistung zur Verfügung stellt, die von den Steuerzahlern aufgebracht werden.[4] Daher sind die Rüstungskonzerne in der Lage, mit einer extrem niedrigen Kapitalbasis im Vergleich zur gesamten Kapitalmasse

4 Autorenkollektiv, Militär-Industrie-Komplex in der BRD, DWI-Forschungshefte, Berlin, 3/1971, S. 8 f., S. 17 f.

(Bilanzkapital) ihre Profite zu realisieren. Eine Analyse des IPW hat ermittelt, daß eine Auswahl von Rüstungskonzernen lediglich ein Eigenkapital von 10 Prozent aufbringt, während es im Durchschnitt aller Kapitalgesellschaften der BRD 35 Prozent sind.[5] Eine Untersuchung von Prof. Weidenbaum von der Washingtoner Universität ergab, daß die Profite von US-Rüstungsmonopolen bis zu 70 Prozent höher lagen als die anderer Unternehmen ähnlicher Größenordnung. Prof. Dr. Suits von der Universität in Michigan berechnete, daß jede aus zusätzlichen Verkäufen an den Staat erhaltene Million Dollar zu 60 Prozent den Monopolen in Form von Bruttoeinnahmen zufließt.[6] Damit wird unterstrichen, daß der Rüstungsprofit eine bestimmte Eigendynamik entfaltet, die das Wettrüsten und die Überbewertung des militärischen Faktors in der Politik stimuliert.

Die Bedeutung des Militärisch-Industriellen Komplexes

Naturgemäß taucht das Problem des Militärisch-Industriellen Komplexes auf, jener unheilvollen Symbiose von Rüstungskapital, Militärs, Militaristen und Staatsbürokraten, deren parasitäre Existenzbedingung gerade der hohe Rang der Rüstung in der Prioritätenskala imperialistischer Politik nach außen und im Innern ist.
Die Bedeutung des Militärisch-Industriellen Komplexes als retardierenden Faktors gegen Entspannung und Reduzierung der Rüstungen darf nicht unterschätzt werden. Von dieser Seite wurden und werden die Steigerung des Rüstens als stimulierende Elemente für die Stabilität und das Wachstum der kapitalistischen Volkswirtschaften hingestellt. Solche Erscheinungen wie die Krise des Dollars, verbunden mit der Rüstungsinflation in einer Reihe kapitalistischer Länder, zeigen aber, daß die

5 K. H. Heise, Monopolprofit im Rüstungsgeschäft, in: IPW-Berichte, Berlin, 1/1972.
6 Zitiert nach: J. W. Isajewa, Monopole, Rüstung, Kriegsgefahr, Berlin 1971, S. 96 f.

Rüstung sich auch in den hochentwickelten kapitalistischen Industrieländern als ernste Störung des volkswirtschaftlichen Reproduktionsprozesses, als Faktor der ökonomischen Labilität erweist.

Die Zählebigkeit jener Faktoren, die das Wettrüsten in den kapitalistischen Industrieländern fördern, darf keineswegs unterschätzt werden. Sie zeigt sich vor allem in folgendem:

a) Der Militärisch-Industrielle Komplex nimmt aufgrund des jahrelangen Zuwachses an ökonomischer und politischer Macht in den Herrschaftsstrukturen dieser Länder bedeutende Positionen ein und verfügt über feste Privilegien und staatliche Entscheidungsbefugnisse, die grundlegende gesellschaftliche Probleme betreffen und mit der Verfügung über einen erheblichen Teil des Bruttosozialproduktes verbunden sind.

b) International haben sich im Zusammenhang mit den Blockbindungen der kapitalistischen Länder – vor allem in der NATO – bedeutende Machtpositionen des Militärisch-Industriellen Komplexes herausgebildet, die noch weniger als im nationalen Rahmen einer öffentlichen Kontrolle unterliegen.

c) Schließlich muß auch auf die Zählebigkeit von Ideologien, Klischees und strategischen Konzeptionen verwiesen werden,die der Militärisch-Industrielle Komplex geprägt hat. Das Denken in Kategorien des Kalten Krieges wirkt sich immer wieder auch auf politische Entscheidungen von realistischen politischen Kreisen kapitalistischer Länder aus.

Der Kampf um effektive Abrüstungsmaßnahmen ist somit zugleich ein Kampf zur Eindämmung des unheilvollen Einflusses des Militärisch-Industriellen Komplexes.

Die ökonomische und soziale Notwendigkeit der Abrüstung

Die forcierte Aufrüstung stellt nicht nur eine ständige Bedrohung des Weltfriedens dar, sondern bürdet den Volkswirtschaften auch steigende Lasten auf, die im Grunde genommen nicht mehr zu bewältigen sind. Da man dieselben Teile des

Nationaleinkommens nicht zweimal verwenden kann, gilt für den wachsenden Rüstungsaufwand heute mehr denn je die Feststellung von Karl Marx, daß Rüstung „ökonomisch dasselbe ist, als wenn die Nation einen Teil ihres Kapitals ins Wasser würfe".[7]

In jüngsten UNO-Veröffentlichungen werden die offiziellen Militärausgaben der Welt für das Jahr 1970 auf 203 Mrd. Dollar beziffert. Wenn die Dynamik des Wettrüstens nicht eingedämmt wird, werden die Militärausgaben am Ende der 70er Jahre etwa 300 bis 350 Mrd. Dollar (bei gleichbleibenden Preisen) betragen.[8] Nach Angaben des Stockholmer SIPRI-Instituts und der Hessischen Stiftung Friedens- und Konfliktforschung gaben die NATO-Staaten von 1949 bis 1970 1 418 Mrd. Dollar und die Staaten des Warschauer Vertrages 703 Mrd. Dollar für Militär- und Rüstungszwecke aus.

Welche Belastungen dadurch für die Völker entstanden sind, wird in der ganzen Tragweite erst in einem zeitlichen Vergleich sichtbar. Lagen die Rüstungsausgaben pro Kopf der Bevölkerung in den führenden kapitalistischen Ländern 1937 bei 35 Dollar (im faschistischen Deutschland lagen sie bei 58,8 Dollar)[9], so erreichten sie 1972 folgendes Niveau (US-Dollar):[10]

USA	399	Großbritannien	125
BRD	154	Frankreich	121

Vor allem ist es ein Novum in der Geschichte, daß Rüstung und Militarisierung über eine Periode von zweieinhalb Jahrzehnten hinweg zu einer Dauererscheinung geworden sind. Aus dieser Dauerbelastung ergeben sich hinsichtlich der Auswir-

7 K. Marx, Grundriß der Kritik der Politischen Ökonomie, Berlin 1955, S. 47.

8 Economic and Social Consequences of the Arms Race ..., a.a.O., S. 8 und S. 36.

9 R. Farmasjan, Gegenwart und Militarismus, in: Mirowaja ekonomika i meshdunarodnyje otnoschenija, Moskau, 6/1971 (russ.).

10 The Military Balance 1973–1974 (Hrsg. Institut für Internationale Strategische Studien), London 1973.

kungen auf die Lebenslage der Bevölkerung und den Reproduktionsprozeß Konsequenzen, die sich qualitativ anders darstellen als die früheren kurzzeitigen Überbelastungen durch die Rüstung.
Diesen riesigen Lasten der Rüstung stehen heute die außerordentlich aufwandsintensiven, teils völlig neuen, teils auf neue Weise auftretenden Anforderungen der wissenschaftlich-technischen Revolution gegenüber, nämlich des Umweltschutzes, der Infrastruktur, der qualitativen Veränderungen im Bildungswesen sowie nicht zuletzt der notwendigen Befriedigung der wachsenden sozialen, kulturellen und geistigen Ansprüche der Gesellschaft. Sie verlangen gewaltige Mittel, die zu einem großen Teil durch effektive Abrüstungsmaßnahmen gewonnen werden können.

Verbesserung des Umweltschutzes

So werden in den USA die gesamten Kosten zur Verbesserung der Umwelt für 1970 mit 10,4 Mrd. Dollar beziffert und für 1980 auf 33,3 Mrd. Dollar geschätzt.[11] Eine Verdreifachung dieses Aufwandes bedeutet etwa, daß er 5- bis 6mal rascher als der Zuwachs des Bruttosozialproduktes zunehmen muß. Nach den bisherigen Planungen in der BRD werden sich die Ausgaben für den Umweltschutz in den vier Jahren von 1971 bis 1975 mehr als verdoppeln.[12] Die Ausgaben für den Umweltschutz wachsen also 4- bis 5mal so schnell wie das wirtschaftliche Wachstum, ohne daß mit dem bisher geplanten Aufwand auch nur annähernd die Probleme gelöst werden könnten. Die Ausgaben der Industriezweige für Umweltschutz betrugen 1972 in den USA – und diese Zahlen dürften für die hochentwickelten kapitalistischen Länder repräsentativ sein – im Verhältnis zu den gesamten Kapitalaufwendungen (in Prozent):[13]

11 Wirtschaftsdienst Hamburg, 1973/III, S. 131.
12 Die Zeit, Hamburg, 6. 8. 1971.
13 Business Week, New York, 19. 5. 1973.

Erdölverarbeitende Industrie	10,7
Eisen- und Stahlindustrie	12,3
Nichteisenmetallindustrie	15,3

Nach der gleichen Quelle werden sich diese Aufwendungen schon bis 1976 beträchtlich erhöhen und Anteile zwischen 15 und 20 Prozent erreichen. Diese Probleme lassen sich nicht bewältigen, ohne daß die Rüstungsausgaben entschieden eingeschränkt werden.

Der Ernst der Problematik ist den führenden monopolistischen Kreisen durchaus bekannt. Die „Industrie der hochentwickelten Länder" habe, so der Thyssen-Manager Mommsen, damals noch Staatssekretär im BRD-Ministerium der Verteidigung, „in den 60er Jahren einzelne Bereiche so stark angeschlagen, daß nicht noch einmal ein Jahrzehnt verbleibe, irreparable Schädigungen und Zerstörungen der Biostruktur unseres gesamten Planeten hinzunehmen".[14]

Der steigende Rüstungsaufwand und die Prioritäten, die einflußreiche Kräfte in kapitalistischen Ländern heute noch der militärischen Gewalt in dem Versuch zur Systembehauptung einräumen, sind in einen zu neuen Lösungen zwingenden Widerspruch zu den objektiven Erfordernissen der Reproduktion des materiellen Lebens der Gesellschaft geraten.

Es ließe sich für weitere Bereiche belegen, daß die neuen objektiven Anforderungen an den Reproduktionsprozeß in neue Dimensionen hineinwachsen und eine Verminderung der Rüstungsaufwendungen zwingend notwendig machen.

Höhere Sozialleistungen

Eine durchgreifende Entlastung der produktiven und konsumtiven Möglichkeiten jeder Gesellschaft von den – ökonomisch wie sozial – unproduktiven Aufwendungen für die Rüstung ist absolut lebensnotwendig geworden.

14 Handelsblatt, Düsseldorf, Beilage Management-Dokumentationen, November 1970, S. 7.

Die ökonomische Notwendigkeit einer möglichst allgemeinen und vollständigen Abrüstung bedarf offenkundig keiner weiteren Beweise. Doch ob und inwieweit diese Notwendigkeit sich durchzusetzen vermag, stellt sich in den verschiedenen Gesellschaftssystemen sehr unterschiedlich dar. Während sie in den sozialistischen Staaten direkt und unmittelbar mit der sozialökonomischen Zielfunktion des Systems verbunden ist, in diese eingeht und nur günstigere Bedingungen für die Realisierung dieser Zielfunktion schaffen kann, ist dies in den kapitalistischen Ländern, wo das unmittelbare Ziel der Produktion die Kapitalverwertung ist, nicht der Fall.

Für die entwickelte sozialistische Gesellschaft, in der es keine inneren, keine ökonomischen Gründe für die Aufrüstung gibt, in der diese nur aus der Notwendigkeit resultiert, die Verteidigungsfähigkeit gegen eine drohende Aggression zu sichern, bedeuten Rüstung und Militäraufwand direkte Verminderung der Möglichkeiten zur Befriedigung der wachsenden materiellen und kulturellen Bedürfnisse der Bevölkerung.

In den kapitalistischen Ländern gibt es ebenfalls ein direktes Interesse der überwiegenden Mehrheit der Bevölkerung an einer Freisetzung der Mittel, die von der Rüstung verschlungen werden, um dadurch die Steuerbelastung zu senken und volkswirtschaftliche und soziale Aufgaben im Interesse der Bevölkerung zu erfüllen. Es gibt auch ein starkes Interesse jenes nicht geringen Teils der kapitalistischen Klasse, der nicht oder nur ganz minimal an der Rüstungsproduktion beteiligt ist. Dieses Interesse wird noch dadurch verstärkt, daß die von der Rüstungsproduktion profitierenden Konzerne günstigere Konkurrenzbedingungen auch in jenen Bereichen des zivilen Sektors der Produktion haben, in denen sie ebenfalls auf dem inneren und äußeren Markt auftreten. Dagegen gibt es den direkten Widerstand des Militärisch-Industriellen Komplexes, jener mächtigen Gruppen des Monopolkapitals, die ein unmittelbares ökonomisches Interesse am Wettrüsten haben. Der Grundwiderspruch der kapitalistischen Gesellschaft zeigt sich somit besonders kraß bei dem Problem der Abrüstung und dessen Einbettung in die Kardinalfrage unserer Zeit: die Verhinderung eines verheerenden, die Existenz der menschlichen Zivilisation bedrohenden Krieges.

Hilfe für die Entwicklungsländer

Das im sozialistischen Weltsystem zur Staatspolitik gewordene ökonomische und soziale Interesse an Abrüstung, Verminderung und schließlich Beseitung der riesigen kriegsökonomischen Potentiale ist gleichgerichtet mit den Interessen der überwiegenden Mehrheit des Volkes in den kapitalistischen Ländern sowie mit den Interessen der Völker der Entwicklungsländer. Genau hier knüpft der Vorschlag der UdSSR an, der auf der letzten Tagung der UNO-Vollversammlung gemacht wurde, nämlich die Militärausgaben der ständigen Mitglieder des Sicherheitsrates um 10 Prozent zu vermindern und einen Teil der freiwerdenden Mittel den Entwicklungsländern zur Verfügung zu stellen.[15] Natürlich wird die Verwirklichung dieses Vorschlages nur ein Anfang sein. Mit ihr würde das Klima für weitere Abrüstungsgespräche wesentlich verbessert. Es würde zugleich ein Weg eingeschlagen, um mit der Reduzierung der Militärausgaben ökonomische und soziale Bedürfnisse – sowohl der eigenen Völker wie auch der Völker der Entwicklungsländer – zu befriedigen.

Nach offiziellen Angaben ist das Bruttoinlandsprodukt der Entwicklungsländer 1971 nur um 3,5 Prozent und 1972 sogar nur um 3,3 Prozent gestiegen. Sobald wir diese statistischen Durchschnittswerte nach Ländergruppen differenzieren, zeigt sich, daß in den am wenigsten entwickelten Ländern das Wachstum pro Kopf gleich Null war. Die Agrarproduktion, die 1971 für alle Entwicklungsländer nur eine Steigerung von 1,8 Prozent aufwies, war 1972 mit −0,9 Prozent sogar rückläufig. Dem steht ein Bevölkerungswachstum von 2,4 Prozent

15 Rede des sowjetischen Außenministers Andrej Gromyko vor der XXVIII. Tagung der UNO-Vollversammlung in New York, in: Neues Deutschland, 26. 9. 1973.

jährlich gegenüber.[16] Mit dem Vorschlag der Sowjetunion auf der XXVIII. UNO-Vollversammlung, etwa 10 Prozent der freigesetzten Mittel den Entwicklungsländern zur Verfügung zu stellen, würde sich die staatliche Hilfe[17] an diese Länder sofort um 10 bis 15 Prozent erhöhen. Wenn diese Mittel vorrangig den von der Dürrekatastrophe betroffenen Länder bereitgestellt würden – wie Außenminister Gromyko vorgeschlagen hat – dann ließen sich nicht nur die Folgen der Naturkatastrophe abwenden, sondern auch ein Beginn für eine stabile wirtschaftliche Entwicklung schaffen.

Mittel für Wissenschaft und Bildung

Weitgehende positive Wirkungen können sich durch die Abrüstung für die Entwicklung von Wissenschaft und Bildungswesen ergeben. Überall existiert der objektive Zwang zu einer beträchtlichen Erhöhung des Aufwandes für die verschiedensten Bereiche des Bildungswesens. Nach Schätzungen der Bildungskommission des Bildungs- und Wissenschaftsrates der BRD müßte sich die Bereitstellung von Mitteln bis 1980 gegenüber 1970 vervierfachen.[18] Obwohl in den kapitalistischen Ländern Übereinstimmung darüber besteht, daß der Bereich der Wissenschaft viel zu wenig Mittel erhält, werden die unzureichenden wissenschaftlich-technischen Potenzen weitgehend für militärische Zwecke absorbiert. Zwei Drittel der Forschungs- und Entwicklungsaufwendungen werden in den USA für militärische Zwecke eingesetzt. Die Struktur der Forschungs- und Entwicklungsausgaben der EWG-Länder stellte sich für 1971 wie folgt dar (in Mio RE):[19]

16 Weltbank (IDA), Jahresbericht 1973, Washington, S. 8.

17 Wir klammern hier bewußt die sogenannte private Hilfe der kapitalistischen Länder aus, weil hinlänglich bekannt ist, daß der Abfluß von privatem Kapital doppelt so hoch ist wie die Neuzugänge von ausländischen privaten Direktinvestitionen.

18 Deutscher Bundestag, Drucksache VI/925, Bonn 1970, S. X.

19 Statistische Studien und Erhebungen, (Hrsg. Statistisches Amt der europäischen Gemeinschaften), Luxemburg, 1/1972.

Verteidigung	883,1	Industrielle Produktivität	467,3
Kernforschung	755,9	Gesundheitswesen	191,8
Weltraumforschung	304,1	Menschliche Umwelt	129,8

Die Prioritäten, die für militärische und militärisch-relevante Zweige gesetzt sind, ergeben sich daraus eindeutig. Nach Angaben von Jürgen Kuczynski sind gegenwärtig rund 50 Prozent aller Naturwissenschaftler und Technologen in der einen oder anderen Weise für Rüstungszwecke tätig. Die Rüstungsproduktion ist heute mindestens zehnmal so wissenschaftsintensiv wie die zivile Produktion.[20]

Die Entlastung der materiellen und geistigen Potenzen der Wissenschaft von Rüstungsanforderungen und sicherheitsbedingten Schranken würde die internationalen Kommunikations- und Kooperationsmöglichkeiten der Wissenschaft wesentlich verbessern. Dies gilt besonders auch für die wissenschaftliche Zusammenarbeit zwischen Staaten unterschiedlicher Gesellschaftsordnung.

Dank den bereits erreichten Ergebnissen auf dem Gebiet der internationalen Entspannung konnten bedeutsame Entwicklungen in der wissenschaftlichen Kooperation zwischen sozialistischen und kapitalistischen Staaten eingeleitet werden, u. a. auch zwischen der UdSSR und den USA. Es handelt sich jedoch noch immer erst um bescheidene Anfänge. Effektive Maßnahmen zur Abrüstung würden nicht nur die für die Kooperation notwendigen Mittel freisetzen, sondern vor allem die notwendige Atmosphäre schaffen, die eine fruchtbare Zusammenarbeit in der Grundlagenforschung und angewandten Wissenschaft insbesondere auch auf Gebieten ermöglicht, die ausschlaggebend für den wissenschaftlich-technischen Fortschritt sind.

20 J. Kuczynski, Wissenschaft Heute und Morgen, Köln 1973, S. 14.

Probleme der Umstellung von der Rüstungs- auf die Friedensproduktion

Man könnte noch viele Bereiche des gesellschaftlichen Lebens nennen, die von der Abrüstung profitieren werden. Zugleich ist es verständlich, daß beim gegenwärtigen Umfang der Rüstungen einschneidende Maßnahmen zu ihrer Reduzierung auch volkswirtschaftliche und andere Probleme für einen bestimmten Zeitraum aufwerfen werden. Das gilt sowohl für kapitalistische als auch sozialistische Länder, obwohl die Komplikationen unterschiedlicher Art sein werden.

Für die sozialistischen Länder werden sich z. B. Probleme planorganisatorischer Natur, Probleme der volkswirtschaftlichen Proportionen und der Standortverteilung der Produktivkräfte, der Qualifikationsstruktur der Arbeiter und Angestellten und ihrer räumlichen Dislozierung u. ä. ergeben. Aber die Lösbarkeit dieser Probleme ist bereits in der Natur der sozialistischen Planwirtschaft eingeschlossen. Sie schließt die aktive Teilnahme der arbeitenden Menschen am Planungsprozeß und an der Planrealisierung ein. Da Hauptzweck der sozialistischen Produktionsweise die immer bessere Befriedigung der materiellen, geistigen und kulturellen Bedürfnisse des Volkes ist, liegen rüstungsbegrenzende Maßnahmen in vollem Einklang mit den volkswirtschaftlichen Erfordernissen der sozialistischen Gesellschaft. Die Lösbarkeit der mit der Abrüstung verbundenen sozialökonomischen Probleme ist daher im Sozialismus grundsätzlich strukturell gegeben.

Komplizierter, wenn auch keineswegs unlösbar, ist dies in den kapitalistischen Ländern, wo sich der Profitmechanismus zwischen Produktion und Bedürfnis schiebt. Die Befriedigung der materiellen, sozialen und geistigen Bedürfnisse der Werktätigen divergiert prinzipiell mit dem Bedürfnis des Kapitals nach Verwertung. Es entstehen daher Probleme

– der sozialen Sicherheit, der Sicherheit des Arbeitsplatzes und der Beschäftigung;
– der Berufsausbildung und Umschulung, der Erwachsenenqua-

lifizierung und der sozialen Sicherung nicht mehr umschulbarer, vor allem älterer Arbeiter und Angestellter;
– notwendiger Veränderungen in der Infrastruktur infolge territorialer und beruflicher Wanderungsbewegungen usw.
Ihre Lösung ist auf den spontanen Wegen des kapitalistischen Marktmechanismus nicht möglich. All diese Probleme stehen in den kapitalistischen Ländern heute ohnehin zur Lösung an. Sie sind vom Gesamtkomplex der modernen wissenschaftlich-technischen und sozialökonomischen Entwicklungen auf die Tagesordnung gesetzt worden. Die sozialpolitischen Aspekte der Abrüstung erweitern diese Problematik quantitativ, akzentuieren ihren sozialpolitischen Inhalt, bringen sie aber keineswegs erst hervor. Unter kapitalistischen Bedingungen können wirksame Lösungsmöglichkeiten für sozialpolitische Folgeerscheinungen der Abrüstung in dem Tempo und in dem Maße geschaffen werden, wie die Abrüstung mit einer demokratischen, an den Interessen und Bedürfnissen des breiten Volkes orientierten Wirtschafts- und Sozialpolitik verbunden wird.

Das ist nicht nur und heute nicht einmal hauptsächlich mehr die Frage nach der Zulässigkeit staatlicher Eingriffe in den spontanen Automatismus des kapitalistischen Reproduktionsprozesses, denn diese Frage ist durch die Praxis der staatsmonopolistischen Wirtschaftsregulierung in fast allen kapitalistischen Ländern de facto bereits zugunsten der Zulässigkeit und Notwendigkeit staatlicher Regulierungsmaßnahmen entschieden. Die Frage ist vielmehr, in wessen Interesse diese Eingriffe vorgenommen werden, welche gesellschaftlichen Kräfte, Schichten und Klassen an der Gestaltung der staatlichen Wirtschaftspolitik beteiligt sind, welcher Zielfunktion sie untergeordnet sind.

Die eine Abrüstung begleitende innere Wirtschafts- und Sozialpolitik eines kapitalistischen Landes wird nur dann den Interessen der werktätigen Bevölkerung Rechnung tragen, wenn die Arbeiterklasse und andere werktätige Schichten des Volkes, die Gewerkschaften, die Jugend- und Frauenvertretungen und andere demokratische gesellschaftliche Kräfte auf ihre Konzipierung und Realisierung einwirken können. Da eine wirksame und durchgreifende Abrüstung in den kapitalistischen Ländern nur als Resultat eines entschiedenen Kampfes der Volksmassen für Demokratie und Frieden in Auseinandersetzung mit den reaktionärsten und aggressivsten Kräften des Monopolkapitals möglich ist, wird es für die friedliebende Bevölkerung darauf ankommen, die innenpolitische Kräfteverschiebung zugunsten der demokratischen Kräfte in den kapitalistischen Ländern dafür zu nutzen, daß auch die ökonomischen Konsequenzen der Abrüstung in ihrem Interesse bewältigt werden.

Eine Lösung der mit durchgreifenden Abrüstungsmaßnahmen verbundenen sozialökonomischen und sozialpolitischen Probleme ist also auch in den kapitalistischen Ländern möglich,

– wenn die demokratischen, am Abbau der Macht des militärisch-industriellen Komplexes interessierten Kräfte der Gesellschaft einen zunehmenden Einfluß auf die staatliche Wirtschafts- und Finanzpolitik – auf die Staatspolitik überhaupt! – fordern und ihre Interessen im Kampfe gegen die aggressive Strategie gewisser monopolistischer Kreise durchsetzen und

– wenn neue Formen und Methoden einer demokratischen staatlichen Wirtschaftspolitik und Wirtschaftsregulierung entwickelt werden, die dem Charakter der zu lösenden Probleme adäquat sind.

Ohne einen energischen Kampf der demokratischen Kräfte für eine solche Politik werden die sozialökonomischen und sozialpolitischen Probleme einer Abrüstung im Kapitalismus tatsächlich nicht lösbar sein.

Rüstung verschärft Krise und Inflation

Gegner der Abrüstung bringen oftmals die These vor, daß eine Abrüstung krisenerzeugende Wirkungen haben müsse. In Wirklichkeit sind Wirtschaftskrisen bekanntlich die Folge jener Gesetze, die der kapitalistischen Produktionsweise eigen sind. Sie entstehen unabhängig von Rüstung und Militarisierung der Volkswirtschaft und deren Intensität. Sie treten in militärisch hochentwickelten Volkswirtschaften auf wie in den USA oder in der BRD in der jüngsten Vergangenheit und in relativ abgerüsteten wie in Deutschland 1929 bis 1932 oder in Österreich 1966/67. Die Vietnamrüstungskonjunktur konnte die Krise der USA-Wirtschaft 1969 bis 1971 nicht verhindern. Mehr noch, Rüstung erweist sich nicht als Stabilitätsfaktor der Wirtschaft, wie von einigen Verfechtern immer noch behauptet wird, sondern trägt maßgeblich zur Deformation der Wirtschaft bei. Sie hat für die gesamte Volkswirtschaft und insbesondere für den Lebensstandard der arbeitenden Bevölkerung eine destabilisierende Wirkung, während sie sich für das Rüstungskapital als besondere Quelle der Akkumulation und Expansion erweist.

Ähnlich differenziert liegen die Interessenunterschiede hinsichtlich der Inflation, über deren Auswirkungen auf die Existenzunsicherheit breitester Bevölkerungskreise und über deren Wirkung, die Lasten der Dollar-Entwertung auf andere Länder abzuwälzen, nichts näheres gesagt werden muß. Jedoch ist hier festzustellen, daß die Inflation ein bequemer Vorwand für das Rüstungskapital ist, die Profitexplosion zu verschleiern. Eine Untersuchung des General Accounning – CAO – der USA ergab, daß bei 38 Waffensystemen Kostenüberschreitungen von 41,9 Mrd. auf 62,8 Mrd. Dollar entstanden.[21] Der Schweizer Wissenschaftler Max Ikle stellte fest, daß sich die Preise des Pentagons für Rüstungsgüter um 18 Prozent, die der anderen Industrieprodukte „nur“ um 10 Prozent erhöhten.[22] Prof. U. Albrecht, Westberlin, hat zu diesem Problem nachgewiesen, daß beim Bau der britischen Fregatten der Leander-Klasse etwa ein Viertel der Kostensteigerung als reine Rüstungsinflation zu bezeichnen ist.[23]

Wir können also festhalten: Das, was für die Volkswirtschaft destabilisierend wirkt, hat für das Rüstungskapital und seine Profite stabilisierenden Effekt.

In die Betrachtungen darüber, welcher Nutzen für die Bevöl-

21 Wehr und Wirtschaft, München, 12/1970, S. 650.
22 Bulletin Schweizerischer Bankverein, Basel, 1/1971.
23 Blätter für deutsche und internationale Politik, Köln, 1/1973, S. 21.

kerung und die Volkswirtschaften durch eine allgemeine oder teilweise Abrüstung entsteht, müssen folglich nicht nur die freigesetzten Mittel, sondern auch jene Vorteile einbezogen werden, die sich daraus ergeben, daß ernsthafte Störungen der Volkswirtschaften und des Währungsgefüges gemindert würden.

Abrüstung fördert die Entwicklung des Humanismus

Eine auf Abrüstung und friedliche Koexistenz orientierte Politik hätte aber nicht nur ökonomische und soziale Konsequenzen. Sie würde darüber hinaus Möglichkeiten eröffnen, auch das geistig-kulturelle Leben der Gesellschaft in den kapitalistischen Ländern von der Hypothek des Militarismus und Rassismus, des Chauvinismus, des primitiv-militanten Antikommunismus und anderer inhumaner und aggressiver Ideologien und Verhaltensweisen zu befreien. Sie würde die Entwicklung eines demokratisch-humanistischen Geisteslebens fördern und der wachsenden Brutalisierung des öffentlichen Lebens, der wachsenden Kriminalität, der Rauschgiftsucht usw. in den kapitalistischen Ländern entgegenwirken.

In den sozialistischen Ländern hätte eine Abrüstung günstige Wirkungen auf die Verteilung des gesellschaftlichen Zeitfonds auf die verschiedenartigen Bedürfnisse des gesellschaftlichen Lebens, so auf die Struktur der Freizeitverwendung, auf die Möglichkeiten der sozialistischen Menschen, sich zu allseitig gebildeten und vielseitig tätigen, schöpferischen Persönlichkeiten zu entwickeln.

Weitgehende Möglichkeiten entstehen durch die Abrüstung schließlich zur Veränderung des innenpolitischen Klimas, zur Begünstigung der demokratischen Kräfte in jenen kapitalistischen Ländern, wo der Einfluß von Rüstungsindustrie, Militarismus und deren politischen Wortführern besonders groß ist. Der Bewegungsspielraum demokratischer Kräfte und Interessen würde sich erheblich erweitern, die Macht militärisch-industrieller Komplexe und analoger politisch-militärischer Gruppierungen würde eingeschränkt werden. Auch im Hinblick auf die Unterbindung der heute immer wieder neu entstehenden faschistischen und neofaschistischen Gruppierungen in einigen kapitalistischen Ländern und von Tendenzen zu autoritären und diktatorischen Formen der Machtausübung könnte die Abrüstung günstigere Bedingungen schaffen.

Natürlich handelt es sich dabei nicht um einen spontanen Automatismus als bloße Abrüstungsfolge. Es handelt sich hier um eine enge Wechselwirkung zwischen dem gesellschaftlichen Handeln der friedliebenden, antimonopolistischen und demokratischen Kräfte zur Schaffung innenpolitischer Voraussetzungen für eine auf Abrüstung und friedliche Koexistenz orientierte Außenpolitik und den neuen Möglichkeiten, die sich aus effektiven Abrüstungsschritten ergeben.

Entspannung – Voraussetzung für Erfolge in der Abrüstung

Abschließend sei an den Ausgangspunkt dieser Analyse, die politische und sozialökonomische Determiniertheit der Rolle des militärischen Faktors in den internationalen Beziehungen der Gegenwart und damit den Primat politischer Schritte und Maßnahmen zur Entspannung gegenüber Rüstungsbegrenzung und Abrüstung wieder angeknüpft.

Ein solcher Primat ist eine Erfahrung der Praxis der internationalen Beziehungen der Gegenwart. So haben die bereits erzielten Fortschritte auf dem Wege zur europäischen Sicherheit, die sowjetisch-französischen und sowjetisch-amerikanischen Vereinbarungen über die Prinzipien der Zusammenarbeit der betreffenden Länder und andere Vereinbarungen Voraussetzungen für erfolgreiche Verhandlungen über Maßnahmen zur Rüstungsbegrenzung und Abrüstung geschaffen. Allerdings besteht keineswegs ein Automatismus zwischen politischen Entspannungsschritten und der Einleitung von Maßnahmen zur Rüstungsbeschränkung. Die Tatsachen zeigen vielmehr, daß trotz bestimmter positiver politischer Entwicklungen gerade in Europa das Wettrüsten keineswegs abgeschwächt worden ist.

So richtig und notwendig es also ist, eine inhaltliche Priorität völkerrechtlich verbindlicher Entspannungsschritte zu betonen, so notwendig ist es, daß Bemühungen um Entspannung und Rüstungsbegrenzung gleichzeitig erfolgen, weil beide Seiten einander wechselseitig bedingen und beeinflussen.

Die Bemühungen um Rüstungsbegrenzung und Abrüstung sind folglich als ein komplexer Prozeß zu sehen, der nur im Ergebnis eines harten antiimperialistischen Kampfes zu verwirklichen ist, durch den das internationale Kräfteverhältnis weiter zugunsten der Kräfte des Friedens und des Sozialismus verändert wird. Die allgemeine und vollständige Abrüstung läßt sich nur über bestimmte Teilschritte und regionale Vereinbarungen über Rüstungsbeschränkung und Abrüstung verwirklichen. Sicherlich, umfassende radikale Lösungsschritte für das Abrüstungsproblem wären zu wünschen. Detaillierte Vorschläge für solche radikalen Lösungen wurden von sozialistischer Seite auch bereits mehrfach unterbreitet. Erinnert sei hier nur an den sowjetischen Konventionsentwurf vom 15. Februar 1928 über unverzügliche vollständige und allgemeine Abrüstung und an die Deklaration der Sowjetregierung vom 18. September 1959 über allgemeine und vollständige Abrüstung, die der 14. Tagung der UN-Vollversammlung vorgelegt wurde.[24] Bekanntlich sind diese Vorschläge am Widerstand der USA und anderer Staaten der NATO gescheitert. Teilschritte zur Rüstungsbegrenzung und Abrüstung sind also gerade angesichts dieser Lage unumgänglich. Eine Position des „alles oder nichts" hieße heute die Abrüstung unmöglich machen. Über ihren besonderen Wert als Stufen auf dem Wege zu generellen Lösungen des Abrüstungsproblems hinaus tragen zwei- oder mehrseitige Teilabkommen jedoch auch ihren speziellen Wert in sich als Maßnahmen, die das Risiko eines Kriegsausbruchs vermindern, als Beiträge zum Schutz der menschlichen Umwelt und auf anderen Gebieten.

Es ist auch nicht richtig, beim partiellen Moskauer Teststoppabkommen vom Jahre 1963 nur die Tatsache in den Vorder-

24 Wortlaut der Vorschläge siehe Dokumentenband, 50 Jahre Kampf der UdSSR für Abrüstung, Moskau 1967, S. 72 f. und S. 397 f.

grund zu schieben, daß es unterirdische Versuche nicht einschließt. Es widerspricht völlig der Logik, den in Moskau und Washington unterzeichneten Vereinbarungen zur Begrenzung der strategischen Rüstungen anzulasten, daß bestimmte Waffensysteme in beiden Ländern qualitativ weiterentwickelt werden. Slogans von den „diplomatischen Aktivitäten zur Verstärkung von Rüstungsaktivitäten“ und von der „rüstungsstimulierenden Rüstungskontrolle“[25], wie sie von Vertretern der Hessischen Stiftung Friedens- und Konfliktforschung in Frankfurt (Main) kreiert wurden, muß widersprochen werden, weil hier eine Kausalität konstruiert wird, die einer sachlichen Überprüfung nicht standhält.

Die verschiedenen bereits getroffenen Vereinbarungen zur Rüstungsbegrenzung, insbesondere auch das sowjetisch-amerikanische Abkommen über die Verhütung eines thermonuklearen Krieges haben einen wesentlichen Einfluß auf die fortschreitende internationale Entspannung ausgeübt. Die unüberschätzbare Bedeutung des letztgenannten Abkommens liegt ja gerade darin, daß seine Signatare jene beiden Staaten sind, die den weit überwiegenden Teil der Weltvorräte an Kernwaffen und Trägermitteln besitzen. Ein Erfolg in der gegenwärtigen zweiten Phase der Verhandlungen über Fragen der weiteren Begrenzung und möglichen Verringerung der strategischen Rüstungen wird mit Sicherheit zur Förderung des gesamten Abrüstungsprozesses beitragen.

Erstrangige Bedeutung kommt den Bemühungen im Rahmen der UNO zu, eine Weltabrüstungskonferenz einzuberufen. Allen Staaten der Welt soll diese Konferenz die Möglichkeit geben, ihre Auffassungen über das Problem der Abrüstung auf nuklearem und konventionellem Gebiet darzulegen. Im Ergebnis eines umfassenden Meinungsaustausches sollten dann die gemeinsamen Anstrengungen auf die geeignetsten Schritte zur Lösung der Probleme konzentriert werden.

25 Vgl. Interview von D. Senghaas, Der Gewerkschafter, Frankfurt (Main), 1973; D. Senghaas, V. Rittberger, B. Luber, MBFR: Aufrüstung durch Rüstungskontrolle, Beilage zur Wochenzeitung Das Parlament, Bonn, B 13/1973.

Besonderes Interesse gebührt den in Wien eröffneten Verhandlungen über die Reduzierung von Streitkräften und Rüstungen in Mitteleuropa. In ihrem Ergebnis müssen die militärische Konfrontation in Mitteleuropa vermindert und damit die Sicherheit der europäischen Staaten und der Weltfrieden gestärkt werden. Konventionelle und mit Kernwaffen ausgerüstete Streitkräfte, ausländische wie nationale, stehen dabei zur Diskussion. Im Interesse von Frieden und Sicherheit werden die sozialistischen Staaten jedoch allen Versuchen entgegentreten, die vorgesehene Umrüstung oder Umstrukturierung der Streitkräfte der NATO zur Erhöhung ihrer Effektivität und Kampfkraft als Abrüstung zu deklarieren. Bei den Verhandlungen muß strikt das Prinzip geachtet werden, daß die Sicherheit keiner Seite beeinträchtigt wird und niemand einseitige Vorteile zu Lasten des Partners erstreben darf. Anderenfalls würden, wie L. I. Breshnew in Moskau auf dem Weltkongreß der Friedenskräfte betonte, alle Abrüstungskonferenzen und Bemühungen „zu einem Zankapfel und zum Gegenstand endloser Streitigkeiten werden".[26]

Das grundsätzlich veränderte internationale Kräfteverhältnis vermittelt objektiv größere Chancen zur Verwirklichung von Rüstungsbegrenzung und Abrüstung, als sie noch vor wenigen Jahren bestanden haben. Um es jedoch aus einer Möglichkeit in gesellschaftlichen Entwicklungen eine Wirklichkeit werden zu lassen, bedarf es der aktiven Tätigkeit der Menschen. Die Rolle des subjektiven Faktors ist daher sehr hoch einzuschätzen. Eine einseitig negative könnte ebenso wie eine überzogen positive, euphorische Einschätzung der bereits vorhandenen Ergebnisse im Ringen um Rüstungsbegrenzung und Abrüstung zu ähnlichen gefährlichen Konsequenzen für das Ringen der Völker um Sicherheit und Frieden führen, nämlich zu einer gewissen Lähmung und Schwächung ihrer unbedingt notwendigen Initiativen.

Mit allem Nachdruck gilt es den demokratischen Charakter des Kampfes für die Abrüstung zu unterstreichen. Kein ernst-

26 Neues Deutschland, 28. 10. 1973.

zunehmender Mensch wird leugnen, daß Fragen der Abrüstung von hochqualifizierten Fachleuten im Detail beraten werden müssen. Doch zur Regelung der Grundfragen von Krieg und Frieden sind primär nicht technische, sondern politische Entscheidungen notwendig. Lösung technischer Probleme auf der Grundlage politischer Prinzipienentscheidungen – nur so kann der Weg über Rüstungsbeschränkungen zur Abrüstung beschritten werden. Und dieser Weg wird nur dann zum Ziele führen, wenn die Völker aktiven Anteil an den Debatten nehmen und Druck auf jene Regierungen ausüben, die den Prozeß zu bremsen oder abzubrechen trachten.

Im Rahmen des Ringens um Abrüstung kommt natürlich der Arbeit unserer Institute eine gewisse Bedeutung zu. Einige Problemkreise, die in diesem Zusammenhang wichtig sein können, sollten hier abschließend hervorgehoben werden.

Es sollte Aufgabe gerade der Wissenschaftler sein, ihren spezifischen Beitrag zu leisten

– zur Unterstützung der Initiativen für die Einberufung einer Weltabrüstungskonferenz und die Reduzierung der Militärbudgets, wie sie gegenwärtig in der UNO debattiert werden,

– zur wissenschaftlichen Aufdeckung der objektiven Möglichkeiten für Rüstungsbegrenzung und Abrüstung,

– zur Schaffung eines wahren Fonds von Ideen und Anregungen, welche politischen, ökonomischen und sozialen Vorteile die Abrüstung bringt,

– zur Untersuchung der notwendigen Formen und Methoden, mit denen die Völker und Staaten dem erklärten Ziel der allgemeinen und vollständigen Abrüstung näher kommen können.

Milton Leitenberg

Das Umstellungspotential der Ausgaben für militärische Forschung und Entwicklung

Es wäre nicht möglich gewesen, diese Abhandlung zu schreiben, wenn nicht umfangreiche Vorarbeiten auf drei anderen Gebieten verfügbar gewesen wären. Diese Sachgebiete sind:
1) die wirtschaftliche Möglichkeit der Umwandlung der Verteidigungsindustrie im allgemeinen;
2) Ausgaben für militärische Forschung und Entwicklung;
3) die Rolle der wissenschaftlichen Forschung in der gegenwärtigen Entwicklung von Waffen.
Daher ist diese Arbeit eigentlich das „vierte Kapitel" nach den drei ersten Kapiteln, und aus diesem Grund folgt zuerst eine Besprechung dieser vorhergehenden drei Sachgebiete.

I. Die wirtschaftliche Möglichkeit der Umstellung der Verteidigungsindustrie

Die verfügbare Literatur auf diesem Gebiet ist ziemlich umfangreich und ein ansehnlicher Teil davon ist sehr brauchbar, obwohl dieser Umstand *nicht* das Ausmaß der Aufmerksamkeit widerspiegelt, das dieses Thema in Regierungskreisen findet. Ein von Boulding veröffentlichter Bericht erschien im Jahre 1961[1], und die erste Untersuchung der Vereinten Nationen erschien Anfang 1962 unter dem Titel „Wirtschaftliche und Soziale Folgen der Abrüstung".[2] „Abrüstung und die Wirtschaft" von Benoit und Boulding erschien 1963[3], und die Kom-

1 Boulding, K. E. u. a.: Economic Factors Bearing Upon the Maintenance of Peace, 1961.
2 Economic and Social Consequences of Disarmament, United Nations, 1962. Vol I: Report, Vol II: Replies of Governments.
3 Benoit, E., K. E. Boulding: Disarmament and the Economy. Harper & Row, 1963.

mission der Vereinigten Staaten für Rüstungskontrolle und Abrüstung veröffentlichte drei kurze zusammenfassende Berichte in den Jahren 1962 und 1964.[4-6] Im Jahre 1964 erschien auch in England eine Veröffentlichung, betitelt „Die wirtschaftlichen Folgen der Abrüstung"[7], desgleichen eine Abhandlung in der Sowjetunion unter dem Titel „Der Einfluß der Abrüstung auf die Wirtschaft".[8] In einer im Jahre 1965 erschienenen Arbeit faßte Glagoljew frühe sowjetische Literatur auf diesem Gebiet zusammen.[9]

Ferner erschien Mitte 1960 eine Berichtfolge über Untersuchungen eines Kongreßausschusses der Vereinigten Staaten, die sich mit der Umstellung der Verteidigungsindustrie befaßt, sowie der Bericht des (US-)Ausschusses über die wirtschaftlichen Auswirkungen von Verteidigung und Abrüstung; diese Berichte sind derzeit nur sehr schwer erhältlich. Das Buch von Bolton erschien im Jahre 1966[10], ein zweiter Band von Benoit wurde 1967 herausgegeben.[11] 1969 wurde ein Bericht einer Untersuchung des Kongreßausschusses der Vereinigten Staaten über die „Umstellung der Nachkriegswirtschaft"[12] veröffentlicht; im Jahre 1970 begann mit dem Erscheinen des Werkes „Die Ver-

4 Economic Impacts of Disarmament, United States Arms Control and Disarmament Agency (ACDA), 1962.
5 The Economic and Social Consequentes of Disarmament, ACDA, 1962.
6 The Economic and Social Consequences of Disarmament, U.S. Reply to the Inquiry of the Secretary General of the United Nations, ACDA, 1964.
7 The Economic Effects of Disarmament, The Economist Intelligence Unit, 1963.
8 Glagolev, I.: The Influence of Disarmament on the Economy, Institute of World Economy and International Relations, USSR Academy of Sciences, 1964.
9 Glagolev, I.: Economic and Social Consequences of Disarmament, Peace Research Society, Papers IV, Cracow Conference, 1965, S. 77–84.
10 Bolton, R. E. (Hrsg.): Defense and Disarmament, Economics of Transition, Prentice Hall, 1966.
11 Benoit, E.: Disarmament and World Economic Interdependence, Universitetsforlaget (Oslo), 1967.
12 Postwar Economic Conversion, Hearings, Committee on Labor and Public Welfare, U. S. Senate, Parts I and II, Dec. 1969, March-April 1970.

teidigungswirtschaft, Umstellung von Industrien und Berufen entsprechend den Zivilbedürfnissen" von Melman die Herausgabe einer fünfbändigen Folge bei Praeger über die Aspekte der Umstellung der Verteidigungsindustrie.[13] Auch eine umfassende Übersicht der US-Kommission für Waffenkontrolle und Abrüstung (ACDA, United States Arms Control and Disarmament Agency) wurde 1970 unter dem Titel „Anpassung der Wirtschaft der Vereinigten Staaten an die Einschränkungen der Militärausgaben"[14] veröffentlicht; im Jahre 1972 gab die ACDA eine Zusammenfassung der Forschungsarbeiten heraus, die unter ihrem Patronat im Laufe von 10 Jahren[15] vorbereitet wurden. In dieser Übersicht werden 29 Studien und Berichte in vier Gruppierungen angeführt:

- Auswirkungen auf die Nationalökonomie,
- Auswirkungen auf die verschiedenen Industrien,
- Auswirkungen auf Gebiete und Gemeinden,
- Auswirkungen auf den einzelnen Arbeitnehmer.

Im Jahre 1972 erschienen auch die zweite und dritte Veröffentlichung der Vereinten Nationen auf diesem Gebiet: „Wirtschaftliche und soziale Folgen des Rüstungswettlaufes und der Militärausgaben"[16] sowie „Abrüstung und Entwicklung".[17] Im vergangenen Jahr erschienen zwei weitere Studien, beide mit Angabe von ausführlichen Daten, und zwar: „Abrüstung, wirtschaftliche Folgen und Entwicklungspotential" von Dresch[18], sowie eine Studie der Regierung der Vereinigten Staaten mit Angaben betreffend 28 Gemeinden, die von der Anfang 1973 bekanntgegebenen Schließung von Militärstützpunkten und

13 Melman, S.: The Defence Economy; Conversion of Industries and Occupations to Civilian Needs, Praeger Publishers, 1970.
14 Udis, B. (Hrsg.): Adjustments of the U. S. Economy to Reductions in Military Spending, ACDA, 1970.
15 The Economic Impact of Reductions in the Defense Spending, ACDA, Publication 64, 1972.
16 Economic and Social Consequences of the Arms Race and of Military Expenditure, United Nations, 1972.
17 Disarmament and Development, United Nations 1972.
18 Dresch, S. P.: Disarmament; Economic Consequences and Developmental Potential, Yale University & National Bureau of Economic Research, 1972.

Einrichtungen betroffen wurden.[19] Diese kurze Übersicht beinhaltet nicht die Veröffentlichungen in Fachzeitschriften, vor allem nicht die ausführlichen Beiträge von Murray Weidenbaum; eine umfassendere Bibliographie steht zur Verfügung.[20]

Die meisten professionell durchgeführten Wirtschaftsanalysen der westlichen Welt gehen davon aus, daß die Umstellung der Verteidigungsindustrie in kapitalistischen Gesellschaftsformen wirtschaftlich durchführbar ist. Da sowjetische Sprecher ständig dazu aufrufen, daß man den ersten Schritt in dieser Richtung tun möge, kann man annehmen, daß auch sie der Meinung sind, daß die Umstellung möglich ist. Mir ist nicht bekannt, daß diese Frage der Umstellungsmöglichkeit jemals in bezug auf sozialistische Wirtschaftssysteme gestellt wurde. Die ACDA-Studien folgern, daß „die Schaffung neuer Arbeitsplätze aufgrund von Militärausgaben nichts Einmaliges darstellt".[21] Eine Studie des amerikanischen Amtes für Arbeitsstatistik enthält Schätzungen über die Beschäftigtenzahl, die aufgrund von Ausgaben für „nationale Verteidigung" in der Höhe von einer Milliarde Dollar geschaffen wurden, und zwar für fünf Konstruktionssparten sowie für Investitionen seitens des Staates, der Länder und Gemeinden auf dem Gebiete der Erziehung und des Gesundheitswesens. Es wurde geschätzt, daß durch die Ausgaben des Staates und der Gemeinden auf dem Sektor des Gesundheitswesens und der Erziehung eine beträchtlich höhere Anzahl von Arbeitsplätzen pro Einheit der Ausgaben geschaffen werden würde, als dies durch Ausgaben für Verteidigungszwecke der Fall ist, während Ausgaben für Konstruktionsinvestitionen weniger Arbeitsstellen zur Folge hät-

19 The Impact of Defense Cutbacks on American Communities, Report of The President's Economic Adjustment Committee on Communities Affected by the Defense Facility and Activity Realignments Announced on April 17, 1973. Committee on Public Works, United States Senate. 1973.

20 Sica G. P.: A Preliminary Bibliography on Studies of the Economic Effects of Defense Policies and Expenditures, Research Analysis Corporation, RAC-TP-314, 1968.

21 Vgl. Anm. 14, S. 16.

ten.[22] Diese Feststellung dürfte für alle jene überraschend sein, die die lange Reihe der Unterlieferanten kennen, die auf dem Gebiet der Luftfahrt Bestandteile für individuelle Waffensysteme liefern.

Die ACDA-Studien kamen auch zu der Schlußfolgerung, „daß es sich bei dem Problem, das sich durch die verringerten militärischen Ausgaben für die Wirtschaft ergibt, um nichts Einmaliges handelt ... Bei diesem Problem auf nationaler Ebene handelt es sich um die bekannte Aufgabenstellung, eine umfassende Nachfrage bei hohem Beschäftigungsstand aufrechtzuerhalten, ohne dabei auf die Preise einen zu starken Druck auszuüben".[23] In Dokumentationen wird häufig auf die Lage in den Vereinigten Staaten nach dem Zweiten Weltkrieg hingewiesen.

„Die geschichtliche Erfahrung bezeugt die Fähigkeit der amerikanischen Wirtschaft, sich rasch an wesentliche Kürzungen der Verteidigungsausgaben anzupassen; ein Rückblick auf die Zeit während des Zweiten Weltkrieges zeigt jedoch, daß damals viele Beobachter die Fähigkeit der amerikanischen Wirtschaft bezweifelten, die Abrüstung ohne ernste Übergangsprobleme durchführen zu können. Damals betrugen die Verteidigungsausgaben 40% der gesamten Produktion (gemessen am Bruttosozialprodukt).

Diese Nation rüstete jedoch äußerst rasch ab und erlitt dabei keine größere Arbeitslosigkeit. Zwischen 1945 und 1946 wurden die Militärausgaben um 80% verringert, was eine schnellere Senkung darstellt als die Herabsetzung, die in den derzeitigen Vorschlägen zur schrittweisen Abrüstung vertreten wird, die von der Regierung der Vereinigten Staaten bei den Vereinten Nationen vorgebracht werden. Diese Verringerung entsprach ungefähr 30% des Bruttosozialproduktes der Vereinigten Staaten des Jahres 1945 und machte das Dreifache des gegenwärtigen Verhältnisses von Verteidigungsausgaben zum Bruttosozialprodukt aus. Zwischen Juni 1945 und Juni 1946 wurden über neun Millionen Soldaten aus den Streitkräften entlassen, was dem mehr als Dreifachen des gesamten gegenwärtigen militärischen Mannschaftsstandes der Vereinigten Staaten entspricht.

22 Vgl. Anm. 15, S. 2–3.
23 Vgl. Anm. 15, S. 4.

Trotz des Ausmaßes und der Geschwindigkeit der Abrüstung nach dem Zweiten Weltkrieg blieb die Arbeitslosigkeit im ersten Nachkriegsjahr unter 4% des gesamten Beschäftigtenstandes. Während die Verteidigungsausgaben sanken, stiegen die Geschäftsinvestitionen auf mehr als das Doppelte, und die Ausgaben der Konsumenten sowie die Regierungsausgaben exklusive Verteidigung nahmen zu und füllten so einen Großteil der Lücke aus. Die großen Reserven der unbefriedigten Nachfrage und Kaufkraft, die sowohl seitens der Erzeuger als auch der Konsumenten während des Zweiten Weltkrieges entstanden waren, übten einen sehr positiven Einfluß auf die darauffolgenden wirtschaftlichen Entwicklungen aus."[24]

„Untersuchen wir ein weniger weit zurückliegendes Beispiel. Im Jahre 1946 verringerten sich die Regierungsausgaben für Waren und Leistungen um 52 Milliarden Dollar und die Ausgaben für Sicherheit nahmen um 55 Milliarden Dollar ab. Im Jahre 1945 betrug das Zahlungsbilanzdefizit der Regierung 34 Milliarden Dollar. Im Jahre 1946 gab es einen effektiven Zahlungsbilanzüberschuß in der Höhe von zwei Milliarden Dollar. Trotz der starken Verringerung der Ausgaben für Sicherheit innerhalb eines Jahres und trotz der Tatsache, daß ein Zahlungsbilanzdefizit von 34 Milliarden in einen Zahlungsbilanzüberschuß von zwei Milliarden Dollar umgewandelt worden war – trotz dieser Umstände gelang es der Regierung, ein starkes Abklingen der Wirtschaftsaktivität zu verhindern. Bei einer Senkung der Staatsausgaben für Sicherheit in der Höhe von 25% des Bruttosozialproduktes und bei einem verringerten Beitrag der Bundesregierung zu den Gesamtausgaben in der Höhe von 36 Milliarden Dollar fiel das Bruttosozialprodukt nur um vier Milliarden Dollar oder 2% ab und die Arbeitslosenziffer stieg bloß von einer Million auf zwei Millionen. Ein Grund für letztere Entwicklung war natürlich der Umstand, daß Millionen Menschen, die normalerweise nicht zum Arbeitsmarkt gehörten, ausschieden, sobald die Staatsausgaben drastisch gesenkt wurden."[25]

24 Weidenbaum, M. L.: Could the United States Afford Disarmament, in: The Changing Economy, hrsg. v. J. R. Coleman, Basic Books, N. Y. 1966.

25 Harris, S. E.: The Economics of Disarmament, in: Current History 33 Jg. 1957, S. 216–220.

Es ist bemerkenswert, daß die angeführte Reduzierung der Ausgaben der Bundesregierung im Jahre 1946 107 Milliarden Dollar in einem einzigen Jahr betrug.

„Die Jahre 1953–1954 können als weiteres Beispiel der gesammelten Erfahrung hinsichtlich verringerter Militärausgaben gelten. Am Ende des Koreakrieges gelang es der Eisenhower-Regierung, die gesamten Ausgaben für Sicherheit vom zweiten Quartal 1953 bis zum vierten Quartal 1954 um 14 Milliarden Dollar zu senken, und dabei nahmen die Gesamtausgaben der Bundesregierung für Waren und Leistungen um 16 Milliarden Dollar ab. Das erwies sich als eine nicht gerade problemlose Maßnahme, weil die Regierung dadurch eigentlich eine Rezession bewirkte oder förderte. Ungefähr im nächsten Jahr war das Bruttosozialprodukt um etwa 30 Milliarden Dollar niedriger, als es hätte sein können. Die Abrüstung erwies sich daher als ein kostspieliges Unterfangen. Durch Steuersenkungen und durch die Umkehrung der Politik des teuren Geldes lenkte jedoch die Regierung das Land bald aus der Depression heraus, und die Jahre 1955 und 1956 erwiesen sich als sehr erfolgreich.“[25]

Boulding hat diese gesamte Periode wie folgt zusammengefaßt:

„Wir sehen den Zweiten Weltkrieg deutlich als eine enorme Aufblähung der nationalen Verteidigung – von weniger als ein Prozent des Bruttosozialproduktes während der Depression auf über 40 Prozent in den Jahren 1942, 1943 und 1944. Wir sehen klar die Ursache dessen, was ich einmal als ‚den großen amerikanischen Mythos‘ bezeichnet habe – nämlich, daß uns nur eine mächtige Kriegsindustrie vor der Krise retten könne, denn in der Erinnerung jener Menschen, die in diesem Zeitabschnitt lebten, entsprach dies tatsächlich ihrer eigenen Erfahrung. Der Krieg verringerte wirklich die Arbeitslosigkeit bis zum Nullstand und wurde zur Hälfte aus jener Arbeitslosigkeit bestritten, die ansonsten vorhanden gewesen wäre, und zur anderen Hälfte aus Einschränkungen auf anderen Gebieten, besonders auf dem Gebiet der Zivilverwaltung, der privaten Bruttoinvestitionen und des persönlichen Konsums. Als nächstes sehen wir die große Abrüstung der Jahre 1945 und 1946. Es ist merkwürdig, daß dieses Ereignis so wenig Eindruck im amerikanischen Bewußtsein hinterlassen hat. Dabei gelang es, die Arbeitslosenziffer unter drei Prozent zu halten und Störungen erstaunlicherweise weitgehend zu vermeiden. Die Geschichte der Abrüstung ist niemals richtig geschrieben worden, aber es handelt sich in diesem Fall um eine der außergewöhnlichsten Perioden in der ganzen Wirtschaftsgeschichte. Hier vollzog sich der Übergang nahezu eines Drittels der Wirtschaftsaktivität einer großen und sehr komplexen Gesellschaft von der Kriegsindustrie zur Zivilindustrie. Diese Umstellung wurde in weniger als einem Jahr vollbracht, und konnte noch dazu mit erstaunlich wenig Störungen vollzogen werden.

Wir werden dann, von 1950 an bis in den Koreakrieg hinein, Zeugen der ersten Wiederaufrüstung des Kalten Krieges, die ihren Höhepunkt im Jahre 1953 erreichte, und durch die ganzen fünfziger Jahre bis in die sechziger Jahre andauerte, wobei die nationale Verteidigung 8–10% des Bruttosozialproduktes betrug. Das ist eine sehr ausgeprägte Strukturveränderung gegenüber den dreißiger Jahren und gehört vielleicht zu den drei wichtigsten Strukturveränderungen in der amerikanischen Wirtschaft dieser Periode, wobei die anderen beiden Strukturwandlungen folgende sind: der Niedergang der Landwirtschaft und der Verfall des gesamten Privatsektors der Wirtschaft, insbesondere, was die Ausgaben des Privatkonsums betrifft. Dies ging Hand in Hand mit steigenden Regierungsausgaben. Man sollte jedoch den Zeitraum von 1963 bis 1965 betrachten, als die Ausgaben für nationale Verteidigung als Anteil des Bruttosozialproduktes zurückgingen und die Arbeitslosigkeit ebenfalls abnahm ...

In den Vereinigten Staaten schwankte die Kostensumme für die Kriegsindustrie in den letzten 40 Jahren zwischen 0,6% und ca. 42% des Bruttosozialproduktes und beträgt nun etwa 9%, wovon ungefähr 3% auf den Vietnamkrieg entfallen. Die Kriegsindustrie ist ein viel größerer Teil des politischen Systems als des Wirtschaftssystems. In den Vereinigten Staaten macht die Kriegsindustrie ungefähr 41% des gesamten staatlichen Wirtschaftssektors aus, inklusive Staat, Länder und Gemeinden."[26]

Diese letzte Bemerkung von Boulding ist für unsere weitere Diskussion äußerst wichtig.

26 Boulding, K. E.: Introduction: The Deadly Industry, War and the International System, in: Peace and the War Industry, Trans-Action Books, Aldine Publishing Co., 1970, S. 1–12; Vgl. auch K. E. Boulding, The Impact of the Defense Industry on the Structure of the American Economy, in Anm. 14, S. 399–433.

Eine ähnliche Situation hat sich anscheinend in Großbritannien nach dem Zweiten Weltkrieg ausgebildet.[27] Es sei darauf hingewiesen, daß Regierungsmitglieder heutzutage für gewöhnlich über Veränderungen sprechen, die eine viel geringere Größenordnung aufweisen und die sich über viel längere Zeiträume erstrecken.

Es wird kaum bezweifelt, daß die Regierung der USA sich auch auf andere öffentliche Ausgaben verlegen könnte. Im Jahre 1960 legte der Nationale Planungsverband (National Planning Association) ein Fünfjahresprogramm in der Größenordnung von 330 Milliarden Dollar für Zivilausgaben vor – und zwar auf dem Gebiet der Sanierung der Städte, der Erziehung, der Wasserversorgung und des Gewässerschutzes etc.[28]

Da die Umweltschäden derzeit in den Blickpunkt der Öffentlichkeit gerückt werden, könnten jetzt sicherlich solche Schätzungen wesentlich höher angesetzt werden. Mitte 1973 wurde eine Schätzung erarbeitet, „die sich auf Angaben von Regierung und Industrie stützt“ und nur für ein Umweltschutzprogramm in den Vereinigten Staaten diente – bezogen auf Umweltschutz für Luft, Wasser und feste Abfälle; dabei kam man für ein Zehnjahresprogramm auf eine Kostensumme von 284 Milliarden Dollar (U.S. News & World Report, 30. Juli 1973, S. 30–34).

Ungefähr die Hälfte der Wohngebiete der großen Städte Amerikas könnte zweckmäßigerweise von Grund auf neu erbaut werden – und das fällt alles unter Zivilausgaben. Der Bedarf an Krediten für Entwicklungsländer für den Ankauf von Fertigwaren ist im wahrsten Sinne des Wortes unbegrenzt.

Diese allgemeinen Ansichten sind von radikal eingestellten amerikanischen Wirtschaftsfachleuten etwas kritisiert worden: zuerst von Sumner Rosen im Jahre 1965[29] und in jüngerer Zeit

27 Vgl. Anm. 7, S. 115–125.
28 In: Economics of Disarmament, Survival for the Sixties, Primer 3, National Committee for a SANE Nuclear Policy.
29 Rosen, S. M.: The New Orthodoxy on Disarmament Economics, in: The Correspondent, 33. Jg., 1965, S. 61–69.

von Michael Reich[30, 31], Magdoff sowie – in einer ähnlichen, aber viel milderen Art – von Shearer[32] und Rodberg.[33] In Rodbergs Zusammenfassung heißt es:

„Auf Grund der herkömmlichen Wirtschaftsweisheit wird vorgeschlagen, daß man zur leichten Durchführung der Umstellung weiter nichts braucht als einen allgemeinen Wirtschaftsaufschwung, der durch eine entsprechende Steuer- und Kreditpolitik gefördert wird. Um die Vollbeschäftigung zu erhalten, um eine Inflation zu verhindern und ein angemessenes Wirtschaftswachstum zu gewährleisten, müßten bloß die Kürzungen im Militärbudget ausgeglichen werden durch Ausgaben für neue Regierungsprogramme oder durch Steuersenkungen, die mehr Geld in die Taschen der Privatverbraucher fließen lassen würden.“[33]

Rodberg findet jedoch „solche allgemeinen Wirtschaftspläne ... nicht ausreichend“ und er betont die Notwendigkeit für Programme, die den einzelnen *Personen*, den Werktätigen, den Übergang erleichtern würden. Er verlangt mehr Gerechtigkeit, mehr Rücksichtnahme auf den einzelnen und etwas weniger Berücksichtigung des Schicksals der Unternehmen. Das alles ist recht schön und gut – auch ACDA-Studien hatten darauf hingewiesen, daß *Gemeinschaften* den Übergang mit viel geringerer Bedrängnis überstanden als der einzelne – aber das ändert nichts an dem ursprünglichen Grundsatz, daß die *Wirtschaft* diese Umstellung vollbringen kann.

In der Zusammenfassung von Rosen heißt es:

30 Reich, M. Does the U.S. Economy Require Military Spending? in: The American Economic Review, 62. Jg., 1972, S. 296–303.

31 Reich, M. u. D. Finkelhofer: Capitalism and the „Military-Industrial Complex“; The Obstacles to Conversion, UPRE Review, 2. Jg., 1970, S. 1–25, auch in: T. Christoffel u. a. (Hrsg.): Up Against the American Myth, Holt, Rinehart and Winston, 1970.

32 Shearer, D.: Swords into Plowshares; A Program for Conversion, Working Papers for a New Society, 1. Jg., 1973, S. 51–61.

33 Rodberg, L.: Report on the Conference On Economic Conversion, Task Force on Economic Conversion, Coalition on National Priorities and Military Policy, 1971.

„... meines Wissens bezweifelt kein bedeutender Wirtschaftsfachmann, daß die Wirtschaft, sofern sie über die geeigneten technischen Hilfsmittel verfügt, die Abrüstungsaufgabe ziemlich leicht erfüllen kann; und es ist nicht anzunehmen, daß sich der politische Wille rasch einstellen wird, diese Hilfsmittel auch einzusetzen, sobald die Abrüstung erst einmal realistische Aussichten auf Verwirklichung hat."[29]

Rosen war jedoch beeindruckt vom Widerstand der Johnson-Regierung im Jahr 1964 „gegen jede nachhaltige Stärkung der technischen Möglichkeiten, die der Regierung zur Verfügung standen, um die Probleme der Abrüstung zu lösen", und dieser Widerstand bestärkte ihn in seiner Ansicht, *„daß die Abrüstung in ihrer vollen Bedeutung für unsere Wirtschaft und für andere Ökonomien in diesem Land noch nicht klar erkannt wurde"*. Eine typische Feststellung, die sich an anderer Stelle in der Abhandlung von Rosen befindet – sie bezieht sich eigentlich auf die Umstellung der Forschung und Entwicklung – läßt jedoch erkennen, was er als das eigentliche Problem ansieht:

„... man kann nicht annehmen, daß Geldmittel aus dem Militärbudget, die sie (nämlich die Forschung und Entwicklung in der Industrie und an den Universitäten) derzeit erhalten, durch andere Quellen, z. B. aus Regierungs- oder Privatkreisen, ersetzt werden würden."[29]

Rosen behauptet also nicht, daß es *wirtschaftlich nicht durchführbar* wäre – er sagt vielmehr voraus, daß man es *politisch nicht durchführen will.*

Hier ist schließlich die Zusammenfassung von Reich:

Die Liberalen räumen ein, daß das Problem des Militarismus schwierig ist, sie behaupten aber, daß man es lösen kann. Wir können unsere nationalen Prioritäten ‚umstellen' von der Rüstung auf gesellschaftlich nützliche Zwecke, ohne dabei die Institutionen, die die Grundlage unserer Wirtschaft und unseres Staates bilden, neu ordnen zu müssen oder allzu drastisch zu stören.

Andererseits behaupten die Radikalen, daß das Problem unlösbar sei, der Militarismus sei mit der grundlegenden Struk-

tur der kapitalistischen Gesellschaft zu sehr verknüpft. Nur eine gesellschaftliche Revolution und die Errichtung einer sozialistischen Gesellschaftsordnung könnten die militärische Vorrangstellung beseitigen.
Die Liberalen sehen das Problem der ‚Umstellung' als ein rein politisches Problem an."[31]

Zufällig ist Reich derselben Meinung. „Die Elite wird nicht von sich aus eine Abkehr von Militärausgaben unterstützen. Wenn diese Kreise fortfahren, sich der Umstellung zu widersetzen – und wir haben allen Grund anzunehmen, daß sie das tun werden –, dann hat man wenig Grund zur Annahme, daß ihr Widerstand innerhalb des bestehenden politischen und wirtschaftlichen Rahmens überwunden werden kann."[31]

Die Arbeit von Reich in der „American Economic Review"[30] ist *außerordentlich* schwach und die Argumentation ist wenig überzeugend; die Arbeit ist voll von inneren Widersprüchen und endet damit, daß sie genau das Gegenteil von dem beweist, was ursprünglich bewiesen werden sollte. Der Titel dieser Arbeit stellt die Frage: „Benötigt die amerikanische Wirtschaft Militärausgaben"? und am Ende der Veröffentlichung taucht die Frage erneut auf: „Sind Militärausgaben *wirklich notwendig* für den Kapitalismus?" Die Antwort, die hier gegeben wird, lautet bloß dahingehend, daß „eine kapitalistische Wirtschaft mit ungenügender allgemeiner Nachfrage *viel eher* zu Militärausgaben als zu sozialen Ausgaben neigt ...".[30] In anderen Worten – seine Antwort zu seinen eigenen Fragen ist „nein".
Diese Arbeiten *widersprechen* meiner Meinung nach gar nicht „der herkömmlichen Wirtschaftsweisheit". Was sie wirklich aufzeigen, ist der Umstand, daß *politische* Hindernisse zu überwinden sind. Die beiden könnten im Ansatz gleichbedeutend sein, wenn man annimmt, daß die politischen Hindernisse absolut unüberwindlich wären. Ich bin nicht dieser Ansicht. Daher lautet dic Frage nicht, ob man die Wirtschaft der Vereinigten Staaten oder eine „westliche" oder irgendeine Wirtschaft umstellen *kann,* sondern ob man es *will.* Tatsächlich

würde die Verwendung einer solchen Ausdrucksweise die Diskussion auf genau jene politischen Hindernisse lenken, die als Behinderung der Umstellung angesehen werden.

Die hier aufscheinende Diskussion kann man ganz auf das speziellere Gebiet der Umstellung der Forschung und Entwicklung übertragen; es sind jedoch bisher keine Arbeiten der „radikaleren" Art über dieses weiter eingegrenzte Thema in der Literatur erschienen.

II. Ausgaben für militärische Forschung und Entwicklung

Randy Forsberg vom Stockholm International Peace Research Institut (SIPRI) hat dieses Thema in einer ausgezeichneten und definitiv zu diesem Punkt Stellung nehmenden Arbeit behandelt.[34]

Forsberg sammelte verfügbare Daten über Ausgaben für militärische Forschung und Entwicklung von 22 Ländern, wobei er soweit wie möglich auf das Jahr 1945 zurückgriff. Die Ausgaben für militärische Forschung und Entwicklung wurden untersucht als:

- Anteil an den gesamten nationalen Ausgaben für Forschung und Entwicklung
- Anteil an den Bundesausgaben für Forschung und Entwicklung
- Anteil an den gesamten Militärausgaben
- Anteil am gesamten Bruttosozialprodukt.

Es standen keine Angaben für die UdSSR oder andere Staaten des Warschauer Paktes zur Verfügung; Forsberg konnte jedoch viele vorhandene Arbeiten über die Ausgaben für militärische Forschung der UdSSR kritisieren, indem er eine systematische Analyse der vorhandenen Literatur durchführte.

Hier soll nur eine kurze Zusammenfassung der wichtigsten Punkte wiedergegeben werden:

34 Forsberg, R.: Resources Devoted to Military Research and Development, SIPRI, Stockholm International Peace Research Institute, 1972.

– Zwischen 1961 und 1971 wurden in der ganzen Welt 2000 Milliarden Dollar für Militärausgaben aufgewendet. Ungefähr 10% davon, oder 200 Milliarden Dollar, wurden für militärische Forschung und Entwicklung verwendet;

– auf sechs Nationen – auf die USA, UdSSR, Großbritannien, Frankreich, China und auf Westdeutschland – entfallen 80% der gesamten Militärausgaben und 98% der Ausgaben für militärische Forschung und Entwicklung;

– 25% der Wissenschaftler in der ganzen Welt sind auf dem Gebiet der militärischen Forschung und Entwicklung tätig. In der UdSSR und in den USA ist dieser Anteil wesentlich höher, er beträgt dort vielleicht zwischen einem Drittel und der Hälfte;

– die Ausgaben für Forschung und Entwicklung auf der ganzen Welt belaufen sich auf ungefähr 60 Milliarden Dollar jährlich. Wenn man die Weltraum- und Kernforschung dazuzählt (wie dies im Bericht der Vereinten Nationen der Fall ist), so beträgt der Anteil für militärische Forschung 25 Milliarden Dollar. Läßt man die Weltraum- und Kernforschung weg, so macht die militärische Forschung derzeit ungefähr 20 Milliarden Dollar jährlich aus oder ein Drittel des gesamten Weltbudgets für Forschung und Entwicklung;

– im „Westen" wandten allein die Vereinigten Staaten ungefähr 8,5 Milliarden Dollar an Ausgaben für militärische Forschung und Entwicklung im Jahre 1970 auf (*ohne* Weltraum- und Kernforschung). Die übrigen westlichen Nationen gaben zusammen nur 1,7 Milliarden Dollar aus; davon entfielen auf Frankreich, Großbritannien und Westdeutschland 1,4 Milliarden Dollar. Allein auf die Vereinigten Staaten entfallen somit 85% und auf die vier Länder (USA, Großbritannien, Frankreich, Bundesrepublik Deutschland) entfallen zusammen 97% der gesamten Ausgaben für militärische Forschung und Entwicklung der industrialisierten „westlichen" Länder;

– in den Vereinigten Staaten werden ungefähr 50% der gesamten Bundesgeldmittel für Forschung und Entwicklung auf-

gewendet und etwa 10% der Militärausgaben werden für militärische Forschung und Entwicklung verwendet;
- zum allgemeinen Vergleich ist es vollkommen zulässig, ähnlich hohe absolute und anteilige Ausgaben für militärische Forschung und Entwicklung für die UdSSR und die USA anzunehmen. Es kann sich dabei in Wirklichkeit um eine Abweichung von 10 bis 20 Prozent handeln – niemand kennt die tatsächlichen Daten – aber die *grobe* Äquivalenz genügt für den Zweck der *allgemeinen* Diskussion.

III. Die Rolle der wissenschaftlichen Forschung für die Entwicklung moderner Waffensysteme

Dieses Thema habe ich etwas ausführlicher an anderer Stelle in einer kürzlich veröffentlichten Arbeit[35] zusammengefaßt. Der Hauptpunkt besteht darin, daß der Prozeß der Waffenentwicklung sich seit dem Zweiten Weltkrieg qualitativ verändert hat, wobei die anfängliche Veränderung teilweise bereits während des Zweiten Weltkrieges begann. Die Veränderung zeigt sich eindringlich in der *grundlegenden und absoluten Abhängigkeit der Entwicklung komplizierter Waffen von der wissenschaftlichen Forschung.* Dies geht mehr oder weniger aus den im vorhergehenden Abschnitt zitierten Zahlen für die Ausgaben für militärische Forschung und Entwicklung sowie aus den Daten für Arbeitskräfte hervor. Es wird aber eindeutig klar, wenn man den *Prozeß* der Entwicklung von modernen Waffen nachzeichnet. Die Forschungsdirektionen leiten, verwalten, führen und koordinieren systematisch – und verwerten systematisch – die Forschung in bevorzugten und vorherbestimmten Richtungen, die man als zweckdienlich für die Waffenentwicklung erkannt hat; dabei trachten die Forschungsdirektionen ständig, das bestehende Wissen zu erweitern – sie haben es dabei zu einer „vollendeten Kunst" gebracht, um auf diese Weise der Rüstungsentwicklung einen möglichst großen

35 Leitenberg, M.: The Role of Military Technology Today, in: International Social Science Journal, (UNESCO), 25. Jg., 1973, S. 336–357.

Ansporn zu geben. Das gilt besonders für die moderneren und strategischen Waffensysteme in den höher entwickelten Industrienationen, und vor allem für die USA und die UdSSR. Aus Gründen, die in der längeren Studie dargelegt werden, wird *jeder denkbare* Zweig und jede Unterdisziplin der Wissenschaft dafür herangezogen. Die Forschungsdirektionen der einzelnen Militärgattungen – Luftwaffe, Heer, Kriegsmarine – unterstützen mit Geldmitteln und legen jedes Jahr zweckdienlich die Richtung fest für buchstäblich Zehntausende von wissenschaftlichen Projekten, und *das in den abstraktesten und grundlegendsten Bereichen der Wissenschaft.*

Jede hier gemachte Verallgemeinerung, die die Auswertung wissenschaftlicher Forschung in diesem Prozeß betrifft, gilt sowohl für die UdSSR als auch für die USA. Sowjetische und osteuropäische Sprecher haben in den vergangenen Jahren jede Gelegenheit wahrgenommen, darauf hinzuweisen, daß die UdSSR und die Staaten des Warschauer Paktes mit dem Westen „gleichgezogen“ haben, was die „ausgeklügeltsten Waffen“ betrifft. Wenn das tatsächlich der Fall ist, so wurde die Entwicklung dieser Waffen auf die gleiche Weise erreicht, wie dies im Westen geschah, wobei der wesentliche Faktor – abgesehen von der anfänglichen politischen Entscheidung, von der finanziellen Unterstützung und von der Produktionsmöglichkeit – die systematische und weitgehende Auswertung der wissenschaftlichen Forschung ist. Einen anderen Weg gibt es nicht.

IV. Die Umstellungsmöglichkeit der militärischen Forschung und Entwicklung

Es gibt bereits einige Studien in der Literatur, die sich spezifisch mit diesem Thema befassen: einige kürzere Arbeiten von Nelson[36, 37] und von Urban[38]; ferner das ziemlich gründliche

36 Nelson, R. R.: Impact of Disarmament on Research and Development, in: Benoit and Boulding, 1963, (Anm. 3).

(und lange) Buch von Berkowitz[39]; ferner mehrere andere Monographien von mittlerer Länge.[40–44]

Worin besteht die Logik, wenn man eine Umstellung der militärischen Forschung und Entwicklung im *besonderen* anstrebt, wenn diese doch nur 10% der Militärausgaben einer Handvoll von Nationen ausmacht – nämlich der Anführer im Rüstungswettlauf – und wenn diese noch viel weniger für die übrigen Nationen beträgt? Die Gründe, die normalerweise angeführt werden, sind vielfältig:

1) Da die militärische Forschung und Entwicklung den Rüstungswettlauf antreibt, würde die Verlangsamung der militärischen Forschung und Entwicklung oder deren Stillstand oder das Stehenbleiben auf deren spezifischen Gebieten auch den Rüstungswettlauf verlangsamen, insbesondere auf dem Gebiet der strategischen Waffen und der damit verbundenen Systeme. Meine eigene Arbeit tendiert dazu, diese Ansicht ausdrücklich zu unterstützen. Es ist jedoch nicht klar, wie ein solcher Versuch *innerhalb* der USA und der UdSSR politisch durchführbar wäre, da manche behaupten, daß jenes Element der Militärmaschine, das am schwersten loszubrechen ist, auch

37 Nelson, R. R.: Adjusting R & D, in: Bulletin of the Atomic Scientists, April 1964, S. 15–19.

38 Urban, L.: Some Effects of Disarmament on Research and Development, in: Benoit 1967, (Anm. 11), S. 160–170.

39 Berkowitz, M.: The Conversion of Military-Oriented Research and Development to Civilian Uses, Praeger Publishers, N. Y., 1970.

40 Howell, R. P. u. a.: The Economic Impact of Defense R & D Expenditures; In Terms of Value Added and Employment Generated, Stanford Research Institute, 1966

41 The Impact of Federal Research and Development Policies Upon Scientific and Technical Manpower; Report and Recommendations, Committee on Labor and Public Welfare, U. S. Senate, 1966.

42 Application of Aerospace and Defense Industry Technology Environmental Problems, Hearings, Committee on Government Operations, House of Representatives, November 1970.

43 National Science Foundation Conversion Programs, 1971, Hearings Before the Special Subcommittee on National Science Foundation, Committee on Labor and Public Welfare, U. S. Senate, Oktober 1971.

44 Problems Associated With Converting Defense Research Facilities to Meet Different Needs: The Case of Fort Detrick, Report to the Congress, Comptroller General of the United States, Februar 1972 (B-160140).

am weitesten von der Frontlinie entfernt ist – was eben für die Forschung und Entwicklung zutrifft. Meine eigene Ansicht über den Prozeß der Versorgung mit Waffen, ist folgende: Es dürfte in politischer Hinsicht leichter sein, die Forschung und Entwicklung zu reduzieren, als die Versorgung und den Einsatz zu beschränken. Die beiden letzteren sind viel greifbarer, während für Forschung und Entwicklung im Rahmen der Budgeterstellung Argumente ins Treffen geführt werden müssen, die sich weit mehr auf vorläufige „Drohungen" stützen. Aufgrund einer ähnlichen Argumentation sind tatsächlich viele Leute, die für ernstgemeinte Rüstungskontrolle, für Rüstungseinschränkung und Abrüstung eintreten, der Ansicht, daß es viel wichtiger wäre, die *Versorgung* mit Waffen zu unterbinden – und die Forschung und Entwicklung einfach weiterlaufen zu lassen. Entweder würde man sich dann die Forschung und Entwicklung politisch und wirtschaftlich „leisten" können, oder sie würde eine Art „rückschrittliche Degenerierung" erleiden. Die *Waffen,* die geliefert und angewendet werden, sind das Gefährlichere; sie geben den Militaristen größere politische Macht; und es sind die *Waffen,* die die politische Entscheidung vorwegnehmen – und nicht die Forschung und Entwicklung.

Militärische Technologie ist ein Gebiet, auf dem die Ansicht vorherrscht, daß die Kontinuität der Entwicklung unvermeidlich ist, daß die Forschung und Entwicklung ein „Eigenleben führt und daß ihre Weiterentwicklung in irgendeine noch so antisoziale Richtung nicht aufgehalten werden kann".[45] Ich glaube nicht, daß es sich so verhält; ich glaube im Gegenteil, daß die die Waffensysteme betreffenden Entscheidungen ganz bewußt von politischen Führungsgremien getroffen werden. In dem Maße aber, wie dies zutrifft, ist die Entwicklung der militärischen Technologie ein Gebiet, auf dem die politischen Strukturen der großen Gesellschaftsformen des Ostens und Westens die Kontrolle über ihre eigenen Tätigkeiten verloren ha-

45 Panofsky, W. K. H.: Roots of the Strategic Arms Race; Ambiguity and Ignorance, in: Bulletin of the Atomic Scientists, 27. Jg. 1971, S. 15–20.

ben und auf dem der Staatskörper im allgemeinen selbstverständlich jegliche Kontrolle über seine politischen Strukturen verloren hat. Eine detaillierte Untersuchung der Fälle, in denen die Überlegenheit von Waffen außenpolitische Entscheidungen prägte, wäre von unschätzbarem Wert – sofern die Verantwortlichen für die außenpolitischen Entscheidungen überhaupt daran interessiert wären, die Folgen zu beachten – und vorausgesetzt, daß sie eine solche Situation gar nicht *bevorzugen*.

2) Ein anderer Grund, warum man die Umstellung der militärischen Forschung und Entwicklung als wünschenswert erachtet, betrifft die spezifischen Talente und die Nützlichkeit der auf dem Gebiet der Forschung und Entwicklung tätigen Personen – nämlich der Wissenschaftler; im Gegensatz dazu steht der mehr allgemeine Nutzen der Umstellung der Industriekapazität. Das wird oft als die „Opportunity Costs" der militärischen Forschung und Entwicklung bezeichnet, sowohl im Sinne der direkten finanziellen Ausgaben, als auch in bezug auf den Verlust von Arbeitszeit und Talenten, indem das wissenschaftliche Potential einer Nation für die militärische Forschung und Entwicklung eingesetzt wird. In bezug auf die *Anzahl* der Wissenschaftler ist der Verlust verhältnismäßig am größten in den Vereinigten Staaten und in der UdSSR. Den industriell *fortgeschrittenen* Nationen ist es plötzlich zum Bewußtsein gekommen, daß sie in all den vergangenen Jahren einige der Hauptfragen vernachlässigt haben, die im Zusammenhang mit der fortgesetzten Lebensfähigkeit ihrer wirtschaftlichen, gesellschaftlichen und ökologischen Systeme stehen.[46] Man hätte das immer schon wahrnehmen sollen, aber man versäumte es, und sogar jetzt handelt man kaum dementsprechend. Man hat es unterlassen, sich mit diesen Fragen zu beschäftigen, stattdessen wurde ein wesentlicher Anteil der wissenschaftlichen Forschungsbemühungen der ganzen Welt be-

46 Freeman, C. u. a.: The Goals of R & D in the 1970s, in: Science Studies, 1. Jg., 1971, S. 357–406.

wußt und absichtlich für die Entwicklung moderner Waffen eingesetzt.

Dic einen sagen, es sollte leichter sein, die Forschung und Entwicklung umzustellen, als dies für die Industrie insgesamt gilt. Es ergibt sich hier nicht das Problem wie bei der industriellen Umstellung, daß man einen Markt für das erzeugte Produkt finden muß; es besteht keine Notwendigkeit für ein greifbares und rasch zu erstellendes Produkt, das auf dem kommerziellen Markt gekauft werden muß; die Regierung ist bereits auf jeden Fall in direkter oder indirekter Form der Käufer eines Großteils der „Produktion" – denn, oberflächlich gesehen, bleiben eben nur die Wissenschaftler kontinuierlich beschäftigt. (Andererseits sind die in der Industrie beschäftigten Arbeitskräfte eher geneigt, dorthin zu gehen, wo sich ihnen geeignete Arbeitsplätze bieten, während die Wissenschaftler, trotz ihrer großen Postenfluktuation im Westen, logische Grundsätze dafür entwickeln, um an Ort und Stelle zu bleiben, wenn die Frage der Umstellung akut wird.) Außerdem verstehe ich nicht die Belastung der Wirtschaft, wenn sie sich der Umstellung nähert. Es gibt kein „Gesetz", das besagt, daß die Umstellung von Forschung und Entwicklung oder von irgendeinem wirtschaftlichen Sektor keinen Verlust erleiden dürfe. Die Regierungen verkraften regelmäßig „Verluste" oder Defizite auf gewissen Sektoren, und es gibt keine einzige industrielle Wirtschaft, weder im Osten noch im Westen, in der die Regierung nicht alle möglichen Arten von Dingen subventioniert, nicht zuletzt eben die Wissenschaft sowie die Forschung und Entwicklung. In gewissem Maß *findet* diese Umstellung *bereits statt* unter dem Druck der zivilen Bedürfnisse. Zumindest gibt es dafür Anzeichen im Westen. In einem Zeitraum von zehn Jahren zeigt sich ein Absinken von ungefähr 10% – von 90 auf 80% – jenes Anteils des US-Bundesbudgets für Forschung und Entwicklung, der auf militärische, auf Raumfahrt- und auf nukleare Forschung und Entwicklung entfällt.[46] Beachtung haben auch solche Programme gefunden, wie „Die den nationalen Bedürfnissen angepaßte

Forschung" („Research Applied to National Needs", RANN) der (US-) National Science Foundation.[47]

Wenn es gewünscht wird, ist es kein größeres Problem, die „Bedürfnisse" auf dem Gebiet der Forschung und Entwicklung durch beträchtliche finanzielle Forderungen zu befriedigen, als es für Ausgaben für die allgemeine industrielle Umstellung der Fall war. Als die Vereinigten Staaten kürzlich feststellten, daß Probleme der Energieversorgung auf sie zukamen, verlangte Präsident Nixon rasch die Erstellung eines Fünfjahresprogrammes in der Höhe von zehn Milliarden Dollar für Energieforschung und erhielt dafür anscheinend allgemeine Zustimmung seitens des Kongresses und der Industrie (obwohl ein Teil dieser Ausgaben auf den Kernkraftsektor entfallen würde).[48] Wenn jemand ein Verfahren der bakteriologischen Gärung zur Umwandlung von Abfallpapier in Viehfutter entwickeln würde, so wäre dieses Unterfangen einer ebenso großen Anstrengung wert. Ungefähr ein Viertel der Weltgetreideproduktion wird von Nagetieren, von Heuschrekken und durch Pilzbefall vernichtet; die Verwendung von Insektiziden und Fungiziden, die der Bekämpfung dieses Verlustes dient, fördert die Entwicklung resistenter Arten von Schädlingen, vernichtet andere natürliche Feinde der Insekten, und die Rückstände der Bekämpfungsmittel gelangen in den biologischen Nahrungskreislauf und in unseren Körper. An wichtigen Problemen, die einer Lösung harren, fehlt es also wahrlich nicht.

3) Der dritte, oft angeführte Grund, warum die Umstellung der militärischen Forschung und Entwicklung wünschenswert wäre, ist der Nutzen, den die Entwicklungsländer von den umdirigierten Forschungsbemühungen des solcherart freigesetzten wissenschaftlichen Personals ziehen würden. Das Argument vom Vorteil, den die Entwicklungsländer aus den umgelenkten

47 Bates, D. M.: The Research Applied to National Needs Program of the National Science Foundation Background Information, Congressional Research Service, 73–28 SP, Februar 1973.
48 Energy Research Faces Hurdles, in: Business Week, 21. Juli 1973.

Ressourcen erlangen, wird sehr oft in Verbindung mit der Abrüstung im allgemeinen gebraucht, es taucht aber auch insbesondere im Zusammenhang mit der Umstellung von Forschung und Entwicklung auf. Mit größtem Nachdruck scheint dieses Argument in den Berichten der Vereinten Nationen auf, besonders im letzten dieser Berichte, der ausdrücklich den Titel trägt: „Abrüstung und Entwicklung."

In beiden Fällen ist es schwer, dieser Behauptung Glauben zu schenken, sie mutet eher als leere rhetorische Phrase an. Gerade jetzt betrachten sich die *entwickelten* Nationen in Ost und West als unter Druck stehend; und wenn die USA, UdSSR und Großbritannien überhaupt an einem Umstellungspotential der Forschung und Entwicklung interessiert sind, dann nur für ihr eigenes Land und nicht zugunsten der Entwicklungsländer. Wenn irgendeine Nation sich die Frage stellen wollte, was sie in bezug auf Forschung und Entwicklung für das Wohl der Entwicklungsländer tun könnten, dann gibt es eine genügende Anzahl Ideen, Richtlinien und Pläne im Rahmen des von den Vereinten Nationen erstellten Weltplanes für Aktionen (UN World Plan of Action), der vom ACAST-Komitee ausgearbeitet wurde, um ihre Wissenschaftler im Verlauf der nächsten 50 Jahre zu beschäftigen.[49] Die Berichte der Konferenz der Vereinten Nationen zu Beginn des Jahres 1963 über die Anwendung der wissenschaftlichen Tätigkeit zum Wohl der Entwicklungsländer waren geradezu voluminös. Drei endgültige „Zielsetzungen" betreffend die Forschungs- und Entwicklungshilfe für Entwicklungsländer wurden ebenfalls vom ACAST-Komitee formuliert:

– das eine betraf das Ausmaß der Aufwendungen, ausgedrückt in Prozent des Bruttosozialproduktes, die die Entwicklungsländer selbst bezüglich des Bruttosozialproduktes aufbringen sollten;

49 World Plan of Action for the Application of Science and Technology to Development; Advisory Committee on the Application of Science and Technology to Development for the Second United Nations Development Decade, United Nations, 1971.

– das zweite „Ziel“ betraf das Ausmaß der direkten finanziellen Hilfe seitens der fortgeschrittenen Nationen, die an die Entwicklungsländer zur Förderung der Forschung und Entwicklung gehen sollte;
– das dritte „Ziel“ setzte fest, daß 5% der Ausgaben für Forschung und Entwicklung der fortgeschrittenen Nationen für die Forschung und Entwicklung der *Entwicklungsländer* verwendet werden sollte.[50]

Nicht ein einziger der hochentwickelten Staaten hat Schritte unternommen, um diese letzte Zielsetzung zu verankern im Aufbau, in den Zielen, in den Richtlinien seines wissenschaftlichen Programmes. Gegenwärtig ist nur ein unerheblicher Bruchteil unseres riesigen Aufwandes auf internationaler Basis entwicklungsorientiert. Wir können zu diesem Zweck Forschungslaboratorien entwickeln und junge Menschen ermutigen, sich für eine Berufslaufbahn auf dem Gebiet der Entwicklung zu entscheiden. Wir können Universitäten, Industrien und anderen Forschungsinstitutionen helfen, sich in wirksame technische Kooperation in Überseeländern auf stabiler Basis einzuschalten.[51]

Man „kann“ – aber tut es nicht. Als dieses dritte „Ziel“ im Rahmen der Vereinten Nationen diskutiert wurde, wurde es heftig und nachhaltig von der UdSSR abgelehnt, deren Delegierter beantragte, daß diese Zielsetzung so abgeändert werden sollte, daß sie lautet:
„5% der *nichtmilitärischen* Ausgaben für Forschung und Entwicklung“ anstatt „5% der Ausgaben für Forschung und Entwicklung“. Der Grund dafür ist offensichtlich. In der UdSSR (und in den USA) würde die ursprüngliche Zielsetzung den notwendigen Beitrag verdoppeln, da die militärische Forschung und Entwicklung wahrscheinlich die Hälfte der gesamten For-

50 Vgl. Anm. 46, S. 394–402, bes. Tabelle 7, S. 398; Vgl. auch Anm. 9.
51 Brown, H.: Science, Technology and the Developing Countries, in: International Science Policy, A Compilation of Papers Prepared for the 12th Meeting of the Panel on Science and Technology, Committee on Science and Astronautics, U. S. House of Representatives, Februar 1971, S. 123–132.

schung und Entwicklung beträgt. Für die sechs Staaten, auf die 98% der gesamten militärischen Forschung und Entwicklung der Welt entfallen (es sind dies die USA, die UdSSR, Großbritannien, Frankreich, die Bundesrepublik Deutschland und China) würde es jedoch *sicherlich wirtschaftlich nicht* schwierig sein, diese 5% des gesamten Betrages für Forschung und Entwicklung aufzubringen. Es ist nur eine Sache des politischen Willens und der politischen Prioritäten. (Für die übrigen Staaten spielt es keine große Rolle, ob man sagt: 5% von der „gesamten" Forschung und Entwicklung oder 5% der *nichtmilitärischen* Forschung und Entwicklung, da beide Beträge nahezu identisch sind; aber *alle* entwickelten Staaten können es sich leisten, die 5% abzugeben, ohne dabei im eigenen Land eine Katastrophe zu verursachen – und es sei nochmals darauf hingewiesen, daß auf jeden Fall die sechs Staaten dazu in der Lage wären, die auf dem Gebiet der militärischen Forschung und Entwicklung führend sind.) Die Einschränkung beruht nicht auf der Frage: „können" sie, sind sie dazu in der „Lage", ist es „denkbar", sondern besteht nur im Umstand der politischen Entscheidungen und institutionellen Veränderungen, d. h.: „wollen" sie. Die Ziele und „Zielsetzungen" des ersten Entwicklungsjahrzehnts der Vereinten Nationen wurden nicht erreicht, und der Grund dafür war nicht, weil sie es nicht „konnten".

Man schätzt, daß die Vereinigten Staaten für ihre Weltraumprogramme seit dem Jahre 1957 ungefähr 60 Milliarden Dollar ausgegeben haben, und man nimmt an, daß die UdSSR vielleicht 45 Milliarden Dollar seit 1958 aufgewendet hat.[52] Es handelt sich also insgesamt um 100 Milliarden Dollar! Der Verlust einer einzigen sowjetischen Saljut-Raumstation im April 1973 bedeutet die Vernichtung von schätzungsweise 500

52 Catapano, A. J., D. H. Wolk: Finance and Manpower, in: Annals, New York Academy of Sciences, 140, Art. 1, December 1966, S. 647–652; Lyons, R. D., With Contrasting Results, Russians Double U. S. Outlay on Manned Space Programs, International Herald Tribune, 27. September 1973.

Millionen Dollar[53], wobei die Planungsleitung der zukünftigen amerikanischen Programme für den Pendelverkehr in der Raumfahrt mit 450 Starts innerhalb von 10 Jahren rechnet. Das amerikanische Raumfahrtprogramm ist das größte einzelne wissenschaftliche und technologische Unternehmen in der amerikanischen Geschichte, und wahrscheinlich gilt dasselbe für die UdSSR, – es handelt sich dabei jeweils um ein Programm, das auf beiden Seiten zur Entwicklung militärischer Raumsysteme und aus politischem Prestige geplant und durchgeführt wurde. Hie und da findet man nahezu idiotische Grundsatzerklärungen, wie die folgende, in sonst vernünftigen wissenschaftlichen Fachzeitschriften:

„Die Auswirkungen der Apollo-Raumflüge auf die Wissenschaft und auf das amerikanische Prestige sind unermeßlich. Der am ehesten erfaßbare Wert dieser Raumflüge liegt wahrscheinlich in einer neuen Einstellung zum Management, zur Technologie und vielleicht sogar zur Risikofreudigkeit.“[54]

Jahrelang wurden unglaubliche Geldsummen und Wissen mobilisiert, um Expeditionen auszusenden, damit diese die Trockenheit der Mondoberfläche bestimmen; Menschen und Maschinen, Raupenschlepper und Bagger, Mondfahrzeuge (Lunochods und Moonbuggies) wurden eingesetzt, aber niemand kümmerte sich um die Sub-Saheli-Zone, wo über einen Zeitraum von vier Jahren eine Dürre herrschte – und dieses Gebiet erstreckt sich über ein halbes Dutzend afrikanische Staaten. Im fünften Jahre mußte dann doch eine Notstandshilfe zusammengekratzt werden, von jedem Land einzeln; eine Million Dollar hier und eine Million Dollar dort wurden von den entwickelten Ländern schließlich gespendet. Die Größe der technologischen Dimensionen des Raumfahrtunternehmens wird nur übertroffen von der Größe der beschämenden und häßlichen Fehlanwendung menschlicher Prioritäten, was um so stärker ins Gewicht fällt,

53 O Toole, T.: Soviet Union's Trouble – Ridden Space Program, International Herald Tribune, 25. Juni 1973.

54 Getler, M.: Man in Space; Apollo: Was it Worth It, in: Space/Aeronautics, 52. Jg. 1969, S. 42–53.

weil dies in einer modernen Zeit stattfindet, in der wir bewußter die Bedürfnisse der breiten Masse der Menschheit erkennen sollten, anstatt die Übersättigung der Wenigen noch zu fördern. Diese Einschätzung wird auch dadurch nicht gemildert, wenn man als Motiv für das Vorantreiben der Entwicklung von Raumfahrtsystemen militärische Notwendigkeit ins Treffen führt. Es sollte vielleicht nicht überraschen, daß das Comittee on Science and Technology for Development der Vereinten Nationen, als es im Jahre 1973 wieder tagte, die Schwierigkeit in bezug auf die 5%ige Zielsetzung dadurch überwand, daß es die entwickelten Nationen aufforderte „zu trachten, *zehn* Prozent ihres (*gesamten*) Aufwandes für Forschung und Entwicklung für Probleme von direktem Interesse für Entwicklungsländer zu verwenden".[55]
Ich habe auch wenig Zutrauen zu den oft vorgebrachten Argumenten bezüglich „spinoff", die auf diese Weise zu rechtfertigen versuchen, daß Ressourcen zuerst für militärisch ausgerichtete Forschung und Entwicklung aufgewendet werden. Das ist ein Thema, das sowohl im Bericht der Vereinten Nationen wie auch in einem kürzlich veröffentlichten SIPRI-Bericht[56] stiefmütterlich behandelt wurde. „Spinoff" ist der Ausdruck für Entdeckungen, Technologien oder Vorrichtungen, die im Zuge der Forschung und Entwicklung im Zusammenhang mit der Verteidigung entwickelt werden und die industrielle oder zivile Anwendung gefunden haben oder für diesen Zweck freigegeben wurden. Man beruft sich oft auf den vergangenen oder potentiellen spinoff, wenn man verschiedene Arten von Forschung und Entwicklung im Zusammenhang mit Verteidigung rechtfertigen oder für deren Unterstützung werben will. Dieses Argument berührt in Wirklichkeit gar nicht das Für und Wider in bezug auf irgendeine Forschung und Entwicklung im Zusammenhang mit der Verteidigung. Spinoff ist rein zufällig und kann nicht einkalkuliert werden, obwohl größere

55 Science, Technology and Development, in: Development Forum, (U. N. Center for Economic and Information), 1. Jg. 1973.

56 Huisken, R.: The Meaning and Measurement of Military Expenditure, SIPRI Research Report no 10, August 1973.

oder geringere Anstrengungen unternommen werden können, um seine gründliche Auswertung sicherzustellen. Es handelt sich beim spinoff sicherlich sowohl vom Standpunkt der Definition, als auch tatsächlich, nur um einen Bruchteil der gesamten Produktion. Es ist daher einfach dumm, wenn man ins Treffen führt, daß das spinoff die Verwendung von Ressourcen für militärische Forschung und Entwicklung rechtfertigt; es wäre doch viel besser, wenn man das wirklich wünscht, die gesamten Bemühungen einer Nation direkt auf jene Zielsetzung oder jenen Prozeß zu lenken, der sonst bloß indirekt als spinoff zur Geltung kommt. Wenn eine Nation an diesem sekundären Ergebnis des spinoff echt interessiert wäre, könnten die entsprechenden Geldmittel, Arbeitskräfte, der administrative Aufwand und Forschungsapparat für dessen direkte Erarbeitung eingesetzt werden. Es ist trügerisch, mit dem Hinweis auf ein zufälliges und nur am Rande nutzbringendes Nebenprodukt ein primäres Unternehmen rechtfertigen zu wollen, dem höhere Priorität eingeräumt und dem der Zugang zu Hilfsmitteln eröffnet wird. Das ist nichts weiter als Eigenreklame. Es ist bemerkenswert, daß der ständige Applaus im Hintergrund und die Bravorufe für das spinoff von den Nutznießern kommen (nämlich vom Forschungs- und Entwicklungsprogramm für militärische und Raumfahrtzwecke), sowie von den Regierungsstellen, die die primären Hilfsmittel und Aufwendungen verwalten; diese Lobreden kommen aber nicht so sehr von jenen Kreisen der wissenschaftlichen Welt, oder von der Öffentlichkeit, nicht einmal von der Industrie, die in den zufälligen Genuß des spinoff gekommen sind. „In den Vereinigten Staaten ... neigten die Firmen zu der Behauptung, daß die Wirkung des spinoff lächerlich gering ist, während die Bundesstellen behaupteten, daß die Bedeutung des spinoff nicht überschätzt werden kann.“[57]

Die Beziehungen zwischen „grundlegender und angewandter“, „ziviler und militärischer“ sowie „offensiver und defensiver“ Forschung sind nicht einfach und können, bei nicht mit der

57 Confrontation in Paris (U.S. Science Policy) in: Nature, 217, no 5125, Januar 1968, S. 224.

Materie vertrauten Personen, leicht zu Mißverständnissen führen. Es ist wahrscheinlich unmöglich, diese Elemente *abstrakt* im Forschungsstadium zu trennen; dies ist jedoch *praktisch* ziemlich leicht möglich. Sehr viel hängt von der *Absicht* und dem Verwendungszweck ab, wofür die Forschungsresultate, das gewonnene Wissen, eingesetzt werden. Diese Fragen wurden vor einigen Jahren in Arbeiten bei SIPRI ziemlich detailliert untersucht, und zwar im Zusammenhang mit Forschung auf dem Gebiet der chemischen und biologischen Kriegführung (CBW)[58]; diese Fragen haben unmittelbaren praktischen Bezug auf die kürzlich erfolgte Schließung der beiden Hauptzentren für Forschung, Entwicklung und Produktion auf dem Gebiet der biologischen Kriegführung in den Vereinigten Staaten; diese Zentren sind Fort Detrick und Pine Bluff Arsenal. Die Schließung dieser Forschungszentren wurde nach dem Verzicht der Vereinigten Staaten auf den militärischen Einsatz von biologischen Waffen bekanntgegeben. Hier sehen wir ein Beispiel dafür, daß Zentren geschlossen werden, in denen militärische Forschung und Entwicklung durchgeführt wurde, wobei auf die Entwicklung von Waffen dieser Art verzichtet wurde. Hier handelt es sich selbstverständlich um eine sehr wünschenswerte Entwicklung, besonders dann, wenn sie nicht von der erwähnten Aufrechterhaltung der „defensiven" Forschung behindert werden würde. Falls „defensive" Arbeiten auf eine andere gegenwärtig „zivile" Einrichtung umgelenkt würden, dann würden alle Probleme der Trennbarkeit ihrerseits auf diese Institution übergehen. Wenn die Umstellung bestehender Einrichtungen für biologische Kriegführung gewählt wird, ist es vom Standpunkt der Abrüstung und der Rüstungskontrolle offensichtlich ein Gewinn, falls ein möglichst großer „Abstand" gewählt wird zwischen der umgestellten Einrichtung einerseits und jenen Einrichtungen, die auch zur biologischen Kriegführung Bezug haben könnten.

58 Leitenberg, M.: Research and Development in (C) BW, Tenth International Microbiology Congress, Mexico City, August 1970.

Von diesem Standpunkt aus gesehen, wäre jene Forschung zu bevorzugen, die sich mit der Produktion von Viehfutter aus Abfallpapier befaßt, oder mit der Gewinnung von Kunstdünger, Viehfutter oder einzelligem Protein aus verschiedenen Abfällen, wobei auf all diesen Gebieten bereits geforscht wird. Demgegenüber wären solche Projekte weniger wünschenswert, die sich mit biologischen Methoden der Schädlingskontrolle oder mit den aerobiologischen Aspekten der Krankheitsverbreitung oder deren Kontrolle befassen, so nützlich auch das Wissen auf den letzteren Gebieten sein mag; aber diese Forschungsbereiche haben eben Bezüge zur biologischen Kriegführung. Auf diese Weise würde jeder Verdacht zerstreut werden. Das wäre der Fall, ungeachtet der Tatsache, daß die Forschung auf dem Gebiet der biologischen Methoden der Schädlingsbekämpfung in den Forschungslaboratorien des Landeswirtschaftsministeriums im selben Land bereits durchgeführt wird und daß dort auch weiter geforscht wird. Auch ungeachtet der Tatsache, daß die militärischen Stellen in der Lage sind, solche Forschungsergebnisse zu überwachen und ihren eigenen Zwecken dienstbar zu machen, wenn sie keine eigenen entsprechenden Forschungen zur Verfügung haben.

In verschiedenen amerikanischen Regierungsstellen hatte es Schwierigkeiten damit gegeben, untereinander zu einer Entscheidung zu kommen, inwieweit und für welche Zwecke die ehemaligen Einrichtungen für die biologische Kriegführung verwendet werden sollten. Schließlich war die Entscheidung, daß der größte Teil der Einrichtungen von Fort Detrick vorerst für Krebsforschung herangezogen werden sollte, eine Entscheidung der Obrigkeit, und dieser Beschluß wurde vom Gesichtspunkt innenpolitischer Erwägungen getroffen, die nichts mit wissenschaftlicher Priorität zu tun hatten. Das Landwirtschaftsministerium wird auch einen Teil der Einrichtungen benützen, ebenso wie wahrscheinlich mehrere andere Verwaltungsstellen. Sobald die Entscheidung im Hinblick auf das Hauptgebiet der neuen Aufgaben, die in Fort Detrick durchzuführen wären, getroffen worden war, wurde es aus wirtschaftlichen Gründen als wünschenswert erachtet, die Einrichtungen und die Betriebsbedingungen des früheren Laboratoriums so weit wie möglich beizubehalten. Daher kam das Nationale Krebsforschungsinstitut der Vereinigten Staaten (US National Cancer Institute) zur Schlußfolgerung, daß die Hauptätigkeiten, für die sich die Einrichtungen eigneten, die Großproduktion und die Untersuchung von Viren ist, sowie die Tierzüchtung und -haltung für großangelegte Versuchsprogramme.

Pine Bluff sollte umgestellt werden auf ein staatliches Zentrum für die Untersuchung zur Feststellung der Unschädlichkeit von Lebensmitteln und Medikamenten (National Center for Food and Drug Safety Evaluation) unter der Leitung der Lebens- und Arzneimittelverwaltung (Food and Drug Administration, FDA). Dieses Zentrum wurde auch als Nationales Zentrum für toxikologische Forschung (National Center for Toxicological Research) bezeichnet. Das neue Zentrum soll „die biologischen Wirkungen einer Reihe chemischer Substanzen untersuchen, die sich in der Umgebung des Menschen befinden, wie z. B. Pestizide, Lebensmittelzusätze und therapeutische Mittel". Die Festlegung der neuen Forschungsrichtung in Pine Bluff war nicht beeinflußt von beschlußfassenden Kräften, die im Fall von Detrick äußerst kritisch waren, und die Projekte wurden in zwei Gruppen eingeteilt. Die eine Gruppe stützte sich eindeutig auf neue Prioritäten und Bedürfnisse und betraf die Probleme der Umweltverschmutzung und Pestizide sowie die Wiederverwertung von Abfallmaterial und Nahrungsmittelproduktion. Darin waren enthalten:

selektive biologische Vernichtung unerwünschter Pflanzen;
Algenbekämpfung auf der Basis von Viren;
Beseitigung giftiger Abfälle mittels Mikroorganismen;
Vernichtung von Pestiziden durch Mikroorganismen;
Abbau von Ölabfällen durch Mikroorganismen;
Verwertung von Abfallmaterial;
Erzeugung von SCP Nahrungsmittelzusätzen, von Aminosäuren und wachstumsfördernden Faktoren;
Erzeugung von Zellulose- und anderen Enzymen.

Eine zweite Gruppe von Forschungsrichtungen war jedoch entweder zu eng mit den bestehenden Spezialeinrichtungen von Pine Bluff verbunden und/oder machte besonderen Gebrauch von diesen Einrichtungen, wie z. B.:

Insektizide auf Basis von Mikroben;

Erzeugung von Impfstoffen gegen Viruserkrankungen und Rickettsien;

Erzeugung von Impf- und Giftstoffen auf der Basis von Bakterien und Pilzen;

Aerosol-Immunisierung;

Entwicklung von Entgiftungsverfahren;

Aerosol-Anwendungsmöglichkeiten in der Abluftreinigung;

Entwicklung von rasch zu erstellenden automatischen Bioanalysen.

Diese letztere Gruppe kann man als etwas weniger wünschenswert vom Gesichtspunkt der Abrüstung betrachten.

Zusammenfassung

Um das Umstellungspotential des Aufwandes und der Ausgaben für militärische Forschung und Entwicklung zu diskutieren, haben wir zuerst das allgemeine Problem der Umstellung der Verteidigungsindustrie betrachtet, die gigantische Höhe der Budgetmittel des weltweiten Aufwandes für militärische Forschung und Entwicklung sowie die Rolle, die diese gegenwärtig in der Entwicklung der Waffensysteme spielen. Wesentliche Beachtung fanden dabei die allgemeinen Aspekte der Umstellung der Verteidigungsindustrie, weil auf diesem Gebiet mehr veröffentlicht worden ist, und in der Meinung, daß diese in allen wesentlichen Grundzügen dieselben Elemente zeigen, die beim spezifischen Problem der Umstellung der militärischen Forschung und Entwicklung eine dominierende Rolle spielen. Das zentrale Anliegen dieser Arbeit ist folgendes: Wenn die industrielle Umstellung möglich ist, so gilt dies für die Umstellung der Forschung und Entwicklung sicherlich um so eher, sofern entsprechende Regierungsentscheidungen vorliegen, die es ermöglichen, Prioritäten neu festzulegen und die Finanzierungsmodalitäten zu ändern. Wenn genügend Finanzmittel zur Verfügung stehen, ist *alles* möglich. In der vorliegenden Arbeit wurden sodann die wichtigen Gründe besprochen, warum es wünschenswert ist, daß militärische Forschung und Entwicklung umgestellt wird. Ferner wurde der besondere Aspekt der Umstellung der militärischen Forschung und Entwicklung an Hand des Beispieles eines besonderen Falles untersucht, indem von der Voraussetzung ausgegangen wurde, daß ein wesentliches Interesse an der Umstellung der militärischen Forschung und Entwicklung darin besteht, einen Anteil der Forschung und Entwicklung von der militärischen Auswertung abzuzweigen.

Pertti Joenniemi

Die Rüstungsdynamik der NATO in den sechziger Jahren

Was soll erklärt werden?

Das im Mittelpunkt dieser Arbeit stehende Problem ist der Versuch einer Erklärung für eine gewisse Entmilitarisierung, die während der sechziger Jahre in den meisten NATO-Staaten zweifellos stattgefunden hat. Diese Frage wird nicht zum ersten Mal gestellt, und es wird auch kein von anderen bisher in der Diskussion noch unbeschrittener Weg gewählt.

Im wesentlichen handelt es sich darum, die Aufmerksamkeit auf eine wichtige Frage zu lenken, die bisher weder empirisch noch theoretisch gänzlich untersucht worden ist. Gewiß muß besonders klar gesagt werden, was unter Entmilitarisierung zu verstehen ist. Absolut gesehen, haben die Rüstungsanstrengungen in den sechziger Jahren in den meisten Ländern mit einer bloß marginal geringeren Geschwindigkeit zugenommen als allgemein in der Nachkriegszeit. Nur in einigen NATO-Staaten – am deutlichsten in Großbritannien und in Kanada – ist das Rüstungsbemühen auch absolut zum Stillstand gekommen. Geht man aber von der allgemeinen Entwicklung der Ressourcen in den Gesellschaften und den für die Rüstungen bestimmten Mitteln aus, so ist klar, daß in den meisten Fällen der aus allen grundlegenden Mitteln stammende *Anteil* für Rüstungen abgenommen hat. Dies ist ganz einfach auf die Tatsache zurückzuführen, daß die Finanzquellen (Bruttosozialprodukt und Staatsausgaben), die Bevölkerung und die Industrieproduktion sehr rasch angewachsen sind. Dieses Wachstum ist so günstig gewesen, daß in manchen Fällen die Militäranstrengungen ohne eine Erhöhung der (relativen) Belastung, welche Rüstungen für die Gesellschaft bedeuten, den doppelten Umfang des gegenwärtigen Ausmaßes haben konnten. Grundlegend bei einer Überlegung über eine gewisse Entmilitarisierung ist hier, die Rüstungsanstrengungen in einem relativen Licht zu sehen.

Wir wollen an dieser Stelle nicht weiter in die Details gehen. Ohne weitere Erklärung der dieser Arbeit zugrundeliegenden empirischen Resultate sei nur auf die Tabelle am Ende hingewiesen, welche die Rüstungsdynamik in insgesamt dreizehn NATO-Staaten zeigt.

Ganz selbstverständlich unterscheiden sich die Trends von einem Land zum anderen. Aber das Bild ändert sich je nach dem Ausmaß der Rüstungsanstrengungen (finanzielle Mittel, hardware oder software). Es ist jedoch klar, daß in Anbetracht des Potentials die NATO-Staaten allgemein Schritte zu einer relativen Entmilitarisierung unternommen haben. Dies können wir nach einer Untersuchung der quantitativen wie auch der qualitativen Aspekte sagen. Auf der quantitativen Seite ist der Trend deutlicher. Nur in wenigen Fällen kann man feststellen, daß eine relative quantitative Reduktion durch ein qualitatives Rüstungsbemühen aufgewogen wurde. Ein diese Tatsache unterstützender Faktor ist darin zu sehen, daß der Anteil der Ausgaben für die militärische Forschung und Entwicklung innerhalb des Rüstungsbudgets stabil geblieben ist oder abgenommen hat. Die Ausgaben für die militärische Forschung und Entwicklung sind in den sechziger Jahren nicht mit der gleichen Geschwindigkeit angestiegen wie die F&E-Ausgaben auf dem staatlichen Sektor im allgemeinen oder die F&E-Ausgaben der ganzen Gesellschaft.[1] Es scheint daher nicht richtig, von einer Militarisierung der Verwendung der Wissenschaft zu sprechen. Es hat vielmehr eine gewisse Entmilitarisierung stattgefunden, was durch ein Merkmal angezeigt wird, daß der Rüstungswettlauf quantitativ gesehen nicht zugenommen hat.

Ulrich Albrecht hat die Frage aufgeworfen, wie man die verringerte Zunahme der militärischen Ausgaben bei einem hohen Bruttosozialprodukt erklären kann.[2] Man könnte die Frage

1 Ergebnisse einer Untersuchung von SIPRI über dieses Thema: Aufwendung von Mitteln für die militärische Forschung und Entwicklung, Stockholm 1972.

2 Siehe Ulrich Albrecht, Costs of Armamentism, in: Journal of Peace Research, 10. Jg. 1973, S. 272.

allgemeiner stellen, wie sich eine gewisse relative Verringerung der militärischen Anstrengungen in den wichtigsten kapitalistischen Ländern während einer Zeit des Wachstums der grundlegenden Ressourcen dieser Gesellschaften erklärt. Diese Frage steht im Mittelpunkt der folgenden Überlegungen.

Was wir haben und was wir benötigen

Es mangelt nicht an Theorien für die Erklärung des Wettrüstens. Im Gegensatz dazu mag es sogar zu viele Theorien ohne klares Verständnis dafür geben, welche Bedeutung jeder einzelnen zukommt und wie sie zueinander in Bezug stehen.

Die meisten Theorien befassen sich mit Faktoren, die das Rüstungsbemühen anheizen, oder trachten einfach zu erklären, warum es eine derartige Erscheinung wie das Wettrüsten gibt. Für meine Arbeit scheinen diese Theorien mit wenigen Ausnahmen zu sehr allgemeiner und statischer Natur und können uns daher nicht helfen, die Rüstungsdynamik während eines bestimmten Zeitraums und besonders die relative Verringerung der Rüstungsanstrengungen zu erklären. Was dringend und nicht nur für bloße theoretische Zwecke benötigt wird, ist eine geeignete theoretische Grundlage, die sich mit der Rüstungsdynamik auseinandersetzt und die Rüstungen mit den politischen, wirtschaftlichen und sozialen Entwicklungen der Gesellschaften allgemein in Beziehung setzt. Was wir brauchen, sind weitaus feinere, dynamischere Rüstungstheorien, welche auf die allgemeine Theorie der Gesellschaftsentwicklung abgestimmt sind.

Bei der traditionellen Methode für die Erklärung der starken Anhäufung der Vernichtungs- und Kriegsmittel bezieht man sich auf solche Faktoren wie internationale Spannungen, die Unfähigkeit der Staaten, ein Kräftegleichgewicht herzustellen, und allgemein auf das jeweilige Aktions-Reaktions-Muster der Staaten. Man kann das Wettrüsten auch als einen negativen Markt bezeichnen, an dem sich die Staaten aus Furcht beteiligen, weil sie glauben, daß ihre Nichtbeteiligung der Formel entsprechen würde: „Wenn wir nicht rüsten, so tut dies zumindest die andere Seite, und sie wird stärker werden als wir."[3] Kurz gesagt, befassen sich die meisten Theorien, die versuchen, eine entsprechende Erklärung für das Wettrüsten zu finden, mit den militärischen Funktionen des Rüstungswettlaufs. Zweifellos sollen die Waffen abschrecken, und sie werden nicht bloß aufgrund einer Fehlberechnung oder einer semantischen Verwirrung produziert. Die Realität in unserer Welt zeigt, daß die Theorien für die Erklärung des Rüstungswettlaufs als Kriegsfunktion des Rüstens noch immer hoch im Wert stehen und nach wie vor als *die* Theorien für die Erklärung des Wettrüstens angesprochen werden. Möglicherweise müßte man die Theorien über die militärischen Funktionen des Rüstens in Verbindung mit der kapitalistischen und sozialistischen Entwicklung sehen, bevor man in der Lage ist, den verschiedenen Theorien ihren richtigen Platz einzuräumen. Zum Beispiel: Welche Wahrscheinlichkeit besteht für einen großen Krieg in Anbetracht der Entwicklungen des modernen Kapitalismus und des Wachstums der sozialistischen Kräfte? Wenn die Antwort lautet, daß die Wahrscheinlichkeit gering ist, dann könnte es auch sein, daß die Relevanz der Theorien über die militärischen Funktionen des Rüstens abnimmt und daß die Theorien über die keinen Krieg bewirkenden Funktionen des Wettrüstens an Bedeutung zunehmen.

Zweifellos hat jedes soziale System auch andere als die beabsichtigten Funktionen, wenngleich es oft schwierig ist, zu sagen, was beabsichtigt ist und was nicht. Sicherlich gibt es noch andere als die militärischen Faktoren, die das Wettrüsten stützen. Man wird sich in zunehmendem Maße der nichtmilitärischen Funktionen des Wettrüstens bewußt. Es ist ganz natürlich, daß im Lichte der jüngsten Entwicklungen die traditionellen Theorien kritisch beurteilt werden müssen, und dies unter anderem auch deswegen, weil Militärapparate, zumindest oberflächlich betrachtet, ziemlich unempfindlich auf

3 Für eine nützliche Erörterung dieses und anderer in der vorliegenden Arbeit angesprochener Gesichtspunkte siehe Johan Galtung, The War System, unveröffentlichtes Manuskript, 1972.

die positiven Entwicklungen der internationalen Beziehungen reagieren, wie sie in den letzten Jahren in Erscheinung getreten sind. So ist zum Beispiel Dieter Senghaas so weit gegangen, von Theorien der „Aktion–Reaktion" abzugehen und sie mehr oder weniger als psychische Strategien, als Mittel der Legitimierung und als politische Waffen anzusehen, die dazu ausersehen sind, die wirklichen Ursachen der Rüstungsanstrengungen zu tarnen. Bei diesen echten Ursachen bezieht sich Dieter Senghaas hauptsächlich auf verschiedene, das Wettrüsten stützende nichtmilitärische Faktoren.[4] Aber auch die zunehmende Diskussion über die militärisch-industriellen Beziehungen und andere durch das Militärstreben verursachte Abhängigkeitsbeziehungen und Verflechtungen sowie über die in den Vordergrund gestellte Erforschung dieser Beziehungen ist ein Hinweis auf Veränderungen, wie man das Wettrüsten erklärt.

Es wird oft die Frage gestellt, ob die militärischen oder nichtmilitärischen Funktionen des Wettrüstens die primären Anstöße für das Wachsen der Verteidigungsapparate darstellen. Ganz allgemein lautet die Anwort, daß *beide* Faktoren zu dem Wachstum des Vernichtungspotentials beitragen, ohne daß das genauere Gewicht der verschiedenen Faktoren eingehender geprüft wird. Isoliert betrachtet, können die militärischen und nichtmilitärischen Funktionen als unzureichende Faktoren für eine Erklärung angesehen werden. Oft wird das Dilemma überwunden, indem man die *anderen*, normalerweise nichtmilitärischen Funktionen des Wettrüstens als zusätzliche erklärende Faktoren und die militärischen Funktionen als die primären wählt. Eine immer stärker verfochtene Ansicht gibt den nichtmilitärischen Funktionen das Hauptgewicht und meint, daß es auch eine große Diskrepanz zwischen den offizielleren Auffassungen über die Wichtigkeit des militärischen Gleichgewichts usw. und den wahren Ursachen des Rüstungsstrebens gibt.

Die durch derartig ungewöhnliche Positionen ausgelöste Diskussion hat Früchte gezeitigt und geht weiter. Andererseits könnte

4 Siehe zum Beispiel Dieter Senghaas: Abschreckung, Abrüstung und Frieden. Frieden und Wissenschaften, H. 2/1972 oder Instant Research on Peace and Violence, H. 4/1972, S. 187 ff.

es sich als notwendig erweisen, einige in dieser Diskussion aufgeworfenen Argumente aufgrund des erweiterten Wissens über die Rüstungsdynamik während der Nachkriegszeit weiter zu vertiefen und neu einzuschätzen. Es könnte sich schließlich doch herausstellen, daß die Verteidigungsapparate auf Veränderungen im internationalen System und im Ost-West-Konflikt empfindlicher ansprechen, als man es bisher angenommen hat. Wenn man zusätzlich zu dem absoluten Wachstum der Militärapparate eine derartige Abnahme der Militäranstrengungen in Rechnung stellt, mag es von Nutzen sein, die verschiedenen Argumente an ihren richtigen Platz zu stellen. Eine Kombination dieser analytischen Untersuchungen eingeschränkter Reichweite mit den bereits vorhandenen weitreichenden theoretischen Anstrengungen könnte sehr wohl zu der für die Realisierung erfolgreicher Friedenskonzepte dringend notwendigen fruchtbaren Synthese führen.

Theorien über die militärischen Funktionen des Rüstens

Welche Einflüsse hat die in den letzten Jahren zweifellos eingetretene Ost-West-Entspannung auf die Rüstungsdynamik gehabt?

Man kann feststellen, daß bisher die Entspannung die Rüstungstrends nicht tiefgehend beeinflußt hat. Andererseits könnte man argumentieren, daß die zu Beginn dieser Arbeit aufgezeigte relative Verringerung der Rüstungen ein Hinweis auf die Tatsache ist, daß zwischen der Entwicklung der Haupttrends in den internationalen Beziehungen und den Rüstungsanstrengungen eine gegenseitige Verbindung besteht. Was immer auch die Gründe für die Tendenz des geringeren Einsatzes von Mitteln in den militärischen Sektor sein mögen, lohnt sich doch der Gedanke, daß die Ursache nicht in einer tiefgehenden Veränderung der Militärpolitik der westlichen Regierungen gesucht werden kann. Wie Ulrich Albrecht sehr richtig aufzeigte, haben Erklärungen über die militärische „Sicherheit" während der letzten Jahre unter den Zielen der öffentlichen

Tätigkeit geringere Priorität gehabt. Vielmehr hat es zwischen Westeuropa und den Vereinigten Staaten eine bedeutende Konkurrenz und einen Interessenkonflikt darüber gegeben, wer welchen Teil der erhöhten Lasten der gemeinsamen Militäranstrengungen im Rahmen der NATO übernehmen soll.

Aufgrund des herkömmlichen Wissens wäre die logische Grundlage für einen gewissen Stop des Rüstungswettlaufs die Herstellung einer Parität oder eines Gleichgewichts der militärischen Stärke zwischen der NATO und dem Warschauer Pakt. Diese Auffassungen, die vielfach verschiedene Formen annehmen können, enthalten möglicherweise ein Körnchen Wahrheit. Noch interessanter scheint jedoch die Frage, ob diese Grundlagen für die Änderungen im Einsatz und für die Entwicklungstrends der Streitkräfte der NATO-Staaten auf Veränderungen im kapitalistischen System selbst zurückgeführt werden können. Eine kürzlich von Ulrich Albrecht aufgestellte These, die in diesem Zusammenhang von Interesse sein könnte, wurde von dem „konservativen Sozialisten" Adolph Wagner[5] formuliert. Wagner sprach bereits 1892 seine Besorgnis über einen Trend der wachsenden staatlichen Tätigkeit aus. Es handelt sich hierbei um eine Erscheinung, die in den sechziger Jahren bei den westeuropäischen Ländern sehr eindeutig beobachtet werden konnte. Der Aufstieg des *Spätkapitalismus,* der durch eine besondere ökonomische Form und Machtform des Monopols vorangetragen wurde, ist von bestimmten repressiven und präventiven Methoden begleitet, die im Vergleich zu den bestehenden Militärapparaten die Oberhand gewinnen. Unterdrückung durch Gewalt, eine der wichtigsten Aufgaben des Staates in der Vergangenheit, wird in den Sicherheitsfunktionen allmählich durch weniger offenkundige Formen des Einsatzes von Gewalt ersetzt, um tiefgreifende Unterbrechungen des Wirtschaftslebens in der Gesellschaft so weitgehend als möglich zu unterbinden. Wagner behauptet, daß Ausgaben auf dem Sektor der nichtmilitärischen Sicherheit in sich entwickeln-

5 Siehe Adolph Wagner, Grundlegung der politischen Ökonomie, Leipzig 1892. Die Interpretation der Gedanken Wagners stammt von Ulrich Albrecht, a.a.O., S. 272–73.

den kapitalistischen Wirtschaftssystemen überproportional zunehmen müssen. Man kann auch beobachten, daß die wachsende staatliche Aktivität bei Rohstoffreserven über die Wachstumsrate hinaus in erster Linie im nichtmilitärischen und nicht im militärischen Sektor der NATO-Staaten vor sich gegangen ist. Der Trend zeichnet sich noch deutlicher in den westeuropäischen NATO-Ländern ab, machte sich aber in den sechziger Jahren bis zu einem gewissen Grad auch in den USA bemerkbar.

Einerseits ist auch der Charakter der gegen andere Staaten verwendeten Gewalt in Wandlung begriffen, da nur „lokale" Kriege möglich sind. Eine geringere Priorität der rein militärischen Verteidigung wird laut Wagner dahin tendieren, andere Maßnahmen zu ergreifen, die er als „nichtmilitärische Verteidigung" bezeichnet, was höhere Ausgaben für verschiedene Maßnahmen der inneren Sicherheit bedeutet.

Diese These muß entschieden mit heutigen Überlegungen abgestimmt und erweitert werden, wenn auch einige ihrer Grundgedanken im Lichte der jüngeren Entwicklungen in den Militärapparaten der kapitalistischen NATO-Staaten noch ganz relevant erscheinen. Sowohl die innere Entwicklung des modernen Kapitalismus als auch das Wachstum der sozialistischen Kräfte sprechen für höher entwickelte Mittel der Gewalt. Wenn dies zutrifft, muß man sich jedoch fragen, warum der Verfall des militärischen Sektors in diesen Gesellschaften nicht stärker ist. Die Antwort auf diese Frage mag wohl darin gesehen werden, daß es ein gewisses zeitliches Nachhinken gibt, da sich die Militärapparate derzeit in einer Zeit des Abbaus und der Stagnation befinden und weniger scharf gegeneinander ausgerichtet sind, als es früher der Fall zu sein pflegte.

Während gleichzeitig die militärischen Funktionen der Kriegsmaschinen eine schwindende Tendenz zeigen, wachsen die nichtmilitärischen Funktionen dieser Apparate aller Wahrscheinlichkeit nach an Bedeutung. Es gibt zwei Argumente, die es lohnt, in den Brennpunkt der Diskussion zu stellen. Die verschiedenen sozio-ökonomischen Funktionen des Rüstens können sich dahingehend auswirken, daß die durch die geänderten Militärfunktionen der Kriegsmaschinerien zu erwartenden Trendänderungen nicht so rasch eintreten, wie man es erwartet. Andererseits kann man behaupten, daß Änderungen der nichtmilitärischen Funktionen des Rüstens ebenfalls für eine Verkleinerung des Militärsektors in kapitalistischen Gesellschaften sprechen oder zumindest ein fortgesetztes Wachstum der Rüstungsanstrengungen nicht unterstützen.

Theorien über die nichtmilitärische Funktion des Rüstens

Eine sehr interessante These über die nichtmilitärischen Funktionen des Rüstens wurde von Michael Kidron[6] geliefert. Er weist darauf hin, daß die Rüstungen einen „Domino-Effekt" haben, da sie in einem Lande beginnen und sich dann in einem konkurrierenden Rüstungswettlauf ausbreiten. Auf diese Weise könnte das Wettrüsten als ein Weg angesehen werden, anderen Ländern bestimmte ökonomische Strukturen und ein vorhersagbares Verhaltensmuster aufzuzwingen.
Andererseits stimmt die Auffassung Kidrons mit der klassischen Feststellung über die wechselseitige Anpassung des nationalen Kapitals überein, wobei über den Rüstungssektor eine Anpassung innerhalb des internationalen Systems ohne formale Abmachung über die Form der Stabilisierung stattfindet.
Kidrons Theorie ist in ihrer ursprünglichen Form nicht sehr dynamisch, sondern will eher erklären, warum es Rüstungen gibt und was ihre Funktionen sind. Sie kann aber zweifellos dynamischer gestaltet werden. In letzter Zeit sind mehrere Forscher zu dem Schluß gelangt, daß die Staaten in der jüngeren Vergangenheit auf Schwankungen in anderen Ländern in geringerem Maße reagiert haben, besonders über die Grenzen der Militärbündnisse hinaus.[7]

6 Michael Kidron, Rüstung und wissenschaftliches Wachstum, Frankfurt/M 1971.

7 Siehe Raimo Väyrynen, Militarisierung, Konfliktverhalten und Wechselwirkung. Drei Wege der Analyse des Kalten Krieges. Tampere Friedensforschungsinstitut, Berichte Nr. 3, 1973. Jürgen Gantzel ist zu ähnlichen Schlüssen gekommen. Vgl. seine Studie: Einige qualitative

Laut Kidrons Theorie kann dies damit interpretiert werden, daß die Rüstungen nicht mehr die gleichen sozio-ökonomischen Funktionen haben, da sich die Vorhersagbarkeit der Rüstungsdynamik eines Landes auf Grund der Rüstungstrends in einem anderen Land verringert hat. Wenn die an der Rüstung teilnehmenden Länder nicht mehr im gleichen Maße in den stabilisierenden Bereich der Operationen einbezogen werden, dann besteht eindeutig die Notwendigkeit für eine alternative Aktion – oder irgendwelche Mechanismen des internationalen Systems haben ohne Ersatz zu funktionieren aufgehört. Die Vorstellung wäre möglich, daß derzeit formalere Abkommen notwendig sind, um jene Stabilität und Vorhersagbarkeit zu erreichen, die früher teilweise auf den Aktions-Reaktions-Mustern der Staaten im Zusammenhang mit den Rüstungen beruhten. Es könnte auch der Fall sein, daß die letztlich zunehmende Wichtigkeit von Verbindungen innerhalb eines Bündnisses, wie sie besonders in der NATO zu beobachten ist, eine der Bemühungen darstellt, Ersatz für die sozio-ökonomischen Funktionen zu finden. Wie Raimo Väyrynen aufzeigte, folgten die militärischen Ausgaben der Blockmitglieder (NATO und Warschauer Pakt) in den vierziger Jahren bis in die sechziger Jahre hinein ziemlich genau jenen der Blockführer. Andererseits stellte man fest, daß die Vorhersagbarkeit über die Rüstungsanstrengungen der Mitglieder eines Blocks anhand der Rüstungstrends im anderen Block geringer war als im Falle von Interallianz-Beziehungen für diesen Zweck. Die Vorhersagbarkeit nahm mit der Zeit ab. Man könnte daher einfach zu dem Schluß kommen, daß Rüstungen nicht mehr die gleichen Funktionen erfüllen wie früher. Eine weitere interessante Einzelheit, die in das hier umrissene Bild hineinpassen würde, ist die Tatsache, daß heute in den NATO-Ländern die Rüstungsanstrengungen in enger Verbindung mit Währungs-, Handels- und Energiefragen öffentlich diskutiert werden.

Tests, Beschreibungen und Illustrationen der wechselwirkenden Dynamik im Ost-West-Wettrüsten. Dynamik des Wettrüstens und der MICs. Internationale Konferenz in Frankfurt/Main, April 1973.

Es sei auch auf eine anders gerichtete Argumentation verwiesen, die in Verbindung mit den jüngsten Rüstungstrends interessant ist. Es handelt sich um die geänderte Beziehung zwischen den für die Produktion einerseits und die Militäranstrengungen andererseits eingesetzten Mittel. Fritz Vilmar erklärt, es läge in der besonderen Natur des Kapitalismus, daß sich die Produktivität viel rascher entwickelt als die Kaufkraft.[8] Er zeigt die Tatsache auf, daß die Kaufkraft im Rahmen der Industriewirtschaft, die sich von der Volkswirtschaft unterscheidet, für den Kapitalismus hauptsächlich als Ausgaben für Löhne und Gehälter in Erscheinung tritt, die zwecks Aufrechterhaltung hoher Profite so niedrig als möglich gehalten werden. Wenn keine Gegenmaßnahmen ergriffen werden, kommt es durch die Diskrepanz und das mangelnde Gleichgewicht zwischen den Mitteln für die Produktion zur Schaffung von Überschüssen, die leicht zu einer Quelle der Stagnation werden können. Rüstungen waren in vieler Hinsicht ein idealer Weg für die Verringerung dieser Gefahr. Ohne näher auf die Gründe eingehen zu wollen, soll nun zu den dynamischeren Aspekten der Situation übergegangen werden.

Einer der Gründe, warum sich die staatlichen Sektoren der Volkswirtschaften in den meisten kapitalistischen Ländern – vor allem in jenen Westeuropas – im Zivilsektor stärker entwickelt haben als im militärischen könnte sein, daß es zivile Sektoren der Wirtschaft gibt, die einigermaßen einen Teil der früher von den Rüstungen erfüllten sozio-ökonomischen Funktion übernehmen. Diese Sektoren stellen heute für die Volkswirtschaft vielleicht eine größere „Notwendigkeit" dar als der Rüstungssektor. Es könnte sich erweisen, daß Umweltprobleme in der Volkswirtschaft die gleichen sozio-ökonomischen Folgen nach sich ziehen wie die Rüstungen. Es könnte auch der Fall eintreten, daß die Weltraumforschung und gewisse Formen des Luxuskonsums einige nichtmilitärische Funktionen der Rüstungen ersetzen werden.

8 Fritz Vilmar, Military-Industrial Complex in the FRG, in: Journal of Peace Research, 10. Jg. 1973, S. 251–258.

Eine weitere mögliche Erklärung, die mit dem hier vorher Gesagten übereinstimmt, ist der Umstand, daß es eine Änderung in der Qualität und Zusammensetzung der für die Rüstungen aufgewendeten Mittel gegeben hat. Da der Rüstungswettlauf heute primär qualitativer Natur ist, stellen die für die Rüstungsanstrengungen erforderlichen Mittel nicht mehr die Überschußmittel in der Volkswirtschaft dar – unter Berücksichtigung der hardware und der software – sondern bereits knappe Mittel. Dies verringert natürlich den Wert der Rüstungen als Mittel des Ausgleichs zwischen der Entwicklung der Produktivität und der Kaufkraft in der Volkswirtschaft. Es bedeutet auch, daß die Rüstungen sowohl vom Standpunkt der Volkswirtschaft wie auch von dem des Staatshaushalts eine kostspieligere Angelegenheit werden und die Rüstungsausgaben erhöhen.

Die Voraussetzung für „nützliche" sozio-ökonomische Folgen der Rüstungen ist die Regulierung der Rüstungsanstrengungen nach den Erfordernissen jeder Situation in der Volkswirtschaft, das heißt also, daß während einer Stagnation die Verteidigungsausgaben erhöht werden müssen. Es könnte sich als schwieriger erweisen, mit den großen Waffenvorräten und dem in den letzten Jahren im Rüstungssektor beobachteten Druck die Rüstungen nach den Bedürfnissen der Volkswirtschaft zu regeln. Dies verringert natürlich die Nützlichkeit der Rüstungsanstrengungen vom Standpunkt ihrer sozio-ökonomischen Folgen. Andererseits könnte man annehmen, daß heutzutage andere Überlegungen die politischen Entscheidungen beherrschen als die Berücksichtigung der „Nebenwirkungen" der Rüstungen. Dies könnte zum Beispiel sehr wohl der wachsende Einfluß der Linken in vielen kapitalistischen Ländern sein.

Eine andere Gedankenrichtung, die mit den hier erörterten Problemen im Zusammenhang stehen könnte, beruht auf der Feststellung, daß in einer Periode des Wirtschaftswachstums hohe Militärausgaben eine starke inflationäre Wirkung haben. Dieses Argument wurde unter anderen auch von Brian Johnson ausgesprochen. Nach seiner Auffassung besteht der entscheidende Grund für die inflationäre Wirkung darin, daß die

Tabelle 1: **Eine Zusammenfassung der Ergebnisse aus dem Studium der Trends der grundlegenden Ressourcen von 13 NATO-Staaten, Ressourcen für militärische Zwecke und Anteile der für militärische Zwecke verwendeten Ressourcen im Verhältnis zu der allgemeinen Entwicklung der Ressourcen in diesen Ländern (1960–1970)**

	Bruttosozialprodukt	Staatsausgaben	Verteidigungsausgaben	Verteidigungsausgaben / Bruttosozialprodukt	Verteidigungsausgaben / Staatsausgaben	Änderungen in der Bevölkerung	Geburten während der Jahre 1940–50	Männer zwischen 15–24 Jahren	Umfang der Streitkräfte
USA	+	++	+	–	–	+	+	+	+
Kanada	++	++	–	–	–	++	+	+	–
UK	+	++	–	–	–	+	+	+	–
Frankreich	++	++	+	–	–	+	+	(+)	–
BRD	++	++	+	–	–	+	(+)	(–)	+
Italien	++	++	+	–	–	+	–	(o)	+
Belgien	++	++	+	–	–	+	+	(+)	–
Niederlande	++	++	+	–	–	+	+	(+)	–
Dänemark	++	++	+	–	–	+	+	(+)	–
Norwegen	++	++	+	+	–	+	+	(+)	–
Griechenland	++	++	++	+	–	+	+	(+)	o
Türkei	++	++	+	–	–	++	+	+	o
Portugal	++	++	++	+	+	+	+	(–)	++

Fortsetzung Tabelle 1

	Schiffbau für militärische Zwecke / Schiffbau	Hardwareproduktion / Produktionsmittel	Produktion von hardware	Investitionsausgaben / Verteidigungsausgaben	Produktionsmittelindex	Umfang der Streitkräfte / Männer im Alter von 15–24	Umfang der Streitkräfte / Geburten 1940–50	Umfang der Streitkräfte / Bevölkerung
USA		(−)	(+)	(0)	+	−	−	+
Kanada					+	−	−	−
UK	(+)	(−)	(−)	(−)	+	−	−	−
Frankreich		(+)			+	(−)	−	−
BRD	(−)	(0)		(−)	+	(+)	(0)	+
Italien		(0)		(−)	+	(+)	+	−
Belgien	(−)				+	(−)	−	−
Niederlande					++	(−)	−	−
Dänemark					+	(−)	−	−
Norwegen		(−)			+	(−)	−	−
Griechenland					++	(−)	−	−
Türkei					+		−	−
Portugal					++	(++)	++	++

Waffenproduktion Kaufkraft erzeugt. Aber letzten Endes kommt bei diesem Prozeß nichts heraus, was die entstandene Kaufkraft kaufen könnte. Das durch die Produktion freiwerdende Geld wird vom Konsum nicht wieder aufgesaugt. In gewisser Hinsicht steht das Argument Johnsons im Gegensatz zu der Auffassung Kidrons. Wir wollen hier darüber nicht diskutieren, aber darauf hinweisen, daß während der sechziger Jahre ein größerer Teil der Verteidigungsausgaben für die bloße Aufrechterhaltung der Militärmaschinen aufgewendet wurde. Dies bedeutet, daß der Anteil der Militärausgaben – die Kapitalaufwendungen – die sich auf die Produktion auswirken, abnimmt. Man könnte behaupten, daß die inflationäre Wirkung der Rüstungsausgaben sogar zunimmt. Jedenfalls nimmt die „Nützlichkeit" der Rüstungen vom Standpunkt der mit diesen Ausgaben geschaffenen Produktion ab.
Im allgemeinen scheint es notwendig, die Auffassungen über die inflationären Wirkungen des Rüstens noch weiter zu klären. Es wird nowendig sein, die Theorie mit empirischen Daten zu verbinden und das Problem nicht nur nach theoretischen Gesichtspunkten zu studieren. Die Rüstungen sind eindeutig eine der Hauptquellen der Inflation in der Wirtschaft der westlichen Länder. Bis zu einem gewissen Grad ist aber nicht klar, was genau durch die inflationären Wirkungen der Rüstungen hervorgerufen wird.

Einige abschließende Bemerkungen

Zweifellos gibt es sowohl militärische wie auch nichtmilitärische Faktoren, auf die sich das Wettrüsten stützt. Man muß sich aber die Frage stellen, in welche Richtung die Entwicklung geht und ob die Bedeutung dieser Faktoren zu- oder abnimmt. Mit dieser Studie wurde versucht, von der militärischen und nichtmilitärischen Seite her einige Erkärungen für die relative Verringerung der Militäranstrengungen in den meisten Ländern während der sechziger Jahre zu erarbeiten. Ein wichtiges Argument war, daß es eine Verringerung der militärischen und nichtmilitärischen Funktionen von Rüstung gegeben haben könnte, wodurch die Rüstungen weniger notwendig wurden, als es früher der Fall zu sein pflegte. Es besteht kein Grund, diese Argumentation zu stark zu betonen. Das Problem an sich ist aber wichtig und auch von Bedeutung und muß theoretisch erklärt werden. Für die Durchführung einer erfolgreichen Friedenspolitik ist es wichtig, die Gründe zu verstehen, die der Rüstungsdynamik zugrundeliegen und nicht nur der Rüstung an sich. Neben den allgemeinen Bedingungen für die Rüstungen in einem nicht-sozialistischen System ist es auch wichtig, die Trends zu kennen, und gerade in dieser Richtung ist jetzt eine eingehendere Forschung notwendig.

Wladimir Aboltin

Wettrüsten ruiniert die Wirtschaft, Abrüstung bringt Prosperität

In der zweiten Hälfte unseres Jahrhunderts ist die Militarisierung der Wirtschaft und des gesamten öffentlichen Lebens zu einem Merkmal der meisten kapitalistischen Länder geworden. Die Staaten verausgaben den Löwenanteil des Budgets für nukleares und sonstigen Wettrüsten, für gewaltige Streitkräfte. Einige imperialistische Staaten entfesselten dazu noch wiederholt militärische Konflikte. Sowohl Menschenleben als auch immense materielle Werte wurden in den Rachen des Kriegsmolochs geworfen. Auch die indirekten Militärausgaben, einschließlich der Tilgung bedeutender staatlicher Kriegsschulden, hoher Zahlungen an pensionierte Militärs sowie anderer Ausgaben im Zusammenhang mit den Folgen des Krieges und des Militarismus, sind stark angewachsen.

Die Tatsachen bezeugen, daß der Nordatlantische Militärblock eine Konzentration des Wettrüstens ist. Die von der NATO verkündeten Doktrinen änderten sich, doch wachsen die Militärbudgets der führenden NATO-Länder ständig an. Das „roll back“ und das „containment“ wurden von der „massiven Vergeltung“ abgelöst, später folgten das „elastische Reagieren“ und die „Strategie einer flexiblen Entgegnung“, doch stieg die Kurve der Kriegsausgaben bei jeder imperialistischen militärstrategischen Doktrin nach oben.

Die Gesamtsumme der direkten Militärausgaben aller NATO-Länder belief sich im Jahre 1949 auf 18,7 Milliarden Dollar, im Jahre 1972 wuchs diese Summe gewaltig an: auf 114 Milliarden Dollar.

Eine genauere Analyse ergibt sofort, daß im Wettrüsten die Vereinigten Staaten von Amerika führend sind. Die Militärausgaben dieses Staates überstiegen 83 Milliarden Dollar im Jahre 1972 (im Vergleich zu 13,5 Milliarden Dollar im Jahre 1949).

Die direkten Militärausgaben von drei europäischen Ländern waren im Jahre 1972 ungefähr auf dem gleichen Stand: Frankreich 6,2 Milliarden, Westdeutschland 7,6 Milliarden und Großbritannien 6,9 Milliarden Dollar. Das Militärbudget Italiens betrug 3,2 Milliarden Dollar, Kanadas 2 Milliarden, Hollands 1,6 Milliarden, Belgiens 0,7 Milliarden, der Türkei 0,6 Milliarden Dollar. Das Wachstumstempo der Militärausgaben in all diesen Ländern war außerordentlich hoch und stieg zum Beispiel in der BRD von 4265 Millionen Mark (DM) im Jahre 1955 auf 24 200 Mill. DM im Jahre 1972. Folglich beträgt die jahresdurchschnittliche Zuwachsrate der Militärausgaben der BRD in dieser Periode rund 11 Prozent.

Die Ausgaben für militärische Zwecke wuchsen in der gleichen Periode in den meisten NATO-Ländern auf das 5- bis 6fache.

Die Militarisierung, das Wettrüsten haben in unterschiedlichem Maße auch andere kapitalistische Länder Europas, die der NATO nicht angehören, erfaßt; Schweden steigerte seine militärischen Ausgaben von 962 Millionen Kronen (1949) auf 7,1 Milliarden Kronen, die Schweiz von 475 Millionen Franc auf 2,1 Milliarden. Beträchtlich gewachsen sind die Ausgaben Spaniens für militärische Zwecke.

Ein unvorstellbar hohes Niveau erreichten in der letzten Zeit die Militärausgaben einiger Entwicklungsländer. Die Regierungen einer Reihe von Staaten, die Mittel für den ökonomischen und sozialen Fortschritt außerordentlich benötigen, verausgabten Unsummen für Rüstungszwecke.

Aus der Zeitschrift „Newsweek“ (21. Mai 1973) kann man zum Beispiel erfahren, daß der Iran in diesem Jahr für die Aufrüstung 3 Milliarden Dollar und in den kommenden zwei Jahren mehr Mittel für diese Zwecke ausgeben wird als in den vergangenen 15 Jahren. Die Baukosten des Marine- und Militärstützpunktes in Belutschistan am Indischen Ozean werden sich auf ca. 600 Millionen Dollar belaufen. Die Ausgaben Saudi-Arabiens für militärische Zwecke übersteigen derzeit 1 Milliarde Dollar im Jahr. Das winzige Kuweit verbraucht für Rüstungen Hunderte Millionen Dollar aus den Einnahmen der Erdölgewinnung.

Die Militärausgaben Israels belaufen sich auf rund eineinhalb Milliarden Dollar im Jahr, d. h. 500 Dollar pro Kopf der Bevölkerung und erreichten in dieser Hinsicht den höchsten Stand der Welt.

In stürmischem Wachstum sind die Militärausgaben Japans und einer Reihe anderer Länder begriffen.

Die führenden Militärs der NATO wie auch der einzelnen Staaten, die diesem Block angehören, erklären immer, daß sie gegen die Sowjetunion und die anderen sozialistischen Länder aufrüsten. Tatsächlich aber unternahmen die imperialistischen Staaten Kriegshandlungen gegen die Volksdemokratische Republik Korea und die Demokratische Republik Vietnam und provozierten konterrevolutionäre Aktionen in einer Reihe von Ländern. Angesichts der eindeutigen Kriegsgefahr mußten die Sowjetunion und andere sozialistische Staaten ihre Verteidigung festigen und deshalb ihre Militärbudgets vergrößern. Das war jedoch eine minimal notwendige Vergrößerung. Die Ausgaben der Sowjetunion für die Verteidigung wuchsen von 7,9 Milliarden Rubel im Jahre 1949 auf 17,9 Milliarden Rubel im Jahre 1970, d. h. nur auf etwas mehr als das Doppelte. Seit 1970 blieben die Ausgaben der UdSSR für militärische Zwecke auf dem gleichen Niveau.

Das Sowjetvolk und die Regierung sind der Ansicht, daß es besser wäre, diese Mittel – oder zumindest einen beträchtlichen Teil davon – für die weitere Beschleunignug der ökonomischen Entwicklung, für soziale und kulturelle Zwecke zu verwenden. Die sowjetischen Wirtschaftswissenschaftler und Soziologen sind überzeugt, daß auch in den kapitalistischen Ländern die Nutzung auch nur eines Teils der Ressourcen, die heute für das Wettrüsten vergeudet werden, für ökonomische Entwicklung und soziale Belange eine große Wohltat für breite Bevölkerungsschichten bedeuten würde.

An eine andere Linie halten sich die Vertreter des Militär-Industrie-Komplexes der kapitalistischen Länder. Sie versuchen, die Bevölkerung ihrer Länder davon zu überzeugen, daß die hohen und ständig ansteigenden Militärausgaben nicht nur für rein militärische Zwecke nötig sind, daß gerade große Ausgaben für das Wettrüsten, für die Armeen und militärische Konflikte auch für das ökonomische Wachstum, für die Verhütung von zyklischen Krisen, für die Verringerung der Arbeitslosigkeit, die Entwicklung der Wissenschaft und die Festigung der nationalen Moral erforderlich sind. Die Zeitschrift „U.S. News & World Report“ bemühte sich zum Beispiel unlängst zu beweisen, die ökonomischen Schwierigkeiten in den USA seien ein Ergebnis der „Senkung“ der Militärausgaben (obwohl diese Schwierigkeiten durch die beginnende zyklische Krise der Überproduktion hervorgerufen sind).

„Die amerikanischen Geschäftskreise, viele Gemeinden und Arbeiter, die bereits infolge einer starken Verringerung der Militärausgaben leiden, sind vor eine düstere Perspektive gestellt“, schrieb dieses dem Pentagon nahestehende Presseorgan am 5. Oktober 1970 (S. 40). „Eine noch stärkere Reduzierung der Militärausgaben kann weitere ökonomische Schwierigkeiten bereiten.“

Das Sprachrohr des Militär-Industrie-Komplexes meinte mit der „starken Verringerung“ eine Senkung der Rüstungsaufträge um 8–9 Prozent im Vergleich zu den vorangegangenen Jahren.

Im Sommer 1972 veröffentlichte diese Zeitschrift, in konsequenter Fortsetzung ihres Kurses, eine Tabelle, die zeigte, daß die Arbeitslosigkeit in den USA nur während der „Kriegsaufschwünge“ – des Zweiten Weltkrieges, des Korea- und des Vietnam-Krieges – unter 4 Prozent lag (19. Juni 1972).

Im Frühling desselben Jahres unterstrich „U.S. News & World Report“, daß sogar während des wirtschaftlichen Aufschwungs eine Senkung der Militärausgaben die Wirtschaft beeinträchtigt. Als Beweisführung wurden Angaben zitiert, wonach die Beschäftigtenzahl in den Betrieben des Kriegslieferanten Lockhead-Corporation von 33 000 auf 16 000 zurückging, während Boeing-Vertol auf dem Höhepunkt des Vietnam-Krieges 13 000 Menschen beschäftigte und jetzt nur noch 5000 Arbeitsplätze hat. Im April 1973 drohte die Zeitschrift wieder einmal,

125 000 Menschen würden infolge der Schließung einer Reihe von Militärstützpunkten und Betrieben des Pentagons arbeitslos bleiben.

Die Rüstungskonzerne und ihre Fürsprecher geben sich heute alle Mühe, um mit allen möglichen Erfindungen zu beweisen, daß die Erhaltung oder Hebung der Kriegsausgaben notwendig sei. Konteradmiral La Rocque, heute Direktor des amerikanischen „Zentrums für Verteidigungsinformationen", beschwor: „Ich erkläre mit bestem Wissen und Gewissen, daß unsere Streitkräfte in Europa gerade dann zu erhalten sind, wenn die Spannungen abnehmen." Die Militaristen einer Reihe von Ländern riefen im Chor: „Unter den Bedingungen einer internationalen Entspannung droht uns eine Tragödie."

Auch Stewart Alsop schloß sich denjenigen an, die vor einer Reduzierung der Kriegsausgaben Angst haben. In einem Artikel in „Newsweek" vom 13. August 1973 nannte er den Vorschlag einer Gruppe amerikanischer Wissenschaftler (P. Barnke, A. Fisher, M. Halperin, R. Gilpatric, H. Scoville, H. York, u. a.), den offiziellen Kriegshaushalt der USA um 14 Milliarden Dollar zu verringern, ein „eingeplantes Unheil".

M. Reich, Mitarbeiter des nationalen Büros für ökonomische Forschungen, ist im Artikel „Braucht die Wirtschaft der USA Militärausgaben?" (American Economic Revue, 1972, H. 2), nicht abgeneigt, Ausgaben, die im US-Haushalt für soziale Zwecke vorgesehen sind, zu bemitleiden. Er zitiert Angaben darüber, daß die Käufe von Waren und Dienstleistungen nichtmilitärischen Charakters durch die Bundesadministration im Jahre 1970 2,3 Prozent des nationalen Bruttoprodukts betrugen und im Vergleich zur Vorkriegszeit gesunken waren, als ihr Anteil – zum Beispiel im Jahre 1938 – 4,6 Prozent betrug. M. Reich stellt fest: Die Regierung der USA hat seit 1950 mehr als 1000 Milliarden Dollar, das heißt, rund zehn Prozent des Bruttosozialprodukts für militärische Zwecke ausgegeben. Der Autor hält das Wachstum der Militärausgaben für eine natürliche Erscheinung des heutigen Kapitalismus und für eine Bremse der Entwicklung des revolutionären Prozesses. Damit gleiche der Kapitalismus den Mangel an „Gesamtnachfrage" aus, ist seine Meinung. M. Reich versichert, daß die Kriegsausgaben der USA die amerikanische Wirtschaft längere Zeit direkt und die Wirtschaft Westeuropas und Japans indirekt stimulierten. Die Quelle großer Profite für die amerikanischen Konzerne in Form des Kriegshaushalts ließe sich durch Regierungsausgaben für soziale Zwecke nicht ersetzen. Änderungen in der Budgetstruktur würden die Profite vieler amerikanischer Industriezweige unterhöhlen. M. Reich zieht einen Schluß, der für die Rüstungskonzerne verheißungsvoll ist: Die natürliche Entwicklung des Kapitalismus wird auch weiterhin unvermeidlich das Anwachsen der Militärausgaben, das Anwachsen der Profite der Unternehmer fördern.

Der US-Verteidigungsminister James Schlesinger setzte sich in seinen offiziellen Erklärungen für hohe Militärausgaben ein und wiederholt die Thesen seiner Bücher und Artikel, die vor 10 oder 15 Jahren im „Falken"-Geist geschrieben worden sind. Im Buch „Die politische Ökonomie der nationalen Sicherheit" schrieb er: „Wir können die Militärausgaben nicht künstlich einschränken ... der Stand der Militärausgaben muß festgelegt und die Quelle der Finanzierung ermittelt werden – im Gegensatz zu der These, daß die Höhe der Rüstungslasten vom Widerstand des Steuerzahlers bestimmt wird." (James Schlesinger, The Political Economy of National Security, N.Y., 1960, S. 278)

J. Schlesinger besteht auch heute weiter auf dem Wettrüsten, entgegen der in aller Welt wachsenden Tendenz der Verbesserung der internationalen Lage und der Begrenzung der Rüstungen.

Angesichts der Tatsache, daß der militärisch-industrielle Komplex der imperialistischen Staaten nicht auf die Mentalität des Kalten Krieges verzichten kann, eine Vergrößerung der Kriegsausgaben verlangt und Mißtrauen zwischen den Völkern zu säen versucht, warnte das Kommuniqué über das Treffen der Führer der kommunistischen und Arbeiterparteien der sozialistischen Länder auf der Krim im Juli 1973: „Daneben bestehen jedoch weiterhin Kräfte, die, im Geiste des Kalten Krieges handelnd, sich der internationalen Entspannung widersetzen und für das Anwachsen der Kriegsvorbereitungen sowie für das Aufblähen der Kriegsbudgets eintreten." Das Kommuniqué rief die Öffentlichkeit in aller Welt auf, wachsam zu sein, den reaktionären Kräften eine Abfuhr zu erteilen und deren Niederlage herbeizuführen.

In Wirklichkeit werden Wirtschaftsschwierigkeiten nicht durch eine Reduzierung der Kriegsausgaben bewirkt, sondern die einmalig gewachsene moderne Rüstungsproduktion zerstört in einer Reihe kapitalistischer Länder die Produktivkräfte und spitzt die ökonomischen, finanziellen und sozialen Widersprüche noch mehr zu.

Es ist allgemein bekannt, daß in den kapitalistischen Ländern das ökonomische Wachstum, d. h. die erweiterte Reproduktion von einer Erweiterung der Absatzmärkte für industrielle Erzeugnisse abhängig ist. Die Aufnahmefähigkeit des Marktes kann vorübergehend auch im Falle einer beträchtlichen Vergrößerung oder beim Neuaufbau der Rüstungsindustrie zunehmen. Das geschieht im Kriege, wenn große Mengen von Waffen und Geräte benötigt und vernichtet werden, aber auch im Frieden, wenn neue Waffensysteme eingeführt werden und die Rüstungsproduktion rapide vergrößert wird. Unter diesen Verhältnissen werden der Produktionsapparat voll ausgelastet und für einen bestimmten Zeitraum neue Investitionen gefördert.

Im Rahmen der gesamten gesellschaftlichen Reproduktion stellt dies jedoch eine vorübergehende Erscheinung dar. Vom Standpunkt einer normalen Vergrößerung der Reproduktion, des normalen ökonomischen Wachstums ist es nicht mehr als Schein, eine Illusion.

Um was geht es tatsächlich in Friedenszeiten bei der Kriegsproduktion oder bei der Herstellung von Waffen und Geräten sowie bei den Ausgaben für den Unterhalt der Streitkräfte? Um eine systematische Entnahme eines Teils der Produktion aus dem Reproduktionsprozeß und dem Wirtschaftsverkehr. Dieser Teil der Produktion wird weder als Konsumptions- noch als Produktionsmittel verwendet. Somit verengt sich ein-

schneidend der Rahmen der erweiterten Reproduktion und senkt sich das Tempo des wirtschaftlichen Wachstums.
Gerade deshalb, meinte Marx, seien Rüstungsausgaben in ökonomischer Hinsicht das gleiche, als wenn eine Nation einen Teil ihres Kapitals ins Wasser werfen würde.
Auf die zyklische Entwicklung des Kapitalismus vermögen die Rüstungsausgaben nur einen vorübergehenden und trügerischen Einfluß auszuüben. Eine neuerliche beträchtliche Steigerung der Rüstungsausgaben kann zunächst den Zyklus beeinflussen, Tiefe und Ausmaß einer herannahenden Wirtschaftskrise bis zu einem gewissen Grad verringern. In der weiteren Perspektive haben jedoch die Ausgaben für das Wettrüsten eine Zunahme der allgemeinen Schwierigkeiten und eine Senkung der ökonomischen Zuwachsrate zur Folge. Im Einklang mit der Wirkungsweise des Mechanismus der kapitalistischen Reproduktion folgt einer vorübergehenden künstlichen Erweiterung des Marktes dessen um so stärkere Verkleinerung. Auf diese Art ist der Versuch, die zyklische Krise durch steigende Rüstungsausgaben abzuwenden, eine Art Injektion eines Heilmittels, das nach kurzer Erhöhung der Lebenstätigkeit den Organismus noch mehr vergiftet und lähmt. Das wird durch die Tatsachen bestätigt. Wir wollen als Beispiel die USA und Japan nehmen. Die militärischen Ausgaben Japans betrugen bis vor kurzem weniger als 1 Prozent des Bruttosozialprodukts. Dieser Umstand trug unter anderem dazu bei, daß in Japan die jährlichen Investitionen zum Grundkapital im Durchschnitt 33 Prozent vom Gesamtprodukt erreichten, und die Zuwachsraten der japanischen Wirtschaft sind bekanntlich durch ein besonders hohes Niveau ausgezeichnet. Die Vereinigten Staaten verschleuderten in den letzten Jahrzehnten allein für direkte militärische Ausgaben 7–11 Prozent von ihrem Bruttosozialprodukt. Die Investitionen zum Grundkapital betrugen dagegen in den USA etwa die Hälfte vom Teil des Gesamtprodukts, der in Japan dem Grundkapital zugeführt wurde. Die jahresdurchschnittlichen Zuwachsraten waren in der US-Wirtschaft nicht einmal halb so groß wie in Japan. In Japan stieg die industrielle Produktion von 1960 bis 1971 um 322

Prozent, in den USA dagegen nur um 74 Prozent; das heißt, daß in Japan das Wachstum viermal so schnell war wie in den USA.

Ein anderes Beispiel: Das Bruttosozialprodukt der USA, des am meisten militarisierten Landes der Welt, hat sich von 1950 bis 1971 verdoppelt, und zwar von 503 Milliarden auf 1050 Milliarden Dollar (entsprechend den Preisen des Jahres 1971). Das Bruttosozialprodukt der restlichen Welt hat sich dagegen während dieser Zeitspanne mehr als verdreifacht.

Eine Folge des Wettrüstens ist in den USA die explosive Zunahme der Steuern. Die Bundes- und Lokalsteuern erreichten 1972 36 Prozent vom Bruttosozialprodukt, während sie sogar im Zweiten Weltkrieg, 1942, nicht einmal 23 Prozent betragen hatten. Haushaltsdefizit, Inflation, Dollarabwertung, Währungs- und Finanzkrisen haben samt und sonders mit Wettrüsten und der Profitgier des Militär-Industrie-Komplexes zu tun.

Dem verheerenden „Wirtschaftsprogramm" des Wettrüstens muß ein schöpferisches Wirtschaftsprogramm der Abrüstung entgegengesetzt werden, das die Existenzbedingungen aller Völker erleichtern würde. Die Ausarbeitung eines solchen Programms, das deutlich zeigen würde, wie die Mittel anzuwenden wären, die von dem einen oder anderen Staat in den Rachen des Kriegsgottes geschleudert werden, stellt eine Aufgabe der fortschrittlichen und vernünftig denkenden Menschen aller kapitalistischen Länder dar. Ein derartiges Programm könnte die Öffentlichkeit dieser Länder von der Zweckmäßigkeit und Notwendigkeit der Abrüstung überzeugen.

Die Völker können sich unmöglich damit abfinden, daß jedes Jahr gewaltige Ressourcen und Produktivkräfte im Abgrund der Kriegsvorbereitungen verschwinden. Für einzelne Länder ausgearbeitete Wirtschaftsprogramme der Abrüstung würden zeigen, wieviele Kraftwerke, Wasserkraftanlagen, Fabriken, Lehranstalten, Forschungsinstitute, Krankenhäuser usw. errichtet werden können und in welcher Reihenfolge das geschehen soll. Die Statistiker werden die mögliche Steuersenkung, die

Zuwachsraten des Nationaleinkommens und der Vollbeschäftigung, die Erhöhung des Lebensstandards ausrechnen. Sie werden außerdem den Einsatz der infolge der Reduzierung oder Abschaffung von Rüstungsausgaben und Armeen freigewordenen Mittel und Arbeitskräfte für produktive Zwecke in Betracht ziehen. Das ökonomische Abrüstungsprogramm ist ein Programm, das im Leben der Völker eine neue historische Ära einleiten, eine höhere Stufe der Zivilisation bedeuten würde.

Wir dürfen uns natürlich nicht vormachen, daß Abrüstung und dauerhafter Friede leicht zu erreichen wären. Nur durch beharrlichen und leidenschaftlichen Kampf lassen sich auf diesem Wege Erfolge erzielen. Wir geben uns keinen Illusionen über die Natur des Imperialismus und des modernen Militarismus hin. Wir sind jedoch überzeugt: Bei einem entschlossenen und schonungslosen Einsatz für den Sieg des gesunden Menschenverstandes dürfen wir durchaus hoffen, daß auch in den kapitalistischen Ländern die Vernunft des Volkes über den Wahnsinn des Militär-Industrie-Komplexes Oberhand gewinnen wird.

Hier einige Beispiele dafür, was die Abrüstung den Völkern verheißt. Eine Verringerung der Rüstungsausgaben um 25 oder 50 Prozent, von einer totalen Abrüstung ganz zu schweigen, würde in erster Linie eine Senkung der Steuern ermöglichen. Eine beträchtliche Steuersenkung für die breiten Massen der Steuerzahler würde aber zur Überwindung vorübergehender Schwierigkeiten beitragen, die in den kapitalistischen Ländern während des Übergangs von der Kriegs- zu der Friedenswirtschaft entstehen könnten. Praktisch wird man den gesamten Betrag, um den infolge der Steuersenkung das Realeinkommen der breiten Bevölkerungsschichten zunehmen wird, für den Erwerb von Konsumgütern und die Bezahlung von Dienstleistungen aufwenden. Die kaufkräftige Nachfrage wird zunehmen und Voraussetzungen für eine Produktionssteigerung schaffen.

In der ersten Phase der Abrüstung wird infolge der Kürzung der Rüstungsausgaben in allen Ländern das Wachstum der Staatsschuld zu Ende gehen bzw. würde darüber hinaus die

Möglichkeit zur Tilgung der Staatsschuld gegeben sein. Die inflatorische Geldemission würde sich erübrigen. Die private Kredit- und Hypothekenverschuldung, die in einigen Ländern ungeheure Ausmaße erreicht hat und zur Labilität der gesamten Wirtschaftssituation beiträgt, würde zurückgehen. Das alles müßte die Inflation stoppen, die Währungssysteme stabilisieren und das Wachstum des Welthandels fördern.

In allen Ländern braucht die Bevölkerung Wohnungen, bessere Straßen, Fernmeldemittel, mehr Geld für das Bildungs- und Gesundheitswesen, eine Erhöhung der Alters- und Invalidenrenten, Vorkehrungen zum Erosionsschutz des Bodens, gegen Überschwemmungen, gegen die Verschmutzung des Süßwassers, des Meeres, der Luft und der Erdoberfläche, die Einrichtung von Erholungs- und Sportstätten, neue Kulturinstitutionen (Theater, Klubs, Bibliotheken, Museen), Universitäten, Schulen, Krankenhäuser, Kindergärten und -krippen. Dafür ließen sich die durch Senkung oder Abschaffung der Rüstungsausgaben eingesparten Mittel verwenden.

Die Wissenschaftler appellieren immer eindringlicher an den gesunden Menschenverstand. Man hört auch besorgte Stimmen, die zu einer sofortigen zweckmäßigen und strikt planmäßigen Verwendung der auf der Erde noch vorhandenen Ressourcen auffordern.

Nach einem bereits im Jahre 1970 vorgelegten Plan benötigen beispielsweise die USA in den folgenden sechs Jahren für Vorkehrungen gegen die Luft-, Boden- und Wasserverschmutzung 105 Milliarden Dollar. Der französische Biologe Alain Bombar stellte 1973 fest, daß sich das Mittelmeer in 25 Jahren in ein totes Meer verwandeln kann. In der westlichen Hälfte des Mittelmeeres seien bereits zahlreiche Lebewesen ausgestorben und die Badestrände Frankreichs, Spaniens und Italiens glichen schon bald Seuchenherden.

In den USA gab es 1971 in sämtlichen Kindergärten nur 640 000 Plätze. Vier Millionen berufstätige Frauen hatten dort keine Möglichkeit, ihre Kinder in den Kindergärten unterzubringen. Der Ausschuß für Arbeitsressourcen der USA verzeichnete in seinem jüngsten Bericht, daß etwa 75 Prozent der Jungen und Mädchen aus minderbemittelten Schichten ihre Ausbildung aus Geldmangel nicht abschließen können.

Unter Bedingungen der Abrüstung und der internationalen Entspannung würden Argwohn und Mißtrauen, die das Verhältnis zwischen den Nationen vergiften, dem gegenseitigen Vertrauen, der Zusammenarbeit und dem Austausch wissenschaftlicher und kultureller Werte weichen. Nicht nur fruchtbare Zusammenarbeit zur Durchführung wissenschaftlicher Untersuchungen zum Wohle der ganzen Menschheit wäre dann möglich. Die Staaten könnten vielmehr an die Verwirklichung gewaltiger Projekte zur Erschließung der großen Wüsten, beispielsweise der Sahara, zur Ausnutzung der Meere und der Tiefschichten der Erde im allgemeinen Interesse herangehen.

Die direkten militärischen Ausgaben aller Länder der Welt erreichten 1972 insgesamt fast 180 Milliarden Dollar. Zusammen mit indirekten und getarnten Rüstungsausgaben beträgt dieser Betrag 240 bis 250 Milliarden Dollar. Bei einer Einsparung von jährlich 150 Milliarden Dollar durch Abschaffung der Rüstungsausgaben ließen sich in Ländern, die die Hauptlast der militärischen Ausgaben tragen, die Steuern unverzüglich um 30 bis 40 Milliarden Dollar kürzen. Das würde gleich in den ersten Jahren den Lebensstandard der Bevölkerung rapid erhöhen. Die Regierungen wären in der Lage, über 100 Milliarden Dollar für wichtige wirtschaftliche, soziale und kulturelle Belange bereitzustellen, die heute sogar in den reichsten Ländern unbefriedigt bleiben.

Sehr günstig würde sich die Abrüstung auf die sozialökonomische Lage der Entwicklungsländer auswirken. Obwohl die meisten Staaten Asiens, Afrikas und Lateinamerikas in Vergleich zu den Ausgaben der Industrieländer relativ geringe Beträge für militärische Belange ausgeben, ist der Anteil ihrer Rüstungsausgaben, gemessen an den Ressourcen der Entwicklungsländer, sehr groß. Die Entwicklungsländer wenden für militärische Zwecke insgesamt fast 16 Milliarden Dollar im Jahr auf. Das bedeutet, daß sie angesichts des akuten Mangels an finanziellen und sonstigen Ressourcen etwa 50 Prozent vom Gesamtumfang ihrer Investitionen für Kriegsvorbereitungen verwenden. Würde man diese Mittel sozialökonomischen Zwecken, dem Ausbau der Industrie, der Landwirtschaft, des Verkehrswesens usw. zuwenden, so müßte es ihre wirtschaftliche und kulturelle Entwicklung wesentlich beschleunigen. Ein ebenso großer Gewinn wäre für die Entwicklungsländer der Umstand, daß in einer abgerüsteten Welt die ständige Gefahr einer militärischen Aggression des Imperialismus verschwinden müßte. Abrüstung würde die Auflösung ausländischer Militärstützpunkte auf ihrem Gebiet und den Abzug fremder Truppen aus den Entwicklungsländern bedeuten, in denen sie immer noch stationiert sind. Gäbe es nicht die Gefahr eines militärischen Überfalls und des militärischen Druckes, so könnten die Länder Asiens, Afrikas und Lateinamerikas ihre politische Unabhängigkeit und die Erreichung der ökonomischen Selbständigkeit viel besser als jetzt sichern.

Wenn es der Mensch mit seiner Erfindungsgabe verstand, im Laufe von wenigen Jahren die Zerstörungskräfte gewaltig zu steigern, so ist er offensichtlich auch in der Lage, ebensoviel für die Erreichung friedlicher Aufbauziele zu leisten.

ALEXANDER KALJADIN

Über die Bedeutung der Abkommen zur Rüstungskontrolle

Eines der Kennzeichen der die letzten zehn Jahre umfassenden Periode der internationalen Beziehungen ist der Abschluß einer Reihe von Abkommen auf dem Gebiet der Kontrolle des Wettrüstens.
Es wurden Verträge abgeschlossen, welche die Verbreitung von Kernwaffen, ihre Erprobung und Lagerung einschränken. Es wurde eine Konvention unterzeichnet, die das völlige Verbot der bakteriologischen (biologischen) und der toxischen Waffen vorsieht. Im Rahmen der sowjetisch-amerikanischen Abkommen wurden Maßnahmen zur Einschränkung der Systeme der Antiraketen-Verteidigung und einiger Arten der strategischen Offensivwaffen sowie zur Verminderung der Gefahr der zufälligen Entstehung eines Nuklearkrieges vereinbart.
Worin besteht die Bedeutung dieser Abkommen, Ausdruck welcher Tendenzen sind sie, wie beeinflussen sie das Wettrüsten, die Perspektiven der Abrüstung und die Festigung der internationalen Sicherheit?
Vor allem ist eine kurze Analyse gewisser grundlegender Umstände erforderlich, die den Charakter der im einzelnen getroffenen Maßnahmen bedingen.

1. Das erste umfassende internationale Abkommen in dem erwähnten Bereich war der Vertrag über das Verbot der Kernwaffenversuche in der Atmosphäre, im kosmischen Raum und unter Wasser, der von den Vertretern der UdSSR, der USA und Großbritanniens am 5. August 1963 in Moskau unterzeichnet wurde.* Seiner Unterzeichnung ging ein nahezu zehnjähriger angespannter Kampf einer breiten Gruppe von Staaten,

* Wortlaut des Vertrags in: Völkerrecht, Dokumente, Teil 2, Köln (1974), S. 826–829.

gingen aktive Massenkundgebungen der Öffentlichkeit verschiedener Länder voraus.

Die Sowjetunion war der erste Staat, der Kernwaffen besaß und vorschlug, Versuche mit Kernwaffenexplosionen zu verbieten.[1] Die Sowjetregierung schlug vor, diese Frage aus dem allgemeinen Abrüstungsprogramm auszuklammern und sie selbständig, aufgrund eines Sonderabkommens zu lösen und unverzüglich ein internationales Abkommen über die sofortige Einstellung jeglicher Versuche und experimenteller Explosionen atomarer und thermonuklearer Waffen abzuschließen (1956). Seither ist dieser Vorschlag zum Kernpunkt des sowjetischen Abrüstungsprogramms geworden.

Die USA und andere Westmächte weigerten sich lange Zeit, dieses Problem gesondert zu erörtern, und seit Ende 1958, als solche Verhandlungen begannen, stellten sie nur die Frage einer Einschränkung der Versuche und deren Kontrolle. In den letzten Jahren war ihr Standpunkt durch das Bestreben charakterisiert, sich die Möglichkeiten für die Durchführung von unterirdischen Kernwaffenversuchen zu erhalten.

Das Aufeinanderprallen unterschiedlicher Standpunkte der Verhandlungsteilnehmer bestimmte den begrenzten Charakter des Moskauer Vertrages aus dem Jahre 1963.

Durch ihn wurden Kernexplosionen in drei Sphären verboten. Gleichzeitig wurde auf Vorschlag der UdSSR das Verbot auf ausnahmslos alle Kernexplosionen in den angeführten Sphären (Atmosphäre, kosmischer Raum, Wassersphäre) ausgedehnt.

Was die unterirdischen Kernwaffenversuche betrifft, so wurden durch den Vertrag nur Kernwaffenexplosionen verboten, welche einen Ausfall radioaktiver Niederschläge außerhalb der territorialen Grenzen des Staates hervorrufen, in dem diese Explosion durchgeführt wird.

Auf Drängen der UdSSR wurde in die Präambel des Vertrages die Bestimmung aufgenommen, daß seine Teilnehmer „die rascheste Herbeiführung eines Abkommens über die allgemeine und vollständige Abrüstung unter strenger internatio-

1 Iswestija, 11. 5. 1955.

naler Kontrolle, das dem Wettrüsten ein Ende machen und den Anreiz zur Erzeugung und Erprobung aller Arten von Waffen, darunter der Kernwaffen, beseitigen würde", als ihr Hauptziel verkünden. Es wurde auch die Bestimmung aufgenommen, daß die Vertragsteilnehmer Verhandlungen führen sollen mit dem Ziel, für immer eine Einstellung aller Kernwaffen-Versuchsexplosionen zu erreichen, Explosionen unter der Erde mitinbegriffen.

Seit der Unterzeichnung dieses Vertrages sind zehn Jahre verflossen. Seither haben sich ihm neben den drei Kernwaffenmächten UdSSR, USA und England nahezu 120 Staaten angeschlossen, was von der breiten internationalen Anerkennung des Vertrages zeugt.

Diese Länder sind durch die Verpflichtung verbunden, in den verbotenen Natursphären keine Kernwaffenexplosionen vorzunehmen. Deshalb konnte die Zahl der Kernversuche in der Atmosphäre in beträchtlichem Maße eingeschränkt werden. Der Umstand, daß die Teilnehmerländer des Moskauer Vertrages im Verlauf von zehn Jahren keine Kernexplosionen unter Wasser und an der Erdoberfläche vorgenommen haben, begünstigte die Stabilisierung der Strahlungssituation auf unserem Planeten.

Wären die Versuche in der Atmosphäre mit einer Intensität fortgesetzt worden, wie sie für die fünfziger Jahre charakteristisch war, so wären der Gesundheit von Millionen Menschen und dem Zustand des Naturmilieus beträchtlicher Schaden zugefügt worden. Zugleich verhindert die Durchführung von Kernwaffenversuchen in der Atmosphäre seitens Frankreichs (ab 1960) und der VR China (ab 1964) eine weite Verbesserung der Strahlungssituation.

Der Vertrag über das teilweise Verbot von Kernexplosionen schuf eine gewisse Barriere auf dem Wege einer atomaren Bewaffnung weiterer Länder und ermöglichte es, Zeit zu gewinnen, die für die Ausarbeitung eines Vertrages über die Nichtweiterverbreitung von Kernwaffen notwendig war.

Der Vertrag aus dem Jahre 1963 war der erste ernsthafte Versuch der Abschwächung des strategischen Wettrüstens, obwohl diese Tendenz nicht sofort und nicht in vollem Ausmaß in Erscheinung trat. Aber er schuf die Voraussetzungen für die folgende Verlangsamung des Wettrüstens mit nukleare Sprengköpfe transportierenden Raketensystemen.

Freilich ist es vorläufig nicht gelungen, alle Möglichkeiten einer Einschränkung der nuklearen Rüstungen, die im Vertrag über das teilweise Verbot der Kernexplosionen enthalten sind, zu realisieren.

Mit dem Verbot der Durchführung von Kernexplosionen in der Atmosphäre hat der Vertrag aus dem Jahre 1963 offensichtlich zum Teil die Ausarbeitung gewisser besonders starker nuklearer Sprengladungen erschwert. Für die Teilnehmerländer ist es unmöglich geworden, Kernsprengköpfe in jener Sphäre zu erproben, für deren Anwendung sie bestimmt sind. Aber das Wettrüsten wurde nicht eingestellt.

Die Ursache dafür lag nicht so sehr im beschränkten Charakter des Vertrages selbst (unterirdische Versuche blieben vom Verbot ausgenommen) als im Bestreben bestimmter militärisch-politischer Kreise der USA, auf dem Wege der Verstärkung der Rüstungen weiterzugehen und die Rolle des Anführers in diesem Wettstreit zu spielen. Es trat das offensichtliche Bestreben zutage, aus den vom Moskauer Vertrag auferlegten Beschränkungen einseitige Vorteile zu ziehen, eine beträchtliche Überflügelung der Sowjetunion in der Sphäre der strategischen Rüstungen durch Intensivierung der unterirdischen Kernwaffenversuche, eine beträchtliche Vergrößerung der Zahl der strategischen Raketen und eine Vervollkommnung der vorhandenen sowie die Schaffung neuer Arten von Sprengköpfen zu erreichen.[2]

Die veröffentlichten Angaben über die unterirdischen Kernexplosionen verweisen mit absoluter Bestimmtheit darauf, daß die Rüstungsindustrie der USA nach 1963 die Initiative in

2 Nuclear Test Ban Treaty. Hearings before the Committee on Foreign Relations, US Senate 88th Congress 1. Session, August 1963, S. 105 und 274–275.

der Erweiterung der Ausmaße der unterirdischen Kernwaffenversuche ergriff.[3]
Die Sowjetregierung hat vor und nach der Unterzeichnung des Moskauer Vertrages vorgeschlagen, verschiedene Maßnahmen auf dem Gebiet der militärischen und politischen Entspannung und der Abrüstung durchzuführen, einschließlich solcher Schritte wie die Verminderung der Militärbudgets, die Einschränkung der Rüstungen und der Streitkräfte in Mitteleuropa, das Verbot von Kernwaffenversuchen unter der Erde, die Verminderung der zahlenmäßigen Gesamtstärke der Streitkräfte, den Abzug der ausländischen Truppen von fremden Territorien und anderes.[4] Diese Vorschläge wurden von den USA nicht unterstützt. Der Militär-Industrie-Komplex der USA blockierte in dem Bestreben, sich die führende Position im Wettrüsten zu sichern, die Lösung der anstehenden Probleme, insbesondere des Problems des Verbotes von unterirdischen Kernwaffenversuchen.
Die intensive Verstärkung der Raketen- und Kernwaffen, die Eskalation der bewaffneten Intervention der USA in Vietnam waren die Hauptgründe, warum es kurz nach dem Abschluß des Vertrages von 1963 nicht gelungen ist, einen entscheidenden Umschwung in den Abrüstungsverhandlungen herbeizuführen, dem Wettrüsten Einhalt zu gebieten, in vollem Maße alle Möglichkeiten zu realisieren, die in diesem Dokument enthalten waren, und insbesondere die unterirdischen Kernwaffenversuche einzustellen und die Entwicklung der strategischen Rüstungen zu zügeln.
Es muß auch vermerkt werden, daß die Kernwaffenmächte, die den Moskauer Vertrag nicht unterzeichneten, fortfuhren, Kernwaffenversuche hauptsächlich in der Atmosphäre vorzunehmen und ihr Raketen- und Kernpotential auszubauen.
Ungeachtet des beschränkten Charakters der Folgeerscheinungen des Vertrages von 1963 sollte man die Notwendigkeit dieses Schrittes, seine positive Bedeutung nicht herabsetzen.[5]

3 World Armaments and Disarmament, SIPRI Yearbook 1972, S. 408.
4 Prawda, 17. 3. 1962; 29. 1. 1964.
5 Bulletin of Peace Proposals H. 4/1971, S. 319.

Es war dies das erste globale Abkommen im Bereich einer Einschränkung der militärischen Ost-West-Rivalität. Wie gering die positiven Folgeerscheinungen dieses Vertrages (kraft jener Umstände, von denen oben die Rede war) auch scheinen mochten, er bewies doch die Möglichkeit der Erzielung von Abkommen, ihrer Erfüllung, der Lösung einzelner die Abrüstung betreffender Probleme. Er begünstigte vorteilhafte Veränderungen in der Atmosphäre internationaler Verhandlungen und die psychologischen Voraussetzungen künftiger Vertragsabschlüsse, welche das moderne Wettrüsten berühren.

2. Eine Reihe geschlossener Abkommen schränkt die Gebiete einer möglichen Stationierung von Kernwaffen ein. Durch den Antarktis-Vertrag (1959)* wurde dieser Kontinent zu einer atomwaffenfreien Zone erklärt. Durch den Vertrag über die Prinzipien der Tätigkeit der Staaten bei der Erforschung und Nutzung des Weltraumes einschließlich des Mondes und anderer Himmelskörper (1967)** wurde die Verlagerung beliebiger Objekte mit Kernwaffen oder mit irgendwelchen anderen Arten von Massenvernichtungswaffen in Erdumlaufbahnen und in den Kosmos verboten. Im Jahre 1972 trat der Vertrag über das Verbot der Stationierung von Kernwaffen und anderen Massenvernichtungswaffen auf dem Meeresgrund und Ozeanboden und in deren Untergrund*** in Kraft, ebenso von Vorrichtungen, Tauchapparaten und beliebigen anderen Ausrüstungen, die speziell für die Aufbewahrung, Erprobung oder den Einsatz solcher Waffen bestimmt sind.
Die Konzeption der territorialen Einschränkung der Kernwaffenlagerung wurde von den sozialistischen Ländern erstmals Mitte der 50er Jahre vorgebracht. Aus jener Zeit stammen die Vorschläge der sozialistischen Länder bezüglich der Schaffung von Zonen, die vollkommen frei von Kernwaffen sind. Im Jahre 1957 unterbreitete die UdSSR den Vorschlag, jenen

* Wortlaut in: Völkerrecht, Dokumente, Teil 2, S. 683–692.
** Wortlaut in: Völkerrecht, Dokumente, Teil 2, S. 936–944.
*** Wortlaut in: Völkerrecht, Dokumente, Teil 3, S. 1195–1201.

Staaten, die Kernwaffen besitzen, zu verbieten, beliebige Typen dieser Waffen außerhalb ihrer nationalen Grenzen zu stationieren.[6]

Der Vorschlag wurde von den USA und ihren NATO-Partnern abgelehnt, und es ist nicht gelungen, diese Idee in vollem Maße zu realisieren.

Der Umstand, daß sie Maßnahmen präventiven Charakters darstellen und Kernwaffen sowie anderen Massenvernichtungsmitteln den Zutritt zu Bezirken verwehren, in denen es sie bisher nicht gab, kann aber kein Grund sein, die erwähnten Maßnahmen als ohne jeden realen Sinn zu qualifizieren.[7]

Unter den Bedingungen der wissenschaftlich-technischen Revolution, welche die Grenzen der dem Menschen zugänglichen Welt erweitert und die technischen Möglichkeiten für die Erschließung einer neuen natürlichen Umwelt vergrößert, ist die Verhinderung von Kriegen und des Raketen- und Kernwaffen-Wettrüstens von großer Bedeutung sowohl vom Standpunkt der Verminderung des Risikos eines Nuklearkrieges als auch vom Standpunkt der Beseitigung neuer Anreize für eine Vergrößerung der Rüstungsausgaben. Es liegt im Interesse der gesamten Menschheit, zu gewährleisten, daß das Wachstum der wissenschaftlich-technischen Macht nicht von einer Erweiterung des Ausmaßes militärischen Denkens begleitet werde.

Derzeit ist die Aufgabe einer weiteren Einschränkung der militärischen Tätigkeit auf dem Grund der Meere und Ozeane aktuell. Viele Länder, unter ihnen auch die sozialistischen, fordern Einstellung jeglicher militärischer Tätigkeit auf dem Grund der Meere und Ozeane. Zugleich ist bekannt, daß in den USA eine ernsthafte Opposition gegen die Beendigung der militärischen Tätigkeit auf dem Meeresgrund besteht. Einflußreiche militärische Kreise sind der Ansicht, daß jegliche zusätzliche Beschränkungen der militärischen Nutzung des Meeresgrundes über die im Vertrag festgelegten Verbote hin-

6 Iswestija, 20. 3. 1957.
7 Bulletin of Atomic Scientists, Jan. 1972, S. 19.

aus „eine ernstliche Beeinträchtigung der Sicherheitsinteressen der USA" mit sich bringen würden.[8]

3. Einen besonderen Platz im System der internationalen Abkommen nimmt der Vertrag über die Nichtweiterverbreitung von Kernwaffen (1968)* ein.
Vorschläge zur Verhinderung einer weiteren Verbreitung von Kernwaffen wurden von einer Reihe sozialistischer Länder Mitte der 50er Jahre formuliert. Sie beinhalten das volle und allerorts gültige Verbot der Erprobung von Kernwaffen für alle Länder, das Verbot der Stationierung von Kernwaffen aller Art auf ausländischen Territorien, das Verbot, solche Waffen anderen Staaten oder dem Kommando von Militärblöcken zur Verfügung zu stellen. In den Vorschlägen der sozialistischen Länder, die Unterzeichner des Warschauer Vertrags sind, waren Verpflichtungen vorgesehen, keine Kernwaffen in irgendeiner Form in den Besitz, zur Verfügung oder unter die Kontrolle von Staaten zu geben, die keine Kernwaffen besitzen, und niemandem das Recht am Besitz, an der Kontrolle oder Verwendung dieser Waffe zu gewähren. Entsprechende Verpflichtrungen waren für jene Länder vorgesehen, die keine Kernwaffen besitzen.[9]
Im Gegensatz dazu wollten sich die Mitgliedsländer der NATO lange Zeit hindurch nicht durch Verpflichtungen zur Nichtweiterverbreitung von Kernwaffen binden und arbeiteten aktiv Projekte einer „Teilung der Kontrolle" über Kernwaffen aus, darunter auch durch die Schaffung kollektiver Kernwaffenkräfte (MLF). Im Ergebnis wurde die Vorbereitung des Abkommens über die Nichtweiterverbreitung von Kernwaffen viele Jahre lang hinausgezögert. Nur mit dem Verzicht auf die Pläne einer „Teilung der Kontrolle" über Kernwaffen wurde der Weg für die Lösung des Problems und den Abschluß des Vertrages (1968) geebnet.

8 Seabed Arms Control Treaty. Hearings Before the Committee on Foreign Relations. US Senate, 92nd Congress, 2. Session, Jan. 1972, S. 10.
* Wortlaut in: Völkerrecht, Dokumente, Teil 2, S. 997–1005.
9 Iswestija, 11. 5. 1955; 21. 9. 1957; 25. 9. 1965.

Der Vertrag über die Nichtweiterverbreitung von Kernwaffen und die Begleitdokumente – die Resolution des Sicherheitsrates der UNO über Sicherheitsgarantien für die Teilnehmerländer des Vertrages, die keine Kernwaffen besitzen; die Erklärung der UdSSR, der USA und Englands im Zusammenhang mit der Annahme der erwähnten Resolution; das Abkommen zwischen den Staaten, die keine Kernwaffen besitzen, und der Internationalen Atomenergie-Agentur (IAEA) über die Kontrolle – bilden in ihrer Gesamtheit ein System von Maßnahmen, das international-rechtliche und international-politische Hindernisse für die Verwirklichung möglicher neuer Pläne zur Verbreitung von Kernwaffen errichtete. Es wurden die politischen, militärischen und wirtschaftlichen Faktoren verstärkt, die in Richtung auf eine Kontrolle der nuklearen Bewaffnung wirken.

Außerdem schuf der Vertrag günstige Bedingungen für jene Länder, die keine Kernwaffen besitzen, auf dem Gebiet der Nutzung der Vorzüge einer internationalen Zusammenarbeit im Interesse der friedlichen Anwendung der Atomenergie.

Die Tatsache, daß es seit dem Zeitpunkt des Vertragsabschlusses (1968) gelungen ist, die Zahl der Kernwaffen besitzenden Länder gering zu halten (mehr als 100 Staaten haben den Vertrag unterschrieben, nahezu 80 von ihnen haben ihn auch ratifiziert), kann kein Grund zur Selbstzufriedenheit sein. 14 Länder, die Kernreaktoren besitzen, haben den Vertrag über die Nichtweiterverbreitung nicht ratifiziert, und 9 haben ihn nicht einmal unterzeichnet. Zwei Kernmächte sind außerhalb des Vertrages geblieben: Frankreich und die VR China. Politische Kreise in den Ländern Westeuropas sind bestrebt, die Pläne zur Schaffung gemeinsamer (westeuropäischer) Nuklearstreitkräfte zu neuem Leben zu erwecken. Diese Kreise streben danach, die Erweiterung der westeuropäischen Wirtschaftsgemeinschaft auszunutzen, um ihr den Charakter einer militärischen Gruppierung zu geben, die über eigene Raketen- und Kernstreitkräfte verfügt. In anderen Gebieten des Erdballs gibt es in einer Reihe von Ländern Kräfte, die die im Vertrag über die Nichtweiterverbreitung von Kernwaffen vorgesehenen Beschränkungen außer Kraft setzen möchten. Man kann deshalb die Aufgabe, die Verbreitung von Kernwaffen zu verhindern, nicht als endgültig gelöst betrachten. Auf der Tagesordnung stehen die Fragen einer völligen Realisierung der Bestimmungen des Vertrages über die Nichtweiterverbreitung, seiner Erweiterung, der konsequenten Erfüllung der in ihm enthaltenen Bestimmungen und einer weiteren Vervollkommnung des gesamten Systems von Abkommen zur Verhinderung der Weiterverbreitung von Kernwaffen.

Am 1. Juli 1968, dem Tag der Unterzeichnung des Vertrages, wandte sich die Sowjetregierung an alle Regierungen mit einem Memorandum, in dem vorgeschlagen wurde, sofort Maßnahmen zur Einstellung des Wettrüstens und für eine Abrüstung einzuleiten.[10]

Die Durchführung dieser Maßnahmen würde der Festigung des Vertrages über die Nichtweiterverbreitung zweifelsohne förderlich sein.

4. In letzter Zeit lassen sich Fortschritte in der Erörterung der Probleme des Verbotes nichtnuklearer Massenvernichtungsmittel beobachten. Meilensteine sind die Billigung der Konvention über das Verbot der Entwicklung, Herstellung und Lagerung von bakteriologischen (biologischen) und Toxin-Waffen und über ihre Vernichtung durch die UNO und ihre Unterzeichnung seitens mehr als 100 Staaten (1972); auch die Tatsache, daß in den letzten Jahren mehr als 30 Staaten dem Genfer Protokoll über das Verbot der Verwendung von erstickenden, giftigen oder ähnlichen Gasen sowie von bakteriologischen Mitteln im Kriege beigetreten sind (derzeit haben mehr als 80 Staaten dieses Dokument ratifiziert, von den großen Ländern haben nur die USA es nicht ratifiziert).

Das Verhalten der UdSSR zu den erwähnten Massenvernichtungsmitteln war schon in den ersten Jahren des Bestehens des Sowjetstaates eindeutig. Die UdSSR trat für deren vollkommenes Verbot ein, einschließlich ihrer Entnahme aus den Rüstungen und der Vernichtung aller Vorräte.

10 Iswestija, 1. 7. 1968.

Aktive Anstrengungen wurden in dieser Richtung von der UdSSR, anderen sozialistischen Ländern sowie von einer Reihe neutraler Länder in den 60er Jahren unternommen. Sie bewirkten, daß die Aufmerksamkeit der ganzen Welt auf dieses Problem gelenkt wurde.

Der Standpunkt der USA und einiger anderer westlicher Mächte erfuhr gewisse Veränderungen, war jedoch bis in die letzte Zeit durch das Bestreben gekennzeichnet, die Möglichkeit der Anwendung gewisser Arten chemischer Waffen (Nervengase, chemische Herbizide usw.) im Krieg zu behalten. Dies schuf große Schwierigkeiten in Sachen eines gleichzeitigen völligen Verbotes der chemisch-bakteriologischen Waffe.

Gleichzeitig wurde es aber möglich, als ersten Schritt über ein vollkommenes Verbot der bakteriologischen und der toxischen Waffen übereinzukommen und eine entsprechende Konvention auszuarbeiten, in der auf Betreiben der sozialistischen und einer Reihe anderer Länder auch die Verpflichtung der Teilnehmer fixiert wurde, im Geiste guten Willens die Verhandlungen fortzusetzen, um in nächster Zukunft ein Abkommen über effektive Maßnahmen zum Verbot der Entwicklung, Herstellung und Lagerung chemischer Waffen und zu deren Vernichtung zu erzielen.

Die Konvention unterscheidet sich von den früher geschlossenen Abkommen prinzipiell dadurch, daß sie Maßnahmen einer faktischen Abrüstung vorsieht. Es handelt sich somit um einen Präzedenzfall für die Lösung von Abrüstungsfragen.

Die Unterzeichnung der Konvention durch die erdrückende Mehrzahl der Länder wurde ein zusätzlicher Faktor zur Zügelung der Aktivität jener Kräfte, die auf chemisch-bakteriologische Kriegsgeräte nicht verzichten wollen. Dieser Akt erhöht die moralisch-politische Schwelle, welche die Anwendung krankheitserregender Agenzien als Mittel des Krieges verhindert. Das Inkrafttreten der Konvention würde es ermöglichen, die Grundlage für die völlige Ausschließung des bakteriologischen Krieges zu schaffen.

Zugleich aber muß auf dem Wege zur völligen Ausschließung

der Gefahr eines chemisch-bakteriologischen Krieges eine Reihe von Aufgaben gelöst werden. Um die Konvention über die bakteriologische Waffe zu einem wirklich wirksamen Instrument zu machen, müßte sich ihr ein überaus großer Kreis von Staaten anschließen, in erster Linie alle jene, die über die entsprechenden Kenntnisse, Erfahrungen und Produktionen verfügen, d. h. über all das, was für die Vorbereitung und Führung des „lautlosen" Krieges verwendet werden kann.

Von nicht geringer Bedeutung ist auch die strenge Erfüllung der in der Konvention enthaltenen Bestimmungen, die den völligen Verzicht auf die Führung eines bakteriologischen Krieges gewährleisten.

Die Presse berichtete darüber, daß gewisse Kreise in den USA unter dem Vorwand einer Erhaltung mikrobiologischer Agenzien zu „Verteidigungszwecken" das Programm der Forschungen und Entwicklungen auf dem Gebiet der bakteriologischen Waffen fortsetzen, die Produktionsobjekte für die Züchtung von Bazillen und anderen mikrobiologischen Agenzien, die Mittel für den Transport der biologischen Waffen sowie den Unterricht in Strategie, Taktik und den Methoden der bakteriologischen Kriegsführung beibehalten möchten. Es wird auch über die Gefahr einer Verlagerung der Bemühungen auf die Arbeit im Bereich der chemischen Waffen berichtet.[11] Das ruft die Notwendigkeit energischerer, unaufschiebbarer Schritte hervor, die auf das völlige Verbot der chemischen Waffen und die Einstellung der Entwicklung, Herstellung, Lagerung und Anwendung verschiedener chemischer Kampfstoffe abzielen (strenge Erfüllung des Genfer Protokolls aus dem Jahre 1925, Abschluß einer Konvention über die Entfernung der chemischen Waffen aus den Rüstungen der Staaten).

5. Entsprechend dem raschen Fortschritt im Flugzeug- und Raketenbau, der zu großen Veränderungen bei den Trägermitteln von Kernwaffen und zur Entwicklung eines Systems der Verteidigung gegen die strategischen Offensivwaffen führte, wurde die Notwendigkeit der Kontrolle des strategischen

11 New Scientist, 30. 11. 1972.

Wettrüstens immer offensichtlicher. Die realen Voraussetzungen für einen Fortschritt bei der Lösung dieses Problems kristallisierten sich jedoch erst dann heraus, als die Situation eines dynamischen Gleichgewichtes zwischen der UdSSR und den USA in der strategischen Rüstung entstand.
Im Herangehen der UdSSR und der USA an dieses Problem, ebenso wie an die oben erörterten Abrüstungsfragen, traten wesentliche Unterschiede zutage.
In den sowjetischen Erklärungen wurden Leitsätze aufgestellt wie das Verbot der Benutzung ausländischer Territorien für die Dislozierung strategischer Mittel für den Transport von Kernwaffen, Verkleinerung des Arsenals strategischer Transportmittel auf ein Minimum, das Prinzip der gleichen Sicherheit für alle, Begleitmaßnahmen auf dem Gebiet der Abrüstung.
In den amerikanischen Erklärungen lag der Haupttenor auf der Beibehaltung eines äußerst hohen Niveaus der strategischen Rüstungen, auf dem Einfrieren der quantitativen Merkmale einiger strategischer Waffen, auf der Beibehaltung der Möglichkeiten für eine weitere qualitative Vervollkommnung.
Die sowjetisch-amerikanischen Abkommen über die Beschränkung der strategischen Rüstungen (der Vertrag über eine Begrenzung der Raketenabwehrsysteme und das Zeitweilige Abkommen über einige Maßnahmen auf dem Gebiet der Begrenzung der strategischen Offensivwaffen vom 26. Mai 1972)* setzten dem Ausbau der Anti-Raketen-Systeme beider Seiten, der Zahl der auf dem Lande stationierten interkontinentalen Raketen und der ballistischen Raketen in den Unterseebooten sowie der Zahl der modernen U-Boot-Raketenträger gewisse Grenzen. Zum Unterschied von dem Vertrag, der unbefristet ist, bleibt das Zeitweilige Abkommen 5 Jahre lang in Kraft, wenn es nicht vor Ablauf dieser Frist durch ein Abkommen über wirksamere Maßnahmen zur Einschränkung der strategischen Offensivwaffen ersetzt wird. Beide Seiten erklärten, daß sie sich das Ziel setzen, weiterhin aktive Verhandlungen zu führen, um sobald wie möglich den Abschluß eines solchen Abkommens zu erzielen.

* Wortlaut in: Völkerrecht, Dokumente, Teil 3, S. 1353–1364.

Die sowjetisch-amerikanischen Dokumente unterscheiden sich von allen vorher erörterten Abkommen dadurch, daß sie die Grundlage der militärischen Stärke der beiden Mächte materiell begrenzen und erstmals Grenzen des quantitativen Wachstums der verheerendsten Arten der modernen Rüstungen dieser Staaten festlegen. Die Begrenzung der aufgezählten Arten der Verteidigungs- und der Offensivwaffen bedeutet eine reale Zügelung des strategischen Wettrüstens.

Bei der Einschätzung des Vertrags und des Zeitweiligen Abkommens muß man auch andere Abkommen berücksichtigen.

Vor allem ist dies das Dokument über die Grundlagen der wechselseitigen Beziehungen zwischen der UdSSR und den USA, in dem gesagt wird, daß es im nuklearen Jahrhundert keine anderen Grundlagen für die Aufrechterhaltung der Beziehungen zwischen ihnen gibt als die friedliche Koexistenz, und daß beide Seiten alles nur mögliche tun werden, um militärische Konfrontationen zu vermeiden und die Entstehung eines Kernwaffenkrieges zu verhindern. Diese Grundsätze erhöhen die Bedeutung der Abkommen zur Beschränkung der strategischen Rüstungen als Maßnahmen, die der Gesundung der internationalen Beziehungen förderlich sind, die Gefahr eines Kernwaffenkrieges herabsetzen und zur Bestätigung der Prinzipien der friedlichen Koexistenz in den Beziehungen zwischen Staaten mit unterschiedlicher Gesellschaftsordnung beitragen.

Zugleich haben die erörterten Maßnahmen einen beschränkten Charakter. Nicht erfaßt bleiben einige Arten strategischer Offensivwaffen (Bombenflugzeuge usw.). Nicht verboten sind technische Weiterentwicklungen in einigen Bereichen.

Diese Probleme sollen in der zweiten Etappe der Verhandlungen gelöst werden.

Die Erörterung der sowjetisch-amerikanischen Abkommen über die Einschränkung der strategischen Rüstungen im Senat der USA hat gezeigt, daß es in diesem Land Kreise gibt, die danach streben, den Sinn der erwähnten Dokumente als Maßnahmen zur Einschränkung der strategischen Rüstungen zu entstellen und neue Möglichkeiten zur Entfachung des Wettrüstens ausfindig zu machen. Dieses Ziel verfolgen die Aufrufe zur Intensivierung der Anstrengungen in jenen Bereichen, die von den bestehenden Abkommen nicht erfaßt werden, das Schwergewicht der Rivalität in die Sphäre der militärischen Forschungen und Entwicklungen zu verlegen und umfangreiche Programme zur Umrüstung, zur Schaffung neuer Waffensysteme zu verwirklichen. Als Ziel wird dabei die Gewährleistung einer militärisch-technischen Überlegenheit, die Gewinnung einseitiger militärischer Vorteile verkündet, was das in den Abkommen enthaltene Prinzip der gleichen Sicherheit aller Seiten verletzt.[12]

Alle derartigen Handlungen sind unvereinbar mit dem Sinn der geschlossenen Abkommen und mit den Aufgaben der künftigen Verhandlungen. Wenn man ihnen nicht die nötige Abfuhr erteilt, können sie die Schritte in Richtung auf eine Einschränkung der Rüstungen blockieren. Bei der Erörterung der sowjetisch-amerikanischen Abkommen des Jahres 1972 im Obersten Sowjet der UdSSR wurde ihre Bedeutung als ein Schritt zur Einschränkung der Rüstungen hervorgehoben, der günstige Voraussetzungen für ein Vorwärtsschreiten in Richtung auf eine Einstellung des Wettrüstens und die Durchführung von Abrüstungsmaßnahmen schafft, und es wurde die Bedeutung dieser Dokumente für eine Verminderung der Gefahr eines Kernwaffenkriegs, die Verbesserung der internationalen Lage und die Festigung des Friedens vermerkt. Auch wurde der Gedanke hervorgehoben, daß die UdSSR sich nicht mit irgendwelchen Versuchen abfinden wird, das Prinzip der gleichen Sicherheit für alle zu verletzen und einseitige militärische Vorteile zu erlangen. Zugleich wurde das Interesse der Sowjetunion an der strikten Erfüllung der Verpflichtungen durch beide Seiten als Garantie der Wirksamkeit und Lebensfähigkeit der geschlossenen Abkommen betont.[13]

Die Einstellung der Sowjetregierung zu einer weiteren Einschränkung der strategischen Rüstungen wurde vom General-

12 SIPRI Research Report, No. 6, Strategic Arms Limitation. Part II, S. 17.

13 Iswestija, 23. 8. 1972, 29. 9. 1972.

sekretär des ZK der KPdSU, L. I. Breshnew, im Bericht über den 50. Jahrestag der Gründung der UdSSR dargelegt: „Das in Moskau Vereinbarte muß verankert und weiter entwickelt werden. Eines der Ziele der fortdauernden Verhandlungen über diese Fragen besteht darin, Wege zur Verwandlung des zeitweiligen Abkommens in ein ständiges zu finden. Es wäre offenbar nicht schlecht, sich auch zu überlegen, wie man von der Rüstungsbegrenzung zur allmählichen Reduzierung der Rüstungen und auch zur Festsetzung irgendwelcher Grenzen ihrer qualitativen Vervollkommnung übergehen könnte."[14]

Die Moskauer Abkommen des Jahres 1972 leiteten einen außerordentlich wichtigen Prozeß der Zügelung des Anwachsens der mächtigsten und verheerendsten Mittel der Kriegsführung ein. Das weitere Vorwärtsschreiten in dieser Richtung ist mit der Überwindung großer Schwierigkeiten und Hindernisse, des hartnäckigen und immer raffinierteren Widerstandes der Anhänger des Wettrüstens verbunden. Die Rüstungsadvokaten werden selbstverständlich bestrebt sein, den Sinn der Moskauer Abkommen zu entstellen, sie zu untergraben und zu umgehen, wie dies schon nach dem Abschluß des Vertrages über das teilweise Verbot der Kernwaffenversuche der Fall war.

Von den für Frieden und Abrüstung eintretenden Kräften wird es abhängen, nicht nur eine solche gefährliche Wende der Ereignisse zu verhindern, sondern darüber hinaus die erwähnten Abkommen als günstige Position für die Durchführung geeigneter Maßnahmen in Richtung auf eine allseitige Einstellung des Wettrüstens und für die Abrüstung auszuwerten.

6. Welche Schlußfolgerungen allgemeinen Charakters ergeben sich aus einer Analyse der getroffenen Teilmaßnahmen?

a) Der Weg zu ihnen war gekennzeichnet durch das Zusammenstoßen unterschiedlicher Standpunkte, Konzeptionen, politischer Linien. Die bestehenden Abkommen spiegeln das Er-

14 L. I. Breshnew, Über den 50. Jahrestag der Bildung der Union der Sozialistischen Sowjetrepubliken, Politisdat, 1972, S. 40–41.

gebnis des Zusammenwirkens verschiedener Kräfte wider. Die erzielten Kompromisse beinhalten wichtige Verpflichtungen der Teilnehmerstaaten, konkrete Maßnahmen zur Einschränkung der Rüstungen durchzuführen, sowie die Verpflichtung, auch weiterhin Schritte zur Lösung der in den Abkommen enthaltenen nächsten Aufgaben zu unternehmen. Die vorhandenen Abkommen bedeuten erstmals im letzten Vierteljahrhundert Fortschritte in Richtung auf eine Zügelung der militärischen Ost-West-Rivalität, eine Minderung der Kernwaffenkriegsgefahr und eine Festigung der internationalen Sicherheit.

Eingeschränkt wurden die räumlichen Ausmaße des nuklearen Wettrüstens, indem man das nahe und ferne Weltall, den Grund der Meere und Ozeane, die Antarktis, das Territorium der Staaten, die auf einen Besitz von Kernwaffen und auf deren Dislozierung innerhalb ihrer Grenzen verzichteten, von ihm ausschloß.

Eingeschränkt wurde die Sphäre der Kernwaffenversuche. Die Zahl dieser Versuche in der Atmosphäre wurden in beträchtlichem Maße verringert.

Der Vermehrung der Zentren möglicher nuklearer Konflikte wurde Einhalt geboten.

Beträchtlich vermindert wurde die Gefahr eines nuklearen, chemischen und bakteriologischen Krieges.

Es begann der Prozeß der Stabilisierung der strategischen Rüstungen der beiden Großmächte.

Die bestehenden Abkommen spiegeln die Tendenz zur Vermehrung der Zahl der Beschränkungen wider, die der militärischen Tätigkeit der Staaten auferlegt werden, obwohl sie in der gegebenen Etappe nur einen ziemlich kleinen Sektor der möglichen militärischen Vorbereitungen erfassen. Zugleich haben die in den bestehenden Abkommen enthaltenen Verpflichtungen keineswegs nur symbolische Bedeutung. Sie haben geholfen, eine mögliche beträchtliche Senkung des Grades der allgemeinen Sicherheit zu verhindern.

Die bestehenden Abkommen schlugen die erste Bresche in den Mechanismus des Wettrüstens. Es wurde die Realität des Abschlusses von Abkommen zwischen Staaten unterschiedlicher sozialer Systeme in der Rüstungskontrolle demonstriert.

Man sammelte Erfahrungen der internationalen Zusammenarbeit bei der Lösung sowohl von Teilfragen als auch von allgemeinen Problemen der Abrüstung (beispielsweise die Frage der Kontrolle und Überprüfung der Einhaltung der Verpflichtungen der Staaten bezüglich der Abrüstung). Die Praxis der internationalen Beziehungen wurde durch verschiedene Modelle der Rüstungskontrolle und Abrüstung bereichert, von denen einige praktisch verwirklicht wurden, wenn auch nur teilweise. Andere können in Zukunft angewendet werden. Eine beträchtliche Erweiterung erfuhr das Arsenal der Mittel, die den Fortschritt in Fragen der Abrüstung fördern können. Die bestehenden Abkommen zerstörten viele Mythen, die von der Propaganda der Militär-Industrie-Komplexe in die Welt gesetzt wurden (bezüglich der Unmöglichkeit, Abkommen im Bereich der Abrüstung zu erzielen, der Undurchführbarkeit von Maßnahmen zur Einschränkung der Rüstungen, der Unmöglichkeit einer Abrüstungskontrolle, bezüglich der militärischen Kraft als einzigem Garanten der Sicherheit der Staaten usw.).

Dank der geschlossenen Abkommen wurden die Voraussetzungen für die Ausarbeitung der Konzeption einer allgemeinen und vollständigen Abrüstung unter Berücksichtigung der vorhandenen Erfahrungen bei der Lösung von Teilaufgaben und der neuesten Errungenschaften im Bereich der Mittel zur Kontrolle der Erfüllung der Abrüstungsverpflichtungen erweitert.

Neben ihrer selbständigen Bedeutung förderten die bestehenden Abkommen die Verbesserung des Klimas in den allgemeinen internationalen Beziehungen, das durch die lange Periode des Kalten Krieges vergiftet worden war. Sie förderten die Entwicklung eines Klimas des Vertrauens und der Zusammenarbeit zwischen den Staaten, welches die Stellung und Lösung verschiedener internationaler politischer Probleme begünstigte.

Die Annahme von Teilmaßnahmen im Bereich der Rüstungsbeschränkungen ist untrennbar verbunden mit den allgemeinen fortschrittlichen Prozessen der weltweiten Entwicklung, die in den letzten Jahren zu wesentlichen positiven Veränderungen in der internationalen Arena geführt haben, zur Liquidierung eines der Kriegsherde, zur Regelung einer Reihe politischer Probleme in den Beziehungen zwischen den sozialistischen und den kapitalistischen Ländern auf dem europäischen Kontinent, zur Erweiterung der Praxis der friedlichen Koexistenz von Staaten mit unterschiedlicher Gesellschaftsordnung.

Diese Fortschritte gingen über die Veränderung der Atmosphäre der internationalen Beziehungen in Europa weit hinaus, sie berührten wesentliche Aspekte des Inhalts und des Charakters der Beziehungen zwischen Staaten unterschiedlicher Gesellschaftssysteme. Die Beziehungen zwischen einer ganzen Reihe sozialistischer und kapitalistischer Länder sind immer mehr durch die Erweiterung der Gebiete der Zusammenarbeit, die Vertiefung verschiedenartiger Verbindungen und Kontakte gekennzeichnet, die einen stabilen und langfristigen Charakter annehmen. Es werden aktive Anstrengungen unternommen, die auf die Schaffung eines Systems stabiler Sicherheit in Europa abzielen. Das neue, höhere Niveau der wechselseitigen Beziehungen der europäischen Staaten symbolisierten eine Reihe wichtiger zweiseitiger Abkommen, die auf den Prinzipien der Nichtanwendung von Gewalt, der Anerkennung der Unverletzbarkeit der Grenzen beruhen, sowie die multilaterale Vorbereitung zur gesamteuropäischen Konferenz über Fragen der Sicherheit und der Zusammenarbeit. Heute wird die Politik der friedlichen Koexistenz in immer größerem Maße zum dominierenden Faktor in den internationalen Beziehungen.

Gleichzeitig wird der politische und ideologische Kampf zwischen den Systemen des Sozialismus und des Kapitalismus fortgesetzt.

Die letzten Errungenschaften in der Vertiefung des Entspannungsprozesses in Europa, der Erweiterung einer für alle Beteiligten vorteilhaften Zusammenarbeit zwischen West und Ost in verschiedenen Bereichen der Industrie, des Handels, der Technik, der Wissenschaft usw. widerlegen jenen Standpunkt, laut dem die Unterzeichnung der Abkommen auf dem Gebiet

der Einschränkung der Rüstungen keine Verbesserung der Beziehungen zwischen den Ländern demonstriert habe.[15]
Selbstverständlich gibt es einflußreiche Kräfte des Militarismus und der Reaktion, welche den Prozeß der internationalen Entspannung auf dem europäischen Kontinent verzögern und die Beseitigung von Knotenpunkten der Spannung in anderen Regionen verhindern möchten. Sie fürchten die weitreichenden Folgen dieses Prozesses, nämlich daß er zur Auflösung der Militärblöcke, zur Beendigung der militärischen Konfrontation und zur Durchführung großer Abrüstungsmaßnahmen führen wird.
In einer Situation allgemeiner Fortschritte in der internationalen Arena wird es für diese Kräfte jedoch immer schwieriger, ihre Ziele, darunter auch in der Sphäre der Rüstungen, zu verwirklichen. Zugleich darf man aber auch ihre Möglichkeiten nicht unterschätzen, die Annahme von Maßnahmen zur Abrüstung und zur Festigung der internationalen Sicherheit zu bremsen.
Die vor sich gehenden positiven Veränderungen in der Welt, deren Bestandteil die Abkommen zur Kontrolle der Rüstungen sind, gestatten es jedoch, voll Optimismus in die Zukunft zu blicken.

b) In jenen Gebieten, die von den bestehenden Abkommen zur Einschränkung der Rüstungen nicht erfaßt werden, ist es nicht gelungen, den militärischen Vorbereitungen Einhalt zu gebieten und insbesondere den Prozeß der Akkumulierung und Vervollkommnung der Waffen rückläufig zu machen. Außerdem hat sich eine Reihe großer Staaten den erwähnten Abkommen noch nicht angeschlossen und betrachtet sich an die in ihnen festgelegten Beschränkungen und Verbote nicht gebunden. Nicht alle in den unterzeichneten Abkommen steckenden Möglichkeiten konnten bis heute realisiert werden, was insbesondere auf die Annahme breiterer Abrüstungsmaßnahmen zutrifft. Aber die in diesen Abkommen enthaltenen Verpflichtungen

15 Bulletin of Atomic Scientists, Jan. 1972, S. 19.

der Teilnehmer bezüglich der Führung von Verhandlungen mit dem Zweck, alle Versuchsexplosionen von Kernwaffen für immer einzustellen, den Meeresboden vollkommen zu entmilitarisieren, die chemischen Waffen vollkommen zu verbieten, das Kernwettrüsten in allernächster Zukunft einzustellen usw. entsprechen den Bestrebungen der Bevölkerung und sind eine Position, die den Verfechtern des Wettrüstens abgerungen wurde. Die Niederschrift dieser Verpflichtungen in den Regierungsabkommen ist das Ergebnis der Bemühungen der unterschiedlichsten friedliebenden Kräfte, breiter Kreise der Öffentlichkeit verschiedener Länder. Sie sind ein Zeugnis ihrer gewachsenen Möglichkeiten, den Verlauf der Ereignisse zu beeinflussen.

In diesem Sinne sind die bestehenden Abkommen ein Instrument, das die Öffentlichkeit benutzen muß, um einen Druck auf jene auszuüben, die danach streben, sich der Erfüllung der übernommenen Verpflichtungen zu entziehen und eine Politik zu betreiben, die in Widerspruch zu den in den Abkommen enthaltenen Aufgaben und Zielen steht.

Dank der bestehenden Abkommen ist es gelungen, positive Veränderungen im psychologischen Klima des innenpolitischen Lebens einiger Länder und der internationalen Beziehungen im ganzen herbeizuführen, die im Verlauf einer Reihe von Jahren durch uneingeschränktes Wettrüsten und die Unmöglichkeit einer friedlichen Koexistenz von Staaten mit unterschiedlicher Gesellschaftsordnung charakterisiert waren. Freilich entstanden in einigen Bevölkerungsschichten Anzeichen einer Selbstzufriedenheit, einer Hinnahme des hohen Niveaus der Rüstungen, Illusionen bezüglich eines „Gleichgewichts der Kräfte“ als Garantie des Friedens usw. Aber immerhin befinden sich heute in politisch-psychologischer Beziehung die Verfechter eines Rüstungswachstums nicht in der Offensive, sondern in der Verteidigung. Ihre Argumente und Einwände verlieren in immer breiteren Schichten der Bevölkerung die Unterstützung. Die bestehenden Abkommen entziehen den Kräften des Krieges und der Revanche den Boden unter den Füßen. Die beträchtlichen Fortschritte, die im gesellschaftlichen Bewußtsein, in der

Entwicklung eines Klimas des Vertrauens vor sich gegangen sind, vergrößern ihrerseits die Voraussetzungen für eine Unterbindung des Wettrüstens, für die Annahme umfassender Abrüstungsmaßnahmen.

c) Gleichzeitig darf man die Schwierigkeiten und Hindernisse auf dem Weg zur Abrüstung nicht unterschätzen. Einflußreiche Kräfte sind an einer Fortsetzung des Wettrüstens interessiert. Die letzten zehn Jahre haben nicht wenige Beispiele für ihre Fähigkeit gezeigt, von internationalen Abkommen auferlegte Beschränkungen zu umgehen, die Anstrengungen von einem Abschnitt und einer Richtung des Wettrüstens auf andere zu verlagern. Diese Kräfte möchten die bestehenden Abkommen ihres Hauptinhaltes berauben, ihren Sinn und ihre Bedeutung als Aktionen zur Rüstungskontrolle entstellen, ihre Rolle in eine der Rationalisierung und Regulierung des Wettrüstens umfunktionieren. Sie sind nicht an der Durchführung wirksamer Maßnahmen zur Verkleinerung der Kriegsmaschine interessiert, und deshalb sind für sie die in den Abkommen enthaltenen entsprechenden Verpflichtungen nicht mehr als „Abrüstungsrhetorik", die zur Ablenkung der Volksmassen vom Kampf gegen die Kriegsvorbereitungen verwendet wird. Derartige Versuche, die Ergebnisse der vorangegangenen Etappe des Kampfes für die Abrüstung zunichte zu machen, hat es gegeben, gibt es und wird es offensichtlich auch in Zukunft geben. Sie bedingen jene Schwierigkeiten und Hindernisse, die auf dem Weg der Realisierung der geschlossenen Abkommen und des Überganges zur Abrüstung entstanden sind.

Im Zusammenhang mit der geänderten Taktik der Abrüstungsgegner entstanden neue Aufgaben für die Öffentlichkeit.

d) Zugleich darf man jenen nicht zustimmen, welche die Notwendigkeit und Realität der getroffenen Maßnahmen in Zweifel ziehen, gegen die bestehenden Abkommen ankämpfen, sie als politische Fehler und faule Kompromisse bezeichnen und mit allen Mitteln bestrebt sind, das technische Wettrüsten zu fördern und zu legalisieren.[16]

Dabei lassen die Autoren der äußerst pessimistischen Einschätzungen die prinzipiellen Unterschiede im Herangehen der Abkommensteilnehmer an die Probleme der Abrüstung außer acht und betrachten die Abkommen selbst losgetrennt von den allgemeinen positiven Veränderungen in der internationalen Arena, deren organische Komponente die Beschlußfassung über Teilmaßnahmen im Bereich der Rüstungskontrolle ja ist.

Selbstverständlich ist in den Abkommen das bestehende Minimum der allgemeinen Standpunkte niedergelegt. Gleichzeitig gibt es in den einen Teilnehmerländern Kräfte, die an einer Abrüstung nicht nur nicht interessiert sind, sondern danach streben, neue Möglichkeiten für ein ständiges Wachstum der Macht der Kriegsmaschine ausfindig zu machen. In anderen Ländern begünstigen die inneren sozial-politischen und wirtschaftlichen Bedingungen sowohl eine Einschränkung der Rüstungen als auch eine Abrüstung, und es wird ein Kurs auf die Lösung der herangereiften Abrüstungsprobleme betrieben.

Das Friedensprogramm, für dessen Verwirklichung die Sowjetunion kämpft, enthält einen weiten Kreis von Maßnahmen auf dem Gebiet der Beendigung des Wettrüstens in allen Bereichen, der Abrüstung, der friedlichen Lösung internationaler Konflikte, der Festigung der internationalen Sicherheit unter Einschluß des Vorschlages eines Verbotes der Anwendung von Gewalt und der Drohung mit Gewaltanwendung in den internationalen Beziehungen. Es ist ein weiterer überzeugender Beweis dafür, daß die Tendenz zur „kosmetischen Abrüstung", zur Untergrabung der bestehenden Abkommen und zur Blokkierung weiterer Schritte im Bereich der Abrüstung – Züge, die tatsächlich die Strategie bestimmter militärisch-politischer Kreise der kapitalistischen Mächte charakterisieren – der so-

16 SIPRI Research Reports No. 5. Strategic Arms Limitation. Part No. 7. Prospects for Arms Control; World Armaments and Disarmament, SIPRI Year Book 1972; Bulletin of Peace Prosposals, No. 4, 1971; No. 1, No. 3, 1972, Peking Review, 10. 2. 1967, 5. 3. 1971; 5. 3. 1972.

zialen Natur und der Politik des sowjetischen Staates fremd sind.

Eine Analyse der erörterten Erscheinungen darf nicht den Unterschied zwischen jenen ignorieren, welche die Abkommen als eine Etappe auf dem Wege zur allgemeinen Abrüstung betrachten, und jenen, die bestrebt sind, nur die besonders gefährlichen Folgen des Wettrüstens ein wenig einzuschränken, die Kriegsmaschine jedoch beizubehalten und zu vervollkommnen. Eine Ignorierung dieser wesentlichen Tatsachen entstellt das Bild der realen Prozesse und gestattet es nicht, zu begründeten Einschätzungen und Schlußfolgerungen zu gelangen.

Die bestehenden Abkommen sind keine Verschwörung von Regierungen zwecks Maskierung militärischer Vorbereitungen, sondern die Widerspiegelung realer, wenngleich auch noch ergänzungsbedürftiger Errungenschaften bei der Zähmung der militärischen Rivalität, die durch das Verhältnis und die Verteilung der politischen Kräfte bedingt sind.

Aber der Grad der Realisierung der Möglichkeiten einer Rüstungsbeschränkung ist keine abstrakte, von irgend jemand im vorhinein bestimmte, beständige Größe. Bei einer Einschätzung der beschlossenen Maßnahmen muß man dessen eingedenk sein, daß wir es mit einem kontinuierlichen Prozeß zu tun haben. Dabei zeigt die Erfahrung, daß Fortschritte nicht automatisch mit der Unterzeichnung Abkommen eintreten.

Wird nun die Entwicklung in Richtung auf eine Verkleinerung der Militärmaschinen der Staaten, auf eine Verringerung der Waffenarsenale, eine Bestätigung der Sicherheitssysteme gehen, die auf der Abrüstung und der Liquidierung der militärischen Rivalität beruht, oder wird die Tendenz zur Entfaltung neuer Formen und Richtungen der Rivalität auf dem Gebiet der Rüstungen die Oberhand gewinnen? Das wird von vielen Faktoren abhängen, insbesondere aber von der politischen Aktivität der daran interessierten Kräfte. Der Grad der Nutzung der vorhandenen Möglichkeiten einer Zügelung des Wettrüstens wird nicht nur durch den Verlauf der Verhandlungen auf Regierungsebene bestimmt, sondern auch durch das Niveau der Organisiertheit, Aktivität und Bewußtheit der verschiedenen Strömungen, aus denen die Friedensbewegungen, die Bewegung für Abrüstung, internationale Sicherheit, nationalen und sozialen Fortschritt bestehen.

Unbegründet pessimistische Einschätzungen der im Kampf für die Drosselung des Wettrüstens erzielten Erfolge können der Sache der Abrüstung kaum dienen, eher sind sie geeignet, eine Stimmung der Passivität, der Abkehr von der Wirklichkeit, der Auswegslosigkeit zu erzeugen.

e) Eine der wichtigsten Lehren, die sich aus der Erfahrung des Kampfes für Teilmaßnahmen auf dem Gebiet der Abrüstung ergibt, ist die Notwendigkeit einer aktiveren Rolle der Öffentlichkeit, der Volksmassen, bei der Lösung der Probleme des Friedens und der Abrüstung, bei der Verwirklichung der abzuschließenden Regierungsabkommen, bei der Unterbreitung neuer Ideen und Vorschläge, bei der Schaffung einer Situation, welche die Durchführung wirksamer Abrüstungsmaßnahmen begünstigt.

Heute ist die Ausarbeitung von Abrüstungsfragen in eine neue Etappe der praktischen Realisierung eingetreten. Auf verschiedenen Foren werden unterschiedliche Aspekte dieses Problems erarbeitet. Die Einberufung einer Weltabrüstungskonferenz wird vorbereitet. Auf der Tagesordnung stehen Fragen von historischer Bedeutung für die Gegenwart und die Zukunft der Menschheit. Das sind Fragen der Einstellung des Wettrüstens mit allen Arten von Waffen, einer beträchtlichen Herabsetzung des Niveaus der Rüstungen und der Streitkräfte sowie der militärischen Ausgaben, der Liquidierung der Brandherde für Kriegsgefahr und der Knotenpunkte der internationalen Spannung aufgrund der Achtung der Rechte der Völker auf nationale und soziale Befreiung und Fortschritt. Das sind Fragen des Verbotes der Anwendung von Gewalt in den internationalen Beziehungen, insbesondere des Einsatzes von Massenvernichtungsmitteln. Mit einem Wort: es sind Fragen der Schaffung eines Systems des Friedens und der internationalen Zusammenarbeit, das von keinem Wettrüsten, kei-

nen Drohungen mit militärischen Konflikten belastet ist. Sie stehen heute als reale, erreichbare Ziele vor uns.
Das objektive Studium der gewonnenen Erfahrungen bei der Lösung von Teilaufgaben auf dem Gebiet der Abrüstung und der internationalen Sicherheit muß helfen, die Lehren zu ziehen, die für die gegenwärtige und die künftige Etappe des Kampfes für einen dauerhaften Frieden auf Erden nützlich sein können.

Dieter Senghaas

Rüstungsdynamik und Abrüstung. Panoramische Perspektiven

1. *Zur Rüstungs- und Abrüstungsproblematik der Gegenwart*

Die öffentliche Diskussion über Rüstung und Abrüstung ist ganz ähnlich wie die wissenschaftliche innerhalb der Friedensforschung auf die Beziehungen zwischen den beiden Großmächten USA und Sowjetunion sowie auf die Probleme Zentraleuropas konzentriert.[1] Die SALT-Gespräche über eine Begrenzung der nuklearstrategischen Rüstungen, die MBFR-Gespräche über Rüstungskontrollmaßnahmen in Zentraleuropa sowie die jahrelangen Genfer Abrüstungsgespräche haben sich alle im wesentlichen auf die klassische zwischenstaatliche Rüstungs- und Abrüstungsproblematik hochindustrialisierter Gesellschaften beschränkt. Überlegungen über Rüstung und Abrüstung müssen sich jedoch mit allen wesentlichen Dimensionen der gegenwärtigen *Militarismusproblematik* auseinandersetzen.[2] Diese lassen sich angesichts gegebener Größenordnungen nur ausschnitthaft und schlagzeilenähnlich benennen. Sie kommen in folgenden Erscheinungen internationaler und nationaler Politik zum Ausdruck:

1. in einer anhaltenden quantitativen und qualitativen nuklearstrategischen Rüstungspolitik;

1 Vgl. paradigmatisch die von mir zusammengestellte Literatur über die Abrüstungsproblematik in Gerta Scharffenorth und Wolfgang Huber (Hrsg.): Neue Bibliographie zur Friedensforschung, Stuttgart und München 1973, Kapitel VI, 4. Als Ausnahme vgl. Gerhard Brandt: „Rüstung und Abrüstung" in E. Krippendorff (Hrsg.): Probleme internationaler Beziehungen, Frankfurt 1973, S. 137–158. In diesem Artikel werden auch die historischen Dimensionen der im vorliegenden Artikel behandelten Problematik entwickelt. Vgl. auch Johan Galtung: „Two Approaches to Disarmament. The Legalist and the Structuralist", in: Journal of Peace Research, No. 2, 1967, S. 161—195.

2 Vgl. Dieter Senghaas: Rüstung und Militarismus, Frankfurt 1972, Kapitel I

2. in einer anhaltenden quantitativen und qualitativen konventionellen Rüstungspolitik;

3. in einer hohen Innovation der sogenannten „counter-insurgency"-Kriegführung (Bekämpfung von nationalen Befreiungsbewegungen, Aufständen usf.).

Diese Arten von Rüstungspolitik beruhen auf einer intensiven militärtechnologischen Forschung, die sämtliche Bereiche (Ozeane, Weltraum, Dschungel usf.) erfaßt[3];

4. in erheblichen Wachstumsraten im internationalen Waffenhandel und Waffentransfer;

5. in einer verstärkten Eigenproduktion von Kriegsmaterial in Ländern der Dritten Welt, insbesondere in sogenannten Subzentren;

6. in manifesten kriegerischen Auseinandersetzungen (wie zwische den arabischen Staaten und Israel);

7. in Kolonialkriegen (wie im Falle portugiesischer Kolonialherrschaft in Afrika);

8. in Quasi-Kolonialkriegen (wie in Südostasien und andernorts in der Dritten Welt);

9. in der politischen Machtübernahme durch die Militärs (wie in Chile);

10. in der Militarisierung innergesellschaftlicher Auseinandersetzungen, beispielsweise im Einsatz von „counter-insurgency"-Strategien gegen die eigene Bevölkerung von seiten vorherrschender Machteliten.

Allein diese *ausschnitthafte* und *exemplarische Skizzierung* einiger, nicht aller Dimensionen der gegenwärtigen Militarismus-Problematik macht deutlich, daß die Fixierung auf die Großmächte und Zentraleuropa sowie die Fixierung auf zwischenstaatliche Dimensionen der Rüstungs- und Abrüstungsproblematik einer erheblichen Beschränkung der Analyse gleichkäme. Zwar sind die hochindustrialisierten Staaten des Nordens und einige Subzentren im Bereich der Dritten Welt (wie z. B. Südafrika) die *dynamischen Pole*, von denen die entscheidend-

3 Dieter Senghaas: Aufrüstung durch Rüstungskontrolle. Über den symbolischen Gebrauch von Politik, Stuttgart 1972, Kapitel I.

sten *Militarisierungseffekte* hinsichtlich des eigenen Bereichs und der jeweiligen Umwelt ausgehen. Deutlich wird jedoch, wenn man den gegenwärtigen Zustand und die Entwicklungsdynamik der internationalen Gesellschaft betrachtet, daß in einer Analyse der heutigen Rüstungs- und Abrüstungsproblematik politische, militärische und sozioökonomische Erscheinungen berücksichtigt werden müssen, die nicht notwendigerweise in das herkömmliche Bild militärischer, insbesondere symmetrischer Konfrontation passen.

Um zu einem angemessenen Verständnis dieser Situation zu gelangen, ist es wichtig, die Rüstungs- und Abrüstungsproblematik im Zusammenhang der *Gewaltproblematik* zu sehen, d. h. sowohl den aktuellen Stellenwert von Rüstung als auch den potentiellen Stellenwert von Abrüstungsstrategien in *direkten* und *strukturellen Gewaltverhältnissen* zu bestimmen. Deutlich muß in Abhandlungen über die gegenwärtige Rüstungs- und Abrüstungsproblematik aufgenommen werden, daß *Rüstungen* jedweder Art *Instrumente der Gewalt* sind, die sowohl eine Funktion in der Aufrechterhaltung oder Veränderung eines zwischenstaatlichen, mit antagonistischen und/oder kompetitiven Konfliktpotentialen durchsetzten Status quo haben als auch in der Aufrechterhaltung von Verhältnissen struktureller Gewalt (von ausbeuterischen und ungerechten Herrschaftssystemen). Letztere Beobachtung führt zu der These, daß die Militärapparate im Zusammenhang und im Rahmen eines Spektrums von sogenannten *öffentlichen Ordnungsfunktionen* zu sehen sind, das auch Polizei und paramilitärische Organisationen umfaßt. Der Einsatz von militärischem Gerät in *innergesellschaftlichen* Auseinandersetzungen, das in sogenannten auswärtigen kriegerischen Konflikten erprobt worden ist (wie im Falle des reichhaltigen Instrumentariums von „counter-insurgency“), verdeutlicht paradigmatisch die fließenden Übergänge sowohl zwischen den ordnungshütenden Organisationen wie der Polizei einerseits und dem Militär andererseits als auch die Übergänge zwischen deren konkreten Funktionen.

Die Hartnäckigkeit, mit der sich die Rüstungen in hochindustrialisierten Nationen trotz der zwischen Ost und West real beobachtbaren Entspannung weiter entwickeln, verlangt ebenfalls neue Überlegungen über Stellenwert und Funktion von Rüstung und möglicher Abrüstung. Immer wichtiger wird es, gleichzeitig sowohl die *symbiotische Verklammerung von Rüstung mit gesamtgesellschaftlichen Prozessen und internationalen Strukturen* als auch die wenigstens zum Teil beobachtbare *relative Autonomie von Rüstungsprozessen* und ihr eigendynamisches Wachstum zu sehen.

Eine Analyse über die gegenwärtige Rüstungs- und Abrüstungsproblematik muß also

1. die Komplexität der gegenwärtigen Rüstungsproblematik angemessen erfassen;
2. diese Rüstungs-Komplexität in Zusammenhang mit den Strukturen von Friedlosigkeit setzen;
3. Friedensstrategien entwickeln, die mit den realen Ausmaßen und Differenzierungen von Rüstung und Friedlosigkeit korrespondieren.

2. *Zur Komplexität von Friedlosigkeit und Rüstung*

An anderer Stelle wurde die These systematisch entwickelt, daß die gegenwärtige internationale Gesellschaft durch die folgenden sechs Konfliktformationen geprägt werde:[4]

1. die interkapitalistische Konfliktformation
2. die West-Ost-Konfliktformation
3. die Nord-Süd-Konfliktformation
4. die intersozialistische Konfliktformation
5. die Inter-Dritte-Welt-Konfliktformation
6. innergesellschaftliche Formation struktureller Gewalt

4 Dieter Senghaas: „Konfliktformationen in der gegenwärtigen Internationalen Gesellschaft", in: Wilfried von Bredow (Hrsg.): Zum Charakter internationaler Konflikte. Studien aus West- und Osteuropa, Köln 1973, S. 10–55.

Schaubild 1: Zur Konzeptualisierung von Konfliktebenen (mit ausgewählten Beispielen)

Konflikt-formation:	Inter-kapitalistische	West — Ost	Nord — Süd	Inter-sozialistische	Inter-Dritte Welt	Formation innerges. struktur. Gewalt
Konflikt-potentiale	z. B. „Handels-krieg“	z. B. Sicherung des territorialen Status quo in Europa	z. B. Energietransfer Süd—Nord	z. B. Führungs-anspruch in intern. sozia-list. Bewegung	z. B. subimperia-listische Expansion u. Herrschaft	z. B. Gastarbeiter-problematik
Konflikt-manifestation	restriktive Handels-politik	Berlinkrisen	Ölboykott	Truppenkon-zentration Grenzkonflikte	Befreiungs-bewegung	„wilde“ Streiks

Als makropolitische, makroideologische, makroökonomische und makromilitärische Gebilde strukturieren diese *Konfliktformationen* heute maßgeblich die internationale Gesellschaft; sie werden durch mehr oder weniger deutlich ausgeprägte antagonistische oder kompetitive Interessengegensätze geprägt; und sie bergen in sich eine Reihe von mehr oder weniger virulenten konkreten *Konfliktpotentialen.* Diese wiederum manifestieren sich in konkreten *Konfliktmanifestationen* – Zusammenhänge, die in Schaubild 1 verdeutlicht werden sollen.

So sehr sich die Strukturen der genannten Konfliktformationen unterscheiden, so verschiedenartig ist der Stellenwert von Rüstung in ihnen.

Während noch vor wenigen Jahrzehnten im Rahmen imperialistischer Auseinandersetzungen zwischen den führenden kapitalistischen Metropolen gewaltsame kriegerische Auseinandersetzungen an der Tagesordnung waren (einschließlich zweier Weltkriege)[5], hat sich diese *interkapitalistische Konfliktformation,* nicht zuletzt angesichts des Ost-West-Gegensatzes, im Bereich von Rüstungsaktivitäten derart „sublimiert", daß heute kriegerische Auseinandersetzungen zwischen diesen westlich-kapitalistischen Metropolen fast undenkbar geworden sind, während ihre auf den eigenen Bereich bezogenen Rüstungsaktivitäten sich in kompetitive Auseinandersetzungen um lukrative Waffengeschäfte verwandelten. An die Stelle von heißen kriegerischen Auseinandersetzungen ist verstärkt der Kampf um den Absatz von Rüstungsmaterial getreten[6]; und in dem Maße, in dem für die meisten Metropolen, mit Ausnahme der USA, eine eigenständige Rüstungsproduktion angesichts der enormen Kostensteigerung von militärischer Forschung, Entwicklung, Erprobung und Produktion[7] nicht mehr möglich ist, sind verstärkt integrative Prozesse der gemeinsamen Forschung und Entwicklung und Formen transnationaler Produktion von Rü-

5 Vgl. George Hallgarten: Das Wettrüsten, Frankfurt 1967.
6 Vgl. Ulrich Albrecht: Politik und Waffengeschäfte, München 1972.
7 Vgl. Ulrich Albrecht: „Die Struktur von Rüstungsausgaben", in: Leviathan. Zeitschrift für Sozialwissenschaft, 1. Jg., 1973, Heft 1, S. 43–70.

stungsgütern zu beobachten[8], ohne daß es notwendigerweise jemals zu einer vollständigen supranational organisierten Synchronisation einschlägiger Aktivitäten kommen wird, da sich die kompetitiven Auseinandersetzungen innerhalb der interkapitalistischen Konfliktformation nicht durch (um einen alten Begriff zu verwenden) ultraimperialistische Organisationsstrukturen aus der Welt schaffen lassen. Die jüngst wieder populär gewordene Rede von „Handelskriegen" und die anstehenden Probleme in der Reformierung des von den kapitalistischen Metropolen dominierten Weltwährungssystems deuten sogar auf mehr als nur kompetitive, d. h. auf antagonistische Interessengegensätze hin.

Natürlich spielen Rüstungspotentiale (wie z. B. Frankreichs Nuklearrüstung deutlich zeigt) als Einsätze in politische bargaining-Prozesse *innerhalb* der westlichen Militärallianz eine gewisse Rolle.

Die *West-Ost-Konfliktformation* stellt einen durch und durch militarisierten, letztendlich jedoch ordnungspolitischen Systemantagonismus dar. Versucht wurde, die vorhandenen realen politischen, ideologischen und sozioökonomischen Interessenwidersprüche durch ein beispielloses Aufrüstungsprogramm im Rahmen von internationaler Abschreckungspolitik mit militärischen Mitteln einzudämmen. Die Kombination von politischer Verfeindung und einer militärischen Stabilisierungspolitik, die auf den Prämissen von Abschreckungspolitik beruht, führte zu rüstungspolitischen Maßnahmen hinsichtlich aller vorgestellten politischen Eventualfälle und des ihnen entsprechenden militärtechnologischen Potentials.[9] So kam es im Zusammenhang mit der Entwicklung des Kalten Krieges zu einer beispiellosen Ausdifferenzierung von strategischen Doktrinen und

8 Hierzu Mary Kaldor: „European Defence Industries. National and International Implications", Institute for the Study of International Organization, University of Sussex, Monograph No. 8, 1972 sowie Ulrich Albrecht: „Collaborative Production of Armaments: Towards a Transnational MIC in West Europe?" (deutsch in Leviathan, 2. Jg., 1974., H. 1.

9 Hierzu Dieter Senghaas: Abschreckung und Frieden. Studien zur Kritik organisierter Friedlosigkeit, Frankfurt 1972 (2. Auflage).

konkreten Destruktionspotentialen. Das Ergebnis dieser Entwicklung besteht in einem nicht enden wollenden *qualitativen und quantitativen Rüstungswettlauf*, gleichermaßen auf der nuklearstrategischen Ebene wie auf der Ebene konventioneller Kriegführung, wobei die heute existierenden Übertötungskapazitäten ein Indiz für die beispiellosen verschwenderischen Investitionen in diese Art von Sicherheitspolitik darstellen. Die Militarisierung des Weltraums und der Ozeane, die angestrengte Indienststellung der Wissenschaft für die sogenannten Erfordernisse nationaler Sicherheit, die verstärkten Geheimdienstaktivitäten, psychologische Kriegführung usf.: sie alle sind neben den schon erwähnten Erscheinungen ein Ausdruck des Ausmaßes von Militarisierung, die diese West-Ost-Konfliktformation produziert hat.

Da diese Konfliktformation weltweite Ausweitungseffekte besitzt, läßt sie sich nicht geographisch auf die Industrienationen des Nordens beschränken. Die massiven und wachsenden Rüstungstransfers von Ost und West nach Süd sowie die wachsenden Rüstungsgeschäfte zwischen den westlichen-kapitalistischen Industrienationen und den Peripherien der Dritten Welt (Rüstungshandel, Lizenzproduktion und dgl.) deuten darauf hin, wie sehr, gerade über Rüstung, die West-Ost-Konfliktformation mit der Nord-Süd-Konfliktformation eng verklammert ist. Dies hängt in der Sache damit zusammen, daß durch die von den nördlichen Metropolen in den Ländern der Dritten Welt induzierten widersprüchlichen Rüstungsaktivitäten sowohl der dort bestehende ausbeuterische Status quo stabilisiert werden soll als auch andererseits ein Beitrag zur Überwindung desselben beabsichtigt ist. Diese sich widersprechenden Aktivitäten müssen zwangsläufig an Ort und Stelle, als Resultat von Bewaffnung und Gegenbewaffnung, zu *lokalen Rüstungswettläufen* führen, sofern ein gleich großes Engagement sowohl kapitalistischer als auch sozialistischer Gesellschaften zu beobachten ist (wie z. B. im Nahen Osten), während gewöhnlich Rüstungstransfers in *nicht-kompetitiven* Zusammenhängen der Stabilisierung des bestehenden lokalen und regionalen Status quo dienen sollen, wie dies jüngst insbesondere in der massiven politischen, ökonomischen und nicht zuletzt militärischen Rollensteigerung sogenannter *subimperialistischer Zentren* (wie z. B. Brasilien, Iran u. a.) zu beobachten war.[10] Während *offene* militärische Aktivitäten im klassischen Bereich der West-Ost-Konfliktformation, d. h. zwischen den beiden Supermächten USA und SU und in Europa einem selbstmörderischen Handeln gleichkämen und Rüstungspolitik sich deshalb zu einem „Rüstungswettlauf" eigener Art ritualisierte[11], werden Rüstungsaktivitäten im Kontext der *Nord-Süd-Konfliktformation* verfolgt, um notfalls (d. h. einer Bedrohung des internationalen und innergesellschaftlichen Status quo) tatsächlich eingesetzt zu werden bzw. um diesen Status quo nachdrücklich unterminieren zu helfen. Die Waffengewalt hat also innerhalb der Nord-Süd-Konfliktformation Funktionen, die in anderem Zusammenhang, wie z. B. in der West-Ost-Konfliktformation, von allen Seiten heute dementiert werden. In letzterer gilt wechselseitige Abschreckung auf der Höhe „militärischen Gleichgewichts" als Grunddevise von Sicherheitspolitik[12]; offene, gewaltsame militärische Aktivitäten werden als irrational und konterproduktiv bewertet, ohne daß dies zu einer Verminderung *ritualisierter Rüstungsaktivitäten auf der Höhe von Übertötungskapazitäten* führen würde. In ersterer, der Nord-Süd-Konfliktformation, werden dagegen Rüstungen und

10 Über Rüstungstransfer von den Metropolen in die Peripherie sowie Rüstungsaktivitäten innerhalb der Peripherien siehe die noch unveröffentlichten Manuskripte von Ulrich Albrecht, Peter Lock und Dieter Ernst aus dem „Rüstungstransfer-Projekt" der VDW, Hamburg 1972/73.

11 Daß es sich nicht um einen Rüstungswettlauf im strikten Sinne reziproker Eskalation handelt, habe ich an verschiedenen Stellen ausgeführt. Vgl. Dieter Senghaas: Rüstung und Militarismus, a.a.O., Anmerkung 2, Kapitel 2, sowie meinen Aufsatz „Rüstungsdynamik als restriktive Bedingungen in Versuchen einer Überwindung des Ost-West-Konflikts", in: Jahrbuch für Friedens- und Konfliktforschung, Bd. 3, Düsseldorf 1973, S. 45–57. Jetzt in Dieter Senghaas: Gewalt – Konflikt – Frieden. Essays zur Friedensforschung, Hamburg 1974.

12 Wie fragwürdig diese Devise ist, wurde jüngst gezeigt in Carola Bielfeldt, Gert Krell und Stephan Tiedtke: „Aufrüstung durch Rüstungsvergleiche. Europäische Sicherheit: Ein Rechenkunststück?", in: Frieden in Europa? Zur Koexistenz von Rüstung und Entspannung, Reinbek bei Hamburg 1973, S. 8–47.

der Militärapparat immer noch als politisch *einsetzbare militärische Gewaltpotentiale* („war fighting capabilities") begriffen und entsprechend benutzt.

Hinsichtlich der *intersozialistischen Konfliktformation* wären zwei Sachverhalte festzuhalten: 1. der Versuch einer arbeitsteiligen Durchführung von Sicherheitspolitik im Rahmen der Militärallianz der Warschauer Paktstaaten; 2. die wachsende Militarisierung des tiefgreifenden strukturellen Konfliktes zwischen der SU und China, der, wie an anderer Stelle argumentiert wurde[13], sehr viele Merkmale besitzt, die auch die Herausbildung des sich militarisierenden Konfliktes zwischen Ost und West nach 1945 bestimmten. Ungeachtet gelegentlicher offener gewaltsamer Auseinandersetzungen zwischen SU und China, angesichts sogenannter Grenzstreitigkeiten, besteht die Gefahr, daß das militärische Konfliktpotential innerhalb dieser Konfliktformation Eigenständigkeit gewinnt und ein Rüstungswettlauf sich entwickelt, der letztendlich von ähnlichen Merkmalen wie denjenigen des „Rüstungswettlaufes" zwischen Ost und West geprägt wäre: von einer Verselbständigung der Produktionsstätten herkömmlicher Sicherheitspolitik in Administration, Wissenschaft, Industrie und sozialer Psyche (Xenophobien; Feindbilder u. dgl.). Damit wäre das klassische Abschreckungssystem im Rahmen der West-Ost-Konfliktformation um eine weitere Hauptsache ergänzt, nämlich der zwischen SU und China innerhalb der intersozialistischen Konfliktformation; und beide Achsen müßten notwendigerweise in einem gewissen Zusammenhang gesehen werden, da in beiden Konfliktformationen der Einsatz gewaltsamer militärischer Mittel zur Durchsetzung politischer Ziele potentiell prohibitive Kosten verursacht und kriegerische Gewalt nicht mehr als ein Mittel der Politik begriffen werden kann, wenngleich Rüstungen und Militärapparate in ihrer *Abschreckungsfunktion* im Rahmen vorherrschender sicherheitspolitischer Strategien weiterhin als Instrumente herkömmlicher Interessenpolitik begriffen werden.

13 Siehe meinen Aufsatz „Konfliktformationen in der gegenwärtigen internationalen Gesellschaft", a.a.O., Anmerkung 4, S. 40–43.

Die *Konfliktformationen innerhalb der Dritten Welt* stellen, wenn man von einigen Grenzfällen wie beispielsweise dem südlichen Afrika absieht, weniger eigenständige als mit übergeordneten Konfliktstrukturen vermittelte Tatbestände dar. In vieler Hinsicht sind sie nichts weiter als lokal sedimentierte Resultate und Überbleibsel von Kolonialismus, Imperialismus und Neokolonialismus. Dies trifft gerade auch im Falle von sogenannten *innergesellschaftlichen* oder *Bürgerkriegen* in Gesellschaften der Dritten Welt zu. Eine Beobachtung hinsichtlich der Rüstungsproblematik in diesem Bereich muß jedoch angesprochen werden: die wachsenden Versuche einer *eigenständigen Rüstungsproduktion* in einigen Ländern innerhalb der Dritten Welt, die früher schon als sogenannte *subimperialistische Zentren* oder *Subzentren* bezeichnet worden sind. Derartige Aktivitäten korrelieren mit *neuen Formen internationaler Arbeitsteilung;* d. h. ein Teil der bisherigen Rüstungsproduktion, der bisher Teil der Rüstungsgeschäfte zwischen westlichen Metropolen und den Ländern der Dritten Welt war, wird mit großer Wahrscheinlichkeit in ausgewählten Fällen immer mehr auf der Grundlage von Lizenz- und Technologietransferabkommen in wenigen Subzentren der südlichen Hemisphäre wie Brasilien, Iran u. a. produziert werden, während die eigentlichen Forschungs- und Entwicklungsaktivitäten für die Produktion neuen Gerätes in den Metropolen konzentriert bleibt. Diese Form von militärtechnologischer Arbeitsteilung entspricht der Herausbildung neuer Formen von internationaler Arbeitsteilung zwischen Metropolen und Peripherien auch im Bereich *ziviler* Güterproduktion, wo in wachsendem Maße zu beobachten ist, daß sogenannte lohnintensive Produktion von Gütern niedrigen Verarbeitungsgrades aus den Metropolen in privilegierte Subzentren der Peripherie ausgelagert wird, weshalb *in diesen Fällen* die überkommene Exportstruktur (Rohstoffe, landwirtschaftliche Güter) sich zu Gunsten des Exports von Gütern niedrigen Verarbeitungsgrades verlagert.[14]

14 Vgl. Dieter Senghaas (Hrsg.): Peripherer Kapitalismus. Analysen über Abhängigkeit und Unterentwicklung, Frankfurt 1974.

Die in technologischer Abhängigkeit von den Metropolen erfolgende und Abhängigkeit insgesamt vertiefende Produktion eigenen Rüstungsgerätes (Panzer, Handfeuerwaffen, z. T. Flugzeugbau usf.) kann geradewegs als ein Indikator für den herrschaftssoziologischen Status und für das Entwicklungsniveau von Peripherien gelten. Es sind jene Länder, die nach gängigen Bruttosozialproduktstatistiken innerhalb der Dritten Welt in etwa am höchsten entwickelt sind; die die meisten Kapitalinvestitionen von seiten kapitalistischer Metropolen erhalten; die hohe Wachstumsraten aufweisen; die regionale Ordnungsfunktionen zu übernehmen bereit sind und deshalb als Subzentren zwischen Metropolen und Peripherien eine Agentenfunktion einnehmen; es sind gleichzeitig auch jene Länder, in denen der Prozeß der Verelendung und Marginalisierung am weitesten vorangeschritten ist, in denen (strukturelle) Arbeitslosigkeit chronisch ist und in denen durch die wachsende Diskrepanz zwischen wenigen privilegierten Wachstumspolen und einer ansonsten relativ stagnierenden oder sich absolut verelendenden Gesellschaft die politischen und sozialen Konfliktpotentiale sich sukzessive verschärfen, weshalb eine verstärkte Militarisierung im doppelten Sinne von *Subimperialismus*: innergesellschaftlichem und regionalem counter-insurgency einsetzt.[15] Es handelt sich, kurz zusammengefaßt, um jene Subzentren, in denen strukturelle Gewalt nur noch durch den verstärkten offenen Einsatz direkter Gewaltmittel (Polizei- und Militärapparate, Spitzelwesen, Folter u. dgl. mehr) aufrechterhalten werden kann.[16]

Keine kursorische Umschreibung der Komplexität gegenwärtiger Rüstungsaktivitäten und ihrer Verbindung zu den Strukturen

15. Vgl. Dieter Senghaas: „Friedensforschung und Dritte Welt", in: Afrika Spectrum, Nr. 3, 1973; Jetzt in Dieter Senghaas: Gewalt — Konflikt — Frieden, Essays zur Friedensforschung, Hamburg 1974.

16 Über die Dialektik von direkter und struktureller Gewalt vgl. Johan Galtung: „Eine strukturelle Theorie des Imperialismus", in: Dieter Senghaas (Hrsg.): Imperialismus und strukturelle Gewalt. Analysen über abhängige Reproduktion, Frankfurt 1972, S. 29–104 sowie den grundlegenden Artikel vom selben Autor „Gewalt, Frieden und Friedensforschung", in: Dieter Senghaas (Hrsg.): Kritische Friedensforschung, Frankfurt 1972², S. 55–104.

der Friedlosigkeit in der internationalen Gesellschaft kann der Komplexität der realen Sachverhalte gerecht werden. Dennoch erscheint es uns wichtig, daß in solchen Analysen wenigstens die folgenden Dimensionen berücksichtigt werden:

1. die Rüstungsaktivitäten innerhalb der westlichen Welt, die im eigenen Bereich und in jenen Teilen der internationalen Gesellschaft, die von den westlichen Metropolen kontrolliert werden, profitabler Kapitalverwertung dienen;
2. der inzwischen als klassisch zu bezeichnende Rüstungswettlauf zwischen Ost und West, der zur Herausbildung historisch beispielloser militärisch-industrieller-administrativer-wissenschaftlicher Komplexe als den Produktionsstätten effektiver Rüstung[17] geführt hat;
3. die arbeitsteilig erfolgende verstärkte Koproduktion von Rüstungsgütern innerhalb sowohl der westeuropäischen als auch der osteuropäischen Staaten;
4. die Herausbildung einer neuen Abschreckungsachse zwischen SU und China und die wahrscheinliche Entwicklung eines quantitativen und qualitativen Rüstungswettlaufs zwischen den beiden sozialistischen Großmächten, der in seiner Struktur der Entwicklung dem Ost-West-Rüstungswettlauf möglicherweise sehr ähnlich sein wird;
5. die Herausbildung einer eigenständigen militärischen Großmacht China und ihre eventuelle Bereitschaft, eine aktivere politische und militärische Rolle in den Kontinenten des Südens zu übernehmen (was bisher nicht der Fall war);
6. Rüstungsgeschäfte und Rüstungstransfers von seiten der westlich-kapitalistischen Metropolen zur Absicherung ihrer Interessen und Herrschaftsposition sowie der Interessen ihrer Agenten (Brückenköpfe) an Ort und Stelle in den Peripherien des Südens;
7. die Bereitschaft sozialistischer Staaten, Rüstungsgüter in die Länder der Dritten Welt zu transferieren, als Beitrag zur Festigung eingetretener gesellschaftlicher Veränderungen im Sinne antikapitalistischer und prosozialistischer Gesellschafts-

17 Vgl. als eine Fallstudie Dieter Senghaas: Rüstung und Militarismus, a.a.O., Anmerkung 2., Kapitel III.

ordnungen – oder als Beitrag zur Förderung gesellschaftspolitischer Veränderungen (wie z. T. im Falle von Befreiungsbewegungen);

8. die beobachtbare wachsende Eigenproduktion von Rüstungsgütern in wenigen Subzentren der Dritten Welt, die neben anderen gegenwärtig beobachtbaren Erscheinungen (neue Formen der internationalen Arbeitsteilung) zu einer politischen und militärischen Ausdifferenzierung der Dritten Welt und in diesem Zusammenhang zur Herausbildung von regionalen Ordnungsmächten in den Peripherien beitragen;

9. die allenthalben in Metropolen und Peripherien jedweder Art beobachtbare verstärkte Ausstattung militärischer, paramilitärischer und polizeilicher Ordnungskräfte mit Instrumenten, die gegen die eigene Bevölkerung mit dem Ziel ihrer politischen Disziplinierung eingesetzt werden können: Wo immer strukturelle Gewaltverhältnisse brüchig werden, spielt der Einsatz von direkter Gewalt und damit counter-insurgency eine erstrangige Rolle.

3. *Merkmale von Rüstung*

Nach diesem kursorischen Überblick über einige Schauplätze von Rüstungsaktivitäten in der gegenwärtigen internationalen Gesellschaft ist es wichtig, auf drei allgemeine Sachverhalte hinzuweisen, die Rüstung in all diesen Zusammenhängen charakterisieren:

1. *Rüstungen sind multifunktionale Gebilde.* Diese Multifunktionalität ergibt sich im wesentlichen aus einer Kombination und Kumulation von *deklarierten* (*z. B.* militärischen und ordnungspolitisch-herrschaftssichernden) und *dementierten* Funktionen (*z. B.* repressiv-disziplinierende, integrative Sozialisationsfunktionen u. dgl. mehr).[18] Was im einzelnen und in kon-

18 Über die Multifunktionalität von Rüstung vgl. Carola Bielfeldt und Dieter Senghaas: „Kann die BRD abrüsten?", in: Leviathan, 1. Jg., 1973, H. 3, S. 290–309, insbesondere S. 306 ff. Ein früherer analy-

kreten Fällen als *eigentliche* Funktion von Rüstung deklariert wird, bzw. welche konkreten Funktionen aktuell verfolgter Rüstungspolitik dementiert werden, kann nur am konkreten einzelnen Beispiel untersucht werden.[19] Manche der repressiv-disziplinierenden Funktionen von Militärapparaten würden in den meisten hochindustrialisierten Staaten heute schlichtweg geleugnet werden, während sie z. B. in vielen Gesellschaften der Dritten Welt ganz offen als eigentliche Funktion von Rüstung und Militär propagiert werden (vgl. die These von „Modernisierungseffekt" des Militärs in der Dritten Welt[20]). Im allgemeinen läßt sich beobachten, daß die Übergänge von deklarierten zu dementierten Funktionen, ungeachtet der verschiedenartigsten beobachtbaren Verteilungsmuster in der internationalen Gesellschaft, von Unschärfen gekennzeichnet sind. Dies genau ist jedoch der entscheidende Punkt für unsere Argumentation an dieser Stelle. In allen Fällen, in denen heute Rüstungsaktivitäten gleich welcher Natur beobachtbar sind, kann *eine Verschränkung und Überlagerung konkreter funktionaler Bezüge von Rüstungsaktivitäten und Militärapparaten,* gleichgültig ob sie zugegeben oder dementiert werden, beobachtet werden, was Rüstungen zu einem viel unangreifbareren Objekt, als gewöhnlich unterstellt wird, macht. (Siehe auch *Schaubild* 2)

Teilen wir heuristisch die Funktionen von Rüstung in deklarierte und dementierte sowie in *horizontale* (auf kompetitive zwischenstaatliche Konfliktsituationen hinorientierte) und *vertikale* (ordnungspolitisch-herrschaftssichernde), so ergeben sich *kombinierte Funktionstypen,* die sich in der Realität nicht ausschließen, sondern koexistieren, d. h. die sich vielfach wechselseitig bedingen, insbesondere sich wechselseitig verstärken können. Sie machen Rüstung zu einem *vielfältig* in gesell-

tischer Ansatz findet sich in Gerhard Brandt: „Divergierende Funktionen militärischer Rüstung", in: E. Krippendorff (Hrsg.): Friedensforschung, Köln 1968, S. 260–274.

19 Ebd., für das Beispiel der BRD.

20 Zur Kritik siehe Bassam Tibi: Militär und Sozialismus in der Dritten Welt, Frankfurt 1973, Kapitel I.

Schaubild 2: Ursachen und Interdependenz der Funktionen von Rüstung (hypothetische Annahmen)

Funktionen von Rüstungspolitik	militärische: u. a. Verteidigung Sicherheit Abschreckung Offensive	politische: u. a. Bewahrung und Erweiterung von Einfluß, Kontrolle Koordination	sozioökonomische: u. a. Produktions- und Absatzförderung Industrialisierung und technische Innovation Profitmaximierung
in Abhängigkeit von:	strat. Lagebeurteilung Feindbild Konkrete Konfliktperzeption und Bedrohtheitsvorstellung	Konkrete Herrschafts- und Expansionsinteressen Einflußchancen einzelner interessierter Gruppen	Gesamtwirtschaftliche Stabilitätssicherungs- und Steuerungserfordernisse Lobbyismus
und deren Lagerung in:	Größe, Organisation und Struktur des Militärapparates Stellung des Militärapparates in Entscheidungsprozessen Sicherheitspolitische Orientierungen (Konflikttradition und -attitüden)	Organisation des politischen Systems und politischer Willensbildung (sozioökonomisches System als restriktive Bedingung) Ideologien (Selbst- und Umweltbilder) Verhaltensnormen und -erwartungen (pol. Kultur)	Wirtschaftssystem (Kapitalverwertungsprozeß) Sozioökonomische Ordnung (Sicherung der bestehenden Verfügungschancen und Interessensphären)

Quelle: Hessische Stiftung Friedens- und Konfliktforschung, Mitteilungen Nr. 2/1971.

schaftliche Strukturen eingebauten sozialen Tatbestand, ungeachtet der jeweils „reinen" militärischen Aufgabenbestimmung. (Siehe auch *Schaubild 3*)

Schaubild 3: Zur Koexistenz von multiplen Funktionen des Militärapparates: Ein ausgewähltes Beispiel

		Funktionen	
		horizontale	vertikale
Funktionen	deklarierte	z. B. Abschreckung und Verteidigung zwischen Ost und West	ordnungshütende Funktionen im Falle revolutionärer Bewegungen
	dementierte	Umverteilungsprozesse durch Rüstungsausgaben	Sozialisationswirkungen und Disziplinierungseffekte

2. Diese Multifunktionalität von Rüstung hängt eng mit der zweiten Beobachtung zusammen, die in den vergangenen Jahren hinsichtlich der Analyse von Rüstungsphänomenen gemacht worden ist: ihrer *redundanten Verursachung.*[21] Diesem Tatbestand ist deshalb besondere Aufmerksamkeit zu schenken, da redundant verursachte Phänomene durch singuläre Eingriffe in einzelne Dimensionen ihrer Reproduktion nicht notwendigerweise mit bleibendem Erfolg verändert werden; viel eher ist in redundant verursachten sozialen Komplexen eine uneingeschränkte Reproduktion *trotz* partikularer Eingriffe erwartbar. So konnte an anderer Stelle z. B. gezeigt werden, daß ungeachtet aller Rüstungskontrollversuche der vergangenen 10 Jahre der internationale Rüstungswettlauf gerade auch in den Dimensionen, die durch internationale Rüstungskontrollabkommen einer Beschränkung unterzogen werden sollen, sich unvermindert weiter entwickelte.[22] Auch hat ganz augenfällig die politisch-psychologische Entspannung, d. h. die Verminderung

21 Vgl. hierzu und zum folgenden Dieter Senghaas: Aufrüstung durch Rüstungskontrolle, a.a.O., Anmerkung 3., S. 81 ff.
22 Ebd.

einer virulenten Feindbildpropaganda bisher nicht zu einer Reduktion von Rüstungsaktivitäten gerade zwischen den kapitalistischen und sozialistischen Metropolen geführt. Die hoch entwickelte Fähigkeit von Rüstungskomplexen zu einem *sich selbst erhaltenden Wachstum* und, falls erforderlich, zu *kompensatorischen Aktivitäten im Falle marginaler Eingriffe* bedarf besonderer analytischer Beachtung, gerade wenn man versucht ist, konkrete politische Überlegungen in Richtung auf *effektive* Rüstungskontrolle und Abrüstung zu konzipieren.

3. Mit Multifunktionalität und redundanter Verursachung hängt aufs engste zusammen, was an anderer Stelle als die *konfigurative Kausalität von Rüstungsdynamik* bezeichnet wurde.[23] Damit ist u. a. jener Tatbestand im Rüstungsbereich gemeint, der in anderem thematischen Zusammenhang als *zirkuläre Verursachung mit kumulativen Effekten* bezeichnet worden ist.[24] Wenn spezifische Ursachen spezifische Folgeerscheinungen zeitigen, die ihrerseits wiederum zu verursachenden Faktoren werden, wenn in synchroner und diachroner Analyse nachweisbar ist, daß vielfältige, sich im einzelnen durchaus auch widersprechende Kausalitätszuordnungen koexistieren und damit einfache Kausalitätsbeziehungen im Sinne von eindeutigen Beziehungsmustern zwischen unabhängigen, intervenierenden und abhängigen Variablen methodisch angesichts der konkreten Realität von Rüstungskomplexen gegebener Größenordnung zusammenbrechen, dann liegt ein Stück Realität vor, angesichts der eine gängige sozialwissenschaftliche Textbuchmethodologie und die in ihr enthaltenen Kausalitätsvorstellungen ad acta gelegt werden können, da sie in der Tendenz analytisch unbrauchbar sind.
Multifunktionalität, redundante Verursachung und konfigurative Kausalität hängen natürlich auf das engste miteinander zusammen. Je *multifunktionaler* ein soziales Gebilde von der Größenordnung gegebener Rüstungskomplexe ist, um so eher wird es *redundant* verursacht sein und um so eher wird *kon-*

23 Ebd.
24 So Gunnar Myrdal über die Problematik von Unterentwicklung.

figurative Kausalität beobachtbar sein. So wirken die hinter Multifunktionalität, redundanter Verursachung und konfigurativer Kausalität stehenden Tatbestände wechselseitig verstärkend ineinander und aufeinander zurück, weshalb hier nicht aus semantischer Beliebigkeit, sondern dermaßen sachlich begründet von *Rüstungsdynamik* als einem angemessenen *übergeordneten Begriff für die Reproduktion und das Wachstum gegenwärtig beobachtbarer rüstungsbezogener Aktivitäten* gesprochen wird. Überdies findet ein solcher Begriff seine sachliche Begründung auch in der Tatsache, daß Rüstungskomplexe von der gegebenen Größenordnung in hochindustrialisierten Staaten (im Rahmen der West-Ost-Konfliktformation) zwar *letztendlich* durch diese antagonistische Konfliktformation *bedingt* (= determiniert) sind, Richtung und Intensität ihres weiteren Wachstums sind jedoch hinsichtlich der antagonistischen Interessenvereinbarkeiten der übergeordneten Konfliktformationen relativ kontingent, weshalb die Reproduktion dieser Gebilde Merkmale von *Eigendynamik* aufweist. Über das Ausmaß solcher Kontingenz bzw. Eigendynamik ist im Zusammenhang der vorliegenden Überlegungen nicht zu befinden. Dies wurde an anderer Stelle untersucht.[25]

4. Folgerungen aus den vorangegangenen Überlegungen

Wir wollen an dieser Stelle drei allgemeine praktische Folgerungen formulieren:

1. *Abrüstung* kann heute, angesichts gegebener Ausmaße von Rüstungsdynamik, angemessen nur noch als der *Abbau der multiplen Funktionen von Rüstungsaktivitäten* begriffen werden. Dies bedeutet, daß jede Abrüstungskonzeption, die nur die

25 Hierzu den in Anmerkung 11 zitierten Artikel. Vgl. auch Johan Galtung und Dieter Senghaas (Hrsg.): Kann Europa abrüsten? Friedenspolitische Optionen für die 70er Jahre, München 1973, insbesondere S. 9 ff. und S. 92 ff. sowie Raimo Väyrynen: „Two Approaches to European Security: Cooperation and Arms-Control (unv. Ms).

manifesten militärischen und obendrein zwischenstaatlichen Funktionen von Rüstungen im Auge hat, notwendigerweise theoretisch und praktisch zu kurz greift. Wenn vom Abbau der multiplen Funktionserfordernisse die Rede ist, dann bezieht sich eine solche Forderung sowohl auf die *deklarierten* als auch auf die *dementierten,* gleichermaßen *horizontalen* und *vertikalen* Funktionen von Rüstung. In praktische Handlungsstrategien übersetzt, heißt dies, daß eine Abrüstungsstrategie sich sowohl auf die Bewältigung zwischenstaatlicher und zwischengesellschaftlicher antagonistischer und/oder konfliktiver *Interessenunvereinbarkeiten* beziehen muß als auch auf den Abbau von *Herrschaftsordnungen* zwischen Gesellschaften und innerhalb einzelner Gesellschaften, die die Ursache für Ausbeutung und soziale Ungerechtigkeit und damit für einen militärischen und polizeilichen Apparat zur Absicherung des gegebenen Status quo sind. Wären die Funktionen von Rüstung fein säuberlich getrennt, d. h. könnten in der Realität insbesondere horizontale und vertikale Funktionen auseinanderdividiert werden, so wäre ein Abrüstungsprogramm wenigstens *denkmöglich,* das sich auf die eine *oder* andere Dimension je gesondert beziehen würde. Da die Funktionen von Rüstung jedoch geradezu symbiotisch miteinander verschränkt sind, ist es zwar möglich, in praktischen Programmen in der einen oder der anderen Dimension schwergewichtig anzusetzen; dauerhafter Erfolg wird einer Abrüstungspolitik jedoch nur dann beschieden sein, wenn im Endeffekt eine *emanzipative Befriedung sowohl auf der Ebene horizontaler als auch auf der Ebene vertikaler ordnungspolitischer Interessenauseinandersetzungen erfolgt.*

2. Damit hängt zusammen, daß eine Abrüstungskonzeption, die nur an destruktivem polizeilichem und militärischem Gerät (hardware) orientiert ist, zu kurz greift. Von zentraler Bedeutung ist, daß einer auf destruktives Potential bezogenen Abrüstungsstrategie nur dann Erfolg beschieden sein wird, wenn gleichzeitig der überkommene politische, militärische und sozioökonomische Kontext, aus dem Rüstungsaktivitäten entsprin-

gen, strukturell verändert wird.[26] Dies bedeutet konkret, daß eine den heutigen Realitäten angemessene Abrüstungskonzeption nicht nur sogenannte *Direkt-* und *Umwegstrategien* miteinander kombinieren muß (also Strategien, die sich auf *Rüstungspotentiale* selbst beziehen, und solche, die an einer Veränderung des *Kontextes* orientiert sind); sie muß vielmehr, gerade auch weil sie mit Hilfe von Umwegstrategien die auf direktem Weg erreichten positiven Resultate einer Abrüstung von hardware zu stabilisieren hat, mit anderen *emanzipativen politischen Zielsetzungen und Bewegungen* synchronisiert werden. Eine Abrüstungsstrategie im Sinne einer Ein-Zweck-Strategie („single purpose strategy") wäre unter gegebenen Bedingungen eigentlich nur dann sinnvoll zu vertreten, wenn es um die Beseitigung von Übertötungskapazitäten geht.

Damit wird zur entscheidenden Frage für jede Abrüstungskonzeption und Abrüstungspraxis, welche konkreten *Ausweitungseffekte* eine Abrüstungsstrategie im engeren Sinne (Beseitigung von hardware) besitzt und welche Rückwirkungen eine Abrüstungsstrategie im weiteren Sinne (Beseitigung des Rüstung produzierenden Kontextes) auf die Beschränkung destruktiven Potentials besitzt. Anders gefragt: Welche Veränderungen müssen im engeren Bereich von Rüstungsaktivitäten erfolgen, damit entsprechende Ausweitungseffekte auf den größeren gesellschaftlichen Kontext im Sinne einer innergesellschaftlichen emanzipativen Befriedung erfolgen? Und welche Veränderungen im größeren Kontext wären dazu angetan, beschleunigte positive Rückwirkungen auf die Beschneidung von Rüstungsaktivitäten zu haben?

3. Jede Beantwortung dieser Fragen, die in vieler Hinsicht heute noch hypothetisch bleiben muß, wird notwendigerweise auf ein praktisches Dilemma stoßen. Rüstungskontroll- und abrüstungspolitische Strategien sind heute als gesellschaftspoli-

26 Vgl. zu diesen Fragen die anregende Studie von Walter Möller und Fritz Vilmar: Sozialistische Friedenspolitik für Europa. Kein Frieden ohne Gesellschaftsreform in West und Ost, Reinbek bei Hamburg 1972 sowie Fritz Vilmar: Rüstung und Abrüstung im Spätkapitalismus, Reinbek bei Hamburg 1973 (6. Aufl.).

tisch neutralisierte Instrumente der Politik ganz bewußt inkrementalistisch angelegt. Das heißt, die Objekte, auf die sie gerichtet sind, werden bewußt aus prinzipiell-politischen *und* verhandlungstaktischen Gründen isoliert und als dermaßen isolierte in langwierigen Verhandlungen abgehandelt. Diese im strikten Sinne des Wortes *technokratische Manier*, sich mit Rüstungskontroll- und Abrüstungsproblemen in der praktischen Politik zu beschäftigen, führt notwendigerweise zu einer Abschirmung solcher Praxis von jedweder Form von weiter ausgreifenden gesellschaftspolitischen Auseinandersetzungen um Rüstung und Abrüstung.[27] In solcher inhaltlichen Beschränkung liegt zwangsläufig auch dann der Kern für das kontinuierliche Scheitern von effektiven Rüstungskontroll- und Abrüstungsschritten angesichts der autonomen Weiterentwicklung von Rüstungsapparaten und den heute beobachtbaren entscheidenden Determinanten von Rüstungsdynamik.

Die drei genannten perspektivischen Folgerungen aus den vorangegangenen Überlegungen führen zu weiteren praktischen Problemstellungen, die im folgenden dargestellt werden sollen.

5. Verkoppelung oder Entkoppelung von Problembereichen

Ein wichtiger Aspekt solcher praktischen Problemstellungen einer effektiven Rüstungskontroll- und Abrüstungsstrategie besteht in der Frage, inwieweit die *partiellen* Zielsetzungen von *partikularen* Abrüstungsschritten in einer *umfassenden* Strategie miteinander verkoppelt werden sollen oder inwieweit solche partiellen Abrüstungsziele und ihre Übersetzung in konkrete Politik bewußt voneinander entkoppelt bleiben sollen.
Prinzipiell läßt sich argumentieren, daß für eine solche *Verkoppelung* die bisherige praktische Erfahrung mit Rüstungskontroll- und Abrüstungspolitik spricht, da konkrete beschrän-

27 Zur Analyse des technokratischen Dilemmas von Abschreckungspolitik und herkömmlicher Rüstungskontrollpolitik, vgl. Dieter Senghaas: Abschreckung und Frieden, a.a.O., Anmerkung 9., S. 224 ff.

kende Maßnahmen in einem Bereich stets zu kompensatorischen Aktivitäten in anderen Bereichen führten; dies muß als empirisches Fazit der Wirkung bisheriger Rüstungskontrollpolitik festgehalten werden.[28] Versuchte man im Rahmen einer umfassenden Abrüstungsstrategie, partielle Abrüstungsziele miteinander zu verschränken, so würde, unter optimalen Bedingungen, solchen kompensatorischen Aktivitäten von seiten der bestehenden Militärapparate der Boden entzogen. Überdies wäre gewährleistet, daß nach der Überwindung von anfänglich erwartbaren praktischen Widerständen gegen effektive Rüstungskontroll- und Abrüstungspolitik mit Hilfe einer derart Teilziele synchronisierenden Gesamtstrategie sehr rasch ein gewisser *take off* für weitere Abrüstungsmaßnahmen erreicht werden könnte, wodurch eher eine Art von *Kettenreaktion* sich einleiten ließe, als wenn jedes Teilziel einer Abrüstungsstrategie je gesondert mit neuem Anlauf verfolgt würde.
Umfassende Abrüstungsstrategien mit der Zielsetzung der Verschränkung von Teilzielen müßten in drei Bereichen gleichzeitig konzipiert werden:

1. im *gesellschaftspolitischen Bereich,* wodurch wenigstens in der Tendenz garantiert wäre, daß eine Rüstungskontroll- und Abrüstungsstrategie nicht außerhalb weitreichender emanzipativer gesellschaftspolitischer Zielsetzungen isoliert, d. h. als technokratische Strategie verfolgt würde;

2. im *organisationsimmanenten Bereich* der militärischen Apparate selbst. Hier müßte insbesondere durch Verkoppelungsstrategien der drohenden Substitution arbeitsintensiver Aktivitäten durch kapitalintensive Investitionen entgegengewirkt werden. Vor allem müßte auch verhindert werden, daß quantitative Beschränkungen durch qualitative Innovationen überkompensiert werden;

28 Vgl. Dieter Senghaas, Volker Rittberger und Burkhard Luber: „MBFR: Aufrüstung durch Rüstungskontrolle?", in: Frieden in Europa, a.a.O., Anmerkung 12, bes. S. 59 ff.

3. im *geographisch-regionalen Bereich* hinsichtlich der verschiedenartigen früher aufgelisteten Schauplätze von Rüstungsaktivitäten. So müßte z. B. insbesondere darauf geachtet werden, daß Rüstungsbeschränkungen im konventionellen Bereich hier in Zentraleuropa nicht durch eine Intensivierung der Rüstungsgeschäfte und des Rüstungstransfers zwischen den Metropolen des Nordens und den Peripherien des Südens kompensiert werden.

Die folgenden systematischen Illustrationen sollen die vorangegangenen Überlegungen noch weiter verdeutlichen:

a) Verhindert werden muß, daß es zu kompensatorischen und substituierenden Aktivitäten zwischen der nuklearstrategischen, der taktisch-nuklearen, der konventionellen, der counter-insurgency-, der Rüstungshandels- und Rüstungstransferebene kommt. Zum Beispiel ist eine Reduktion der konventionellen Rüstungen hier in Zentraleuropa (z. B. Personalstärke) ohne eine gleichzeitige Verpflichtung hinsichtlich konkreter Rüstungsbeschränkungen im taktisch-nuklearen Bereich im selben regionalen Bereich wenig dazu angetan, das Destruktionspotential in Zentraleuropa insgesamt zu beschränken, da die Gefahr einer Substitution von Personal durch besseres Gerät droht. Genausowenig wäre den Zielen der Abrüstung mit einer Umpolung von Rüstungsaktivitäten für den Eigenverbrauch hin zu Rüstungsaktivitäten für erweiterte Waffengeschäfte und einem intensivierten Rüstungstransfer zwischen Metropolen und Peripherien gedient. Wenn sämtliche Ebenen und Schauplätze von Rüstungsaktivitäten, die in dem vorliegenden Papier diskutiert und erwähnt worden sind, in Rüstungskontroll- und Abrüstungsverhandlungen im Auge behalten werden, d. h. wenn die Verhandlung über Teilbereiche in Kenntnis und unter Berücksichtigung des größeren Kontextes vonstatten gehen, dann wäre wenigstens anfänglich der in die Militärapparate eingebauten, gewissermaßen instinkthaften und reflexartig wirkenden *Suche nach kompensatorischen Ersatzaktivitäten im Falle von beschränkenden Eingriffen* ein Riegel vorgeschoben.

b) Von besonderer Bedeutung sollte in diesem Zusammenhang

der Versuch sein, in Abkommen über die Beschränkung von Personalstärken gleichzeitig eine Beschränkung der investiven Ausgaben für die Militärapparate festzulegen. Kommt es zu tatsächlichen Beschränkungen der Personalstärken, so wären diese ohne eine konkrete Beschränkung der militärischen Forschungs- und Entwicklungsaktivitäten sowie des militärischen Beschaffungswesens wenig hilfreich, denn es kann argumentiert werden, daß ein personalmäßig reduzierter Militärapparat bei erhöhter Kapitalintensität destruktionsmächtiger ist als die überkommenen Apparate. Ein Rüstungskontroll- und Abrüstungsabkommen, das also nur Personalstärken berührte, könnte dann leicht der Hebel zu einer beschleunigten Rationalisierung bestehender, mit viel organisatorischen Problemen belasteter militärischer Institutionen werden.[29]

c) Wichtig ist ebenfalls, zu verhindern, daß Rüstungskontroll- und Abrüstungsabkommen in Teilbereichen durch Veränderungen des politischen Rahmens, in dem die verbleibenden Militärapparate operieren, unterlaufen werden. So besteht beispielsweise durchaus die Gefahr, daß im Anschluß an ein Rüstungskontrollabkommen über den zentraleuropäischen Raum die beiden Militärallianzen versucht sein werden, die militärische Integration in ihrem jeweiligen Bereich eher zu intensivieren, als sich auf neue und zum Teil noch unbekannte Wege gesamteuropäischer Sicherheitssysteme zu begeben.[30] Wie solche politisch motivierten Prozesse wirken, zeigt sich in diesen Monaten in einem anderen Kontext, nämlich in dem versuchten Rearrangement zwischen den USA und ihren europäischen NATO-Partnern. Als Reaktion auf die angekündigte, teilweise militärische Dissoziation der USA von Europa ist im westeuropäischen Raum immer häufiger die Forderung nach einer Rollen- und Funktionssteigerung der sogenannten Eurogruppe, nach einer eigenständigen nuklearstrategischen Komponente westeuropäischer Verteidigungspolitik (im Rahmen der EG)

29 Ebd., S. 77 ff.

30 Vgl. die Prognose Johan Galtungs über die weitere Entwicklung der EWG in Johan Galtung: Kapitalistische Großmacht Europa oder Die Gemeinschaft der Konzerne, Reinbek bei Hamburg 1973, Kapitel 8.

und nach gemeinsamer rüstungstechnologischer Kooperation zu hören. Die Chance, die eine auch nur anfänglich militärische Dissoziation Amerikas von Europa für alternative Formen *gesamteuropäischer* Sicherheitspolitik eröffnen könnte, kommt angesichts solcher, wiederum aus den Sicherheitsapparaten gewissermaßen instinkthaft und reflexartig vorgetragenen kompensatorischen Forderungen überhaupt nicht ins politische Bewußtsein.

d) Nicht zuletzt müßte verhindert werden, daß politische Flurbereinigungen im zwischenstaatlichen und zwischengesellschaftlichen Bereich, die z. B. in konkreten Rüstungskontroll- und Abrüstungsabkommen bestehen könnten, durch einen Ausbau von Polizei und paramilitärischen Organisationen im innergesellschaftlichen Bereich kompensiert werden (Substitution horizontaler durch vertikale Aktivitäten). Auf diesen Punkt ist in diesem Zusammenhang insbesondere hinzuweisen, weil eine als emanzipierte Gesellschaftspolitik konzipierte effektive Rüstungskontroll- und Abrüstungspolitik zwangsläufig zu innergesellschaftlichen Auseinandersetzungen führen muß, die unter dem Vorzeichen herkömmlicher Sicherheitspolitik und der für sie charakteristischen meinungsmäßigen Disziplinierung der Bevölkerung nicht bekannt waren.

Neben jenen Gründen, die hier zur Unterstützung einer sogenannten Verkoppelungsstrategie angeführt werden, müssen natürlich auch jene Gründe diskutiert werden, die *gegen* eine solche Strategie sprechen. Insbesondere ist an folgende zu denken:

1. Versucht man, eine bisher technokratisch betriebene Rüstungskontroll- und Abrüstungspolitik durch eine umfassende emanzipative gesellschaftspolitische Strategie zu überwinden, d. h. Rüstungskontroll- und Abrüstungspolitik unter diese zu subsumieren, so ist prognostizierbar, daß die Widerstände gegen Rüstungskontrolle und Abrüstung relativ schnell sich intensivieren. Damit droht die Gefahr, daß der Rüstungsbereich, welcher Jahre lang, um nicht zu sagen Jahrzehnte lang, außer-

halb fundierter Kritik sich relativ problemlos weiterentwickeln konnte, weiterhin problemlos wachsen wird, da es naheliegt, diesen Bereich zunächst aus einer solchen Gesamtstrategie auf Zeit auszuklammern.

2. Umfassend konzipierte gesellschaftspolitische Strategien haben selten positive Effekte, außerhalb erfolgreicher revolutionärer Bewegungen. Gewöhnlich laufen politische Entscheidungs- und Willensbildungsprozesse derart schrittweise und träge (= inkrementalistisch) ab, daß jeder Versuch einer Koppelung von mehreren Ebenen und Schauplätzen von Abrüstungszielen und Abrüstungsschritten zu einer Überlastung einschlägiger Organe und der operativen Konzipierung politischer Strategie wird.

3. Die Verklammerung von politisch-geographischen und regionalen Bereichen (wie z. B. Rüstungskontrolle in Zentraleuropa mit Rüstungskontrolle in einem bestimmten Bereich der Dritten Welt) könnte zu einer Potenzierung der anstehenden Probleme führen, nicht nur weil die Verklammerung von derartigen politisch-regional auseinanderliegenden Bereichen einer Verkomplizierung anstehender Probleme gleichkommt, sondern weil jeder Bereich seine spezifischen Sonderprobleme kennt, die nur im jeweiligen Kontext praktisch-politisch angegangen werden können (z. B. das Berlin-Problem in Zentraleuropa, im Unterschied zum Palästinenser-Problem im Mittleren Osten).

Eine Zauberformel, die Wege zwischen den Gründen für und gegen eine umfassende Verkoppelungsstrategie im Bereich von Rüstungskontroll- und Abrüstungspolitik weisen würde, gibt es nicht. Dennoch sollte als eine *plausible Direktive* gelten, *daß solche Verkoppelungen angestrebt werden müßten, die einerseits im militärimmanenten Bereich kompensatorischen Aktivitäten den Boden entziehen und die andererseits im gesellschaftspolitischen Bereich soviel zusätzliche Dynamik in eine Rüstungskontroll- und Abrüstungsstrategie hineinbringen, die sich für effektive Rüstungskontrolle und Abrüstung nicht konterproduktiv, sondern wachstumsfördernd auswirkt.* Es dürfte schwierig sein, außerhalb konkreter *issues*, wie z. B. der MBFR-

Problematik, konkrete Richtlinien zu entwerfen.[31] Entscheidend sind für die Bewertung dieser praktischen Problematik *Kriterien der Effizienz im konkreten Zusammenhang* und nicht abstrakte modellanalytische Postulate. Deshalb besteht eine Reflexion über solche praktischen Problemstellungen immer aus einer Kombination prinzipiell-strategischer und tagespolitisch-taktischer Überlegungen.

6. *Unilaterale Maßnahmen und gradualistische Perspektiven*

Zum Selbstverständnis und zur Praxis der in den vergangenen zehn Jahren verfolgten internationalen Rüstungskontroll- und Abrüstungsdiplomatie gehören ein in Ost und West, bei neutralen Staaten und Vertretern der Dritten Welt fraglos akzeptierter Bi- und/oder Multilateralismus, welche unilaterale Maßnahmen auf dem Gebiet von Rüstungskontrolle und Abrüstung konzeptuell vom Ansatz her als sinnlos und konterproduktiv ausschließen. Diese Erscheinung hängt eng damit zusammen, daß heute Rüstungskontroll- und Abrüstungsdiplomatie als Teil der staatlichen Arkansphäre und nicht als Resultat gesellschaftspolitischer Auseinandersetzung betrieben wird. Um so mehr ist es die Aufgabe von Wissenschaft, diese gängige Praxis kritisch zu hinterfragen, da in ihre Prämissen das Scheitern bisheriger konkreter Rüstungskontroll- und Abrüstungsbemühungen eingebaut sein könnte.
Es ist unschwer nachweisbar (und an anderer Stelle wurde dies zu zeigen versucht), daß die bisherige Rüstungskontroll- und Abrüstungsdiplomatie von der autonomen Entwicklung der Rüstungsapparate in Ost und West massiv überrollt worden ist, gleichgültig, worin das konkrete Ergebnis von Rüstungskontrollabkommen im einzelnen in den vergangenen zehn Jahren bestand.[32] Es kann darüber hinaus sowohl in Kenntnis der heute

31 In dem in Anmerkung 28 zitierten Beitrag wurde dies in einem sehr anfänglichen Sinne versucht.

32 Vgl. den in Anmerkung 28 zitierten Beitrag sowie Dieter Senghaas: Aufrüstung durch Rüstungskontrolle, a.a.O., Anmerkung 3, passim.

entscheidenden Determinanten von Rüstungsdynamik als auch in Kenntnis der wenig erfolgreichen Rüstungskontroll- und Abrüstungsverhandlungen der vergangenen zehn Jahren *hypothetisch* argumentiert werden, daß auch in absehbarer Zukunft diese Kombination von machtvoll vorangetriebener Militärtechnologie (und ihren konkreten gesellschaftlichen und politischen Auswirkungen) einerseits und ohnmächtiger Rüstungskontroll- und Abrüstungspolitik andererseits weiterhin die realpolitische Entwicklung bestimmt wird – es sei denn, die Prämissen dieser Politik würden selbst verändert werden.
Die in die gängige Rüstungskontroll- und Abrüstungspolitik eingebauten direkten und indirekten Eskalationsimpulse für weitere militärtechnologische Forschungen und für militärische Entwicklungsprogramme sowie für die konkrete Beschaffung neuer Waffensysteme können nur dann durchkreuzt und durchbrochen werden, wenn die Rüstungskontroll- und Abrüstungsdiplomatie jeweils auf einen erheblichen innerpolitischen Manövrierraum aufbauen kann, der eine größere Flexibilität für ernsthafte diplomatische Aktivitäten im Sinne *effektiver* Rüstungskontroll- und Abrüstungsdiplomatie erst ermöglicht. Solcher denkbarer Manövrierraum wird in der gegenwärtigen Praxis systematisch obstruiert, weil die gängige Devise für internationale Rüstungskontroll- und Abrüstungsverhandlungen immer noch lautet, daß nur aus einer Politik der Stärke heraus Konzessionen vom jeweiligen potentiellen Gegner erwartbar seien. Wenn diese Prämisse bei allen Beteiligten als Grunddevise des Handelns, gleichgültig ob explizit ausgesprochen oder implizit unterstellt, vorhanden ist, wird konsequent nicht nur vor Verhandlungen, sondern auch während der Verhandlungen eine Eskalation von Rüstungsaktivitäten erzeugt, die mögliche praktische Ergebnisse solcher Diplomatie im gleichen Augenblick schon als möglicherweise veraltet erscheinen lassen, in dem die Verhandlungspartner zu einem Ergebnis gekommen sind, da die faktischen Rüstungsentwicklungen über solche möglichen Ergebnisse einfach hinwegrollen.[33]

33 Am Beispiel des SALT-I-Abkommens läßt sich diese These allzusehr verifizieren. Vgl. das in Anmerkung 3 zitierte Buch.

Eine alternative Handlungsperspektive bestünde darin, aus diesem, wenn man so will, gewollten Teufelskreis durch die Kombination zweier politischer Aktivitäten herauszukommen: einmal durch einen bewußt angestrebten Versuch der *Veränderung des zwischenstaatlichen und zwischengesellschaftlichen Kontextes,* aus dem bisher die bekannten Rüstungsaktivitäten resultierten.[34] In diesem Zusammenhang wird relevant, was in der Friedensforschung über die bedingt friedensfördernden Wirkungen vertiefter Kooperation zwischen unterschiedlichen Gesellschaftsordnungen und Staaten theoretisch und empirisch erkannt wurde. An dieser Stelle wird bewußt „bedingt friedensfördernd" formuliert, weil die Vertiefung von Interaktionen zwischen Gesellschaften und Staaten, wie auf anderen Ebenen menschlicher Existenz, nicht automatisch zu größerem gegenseitigen Verständnis, zur Abklärung von antagonistischen und/oder kompetitiven Interessenpositionen führt, sondern weil ein positives Ergebnis solcher vertiefter Interaktion nur dann erreichbar ist, wenn sie durch spezifische qualitative Merkmale (wie Symmetrie, Förderung sozialer Gerechtigkeit u. dgl.) ausgezeichnet ist.

Zum anderen wäre erforderlich, daß im jeweiligen nationalen und innergesellschaftlichen Rahmen durch Formen *unilateral induzierter Selbstbeschränkung und Selbstkontrolle* hinsichtlich eigener oder allianzgebundener Rüstungsaktivitäten jener Spielraum für internationale Diplomatie erst geschaffen wird, der dieser eine echte Chance für effektive Rüstungskontrolle und Abrüstung einräumte[35], womit solche Diplomatie von ihren bisherigen Don Quichotterie-Aufgaben befreit würde.

Die *Kombination* dieser beiden Devisen: Veränderung des zwischenstaatlichen und zwischengesellschaftlichen Kontextes, der bisher eher Rüstung als effektive Rüstungskontrolle und Abrüstung produziert hat einerseits, *und* die durch praktische

34 Hierzu Johan Galtung und Dieter Senghaas (Hrsg.): Kann Europa abrüsten? a.a.O., Anmerkung 25, bes. S. 9 ff. und S. 92 ff.

35 In ähnliche Richtung argumentiert Ernst-Otto Czempiel: Schwerpunkte und Ziele der Friedensforschung, München und Mainz 1972, S. 81 ff. sowie jetzt erneut Charles Osgood: „GRIT for MBFR in Europe. A Proposal for Unfreezing Force Level Postures in Europe" (unv. Ms.).

unilaterale Maßnahmen zu dokumentierende Bereitschaft zu Selbstbeschränkungen und Selbstkontrolle im jeweils nationalen Bereich und innerhalb der existierenden Militärallianzen könnte, sofern ganz pragmatisch angegangen, jene Voraussetzungen schaffen, von denen her bessere Aussichten auf kurz- und langfristig effektive Rüstungskontrolle und Abrüstung bestünden. Während gegenwärtig aus verschiedenen Gründen zwischen den beiden Großmächten und in Zentraleuropa eine Veränderung des überkommenen politischen Kontextes in Richtung auf Normalisierung der Beziehungen zu beobachten ist, besteht die Gefahr, daß solche Veränderung wenigstens im Augenblick noch eher zu einer Konsolidierung der überkommenen Sicherheitspolitik beiträgt, als zu deren kritischer Hinterfragung im jeweiligen Bereich. Die Militärapparate und Rüstungskomplexe *erscheinen* problemloser, als sie es in Wirklichkeit sind. Diese Kombination von Entspannungs- und Kooperationspolitik auf der einen Seite und einer unter alten Prämissen weiter betriebenen Sicherheits- und Rüstungspolitik auf der anderen Seite erhöht nicht nur nicht die Chancen von effektiver Rüstungskontrolle und Abrüstung hier an Ort und Stelle, sondern gefährdet auch die Prozesse der Normalisierung der Beziehungen zwischen Ost und West.[36] Auf der friedlichen Koexistenz von Entspannung und Rüstung läßt sich langfristig Frieden in Europa nicht sichern.

In dieser *friedlichen Koexistenz von Entspannung und Rüstung* kommt überdies in ganz eklatanter Weise zum Ausdruck, durch welche erheblichen gesellschaftspolitischen Defizite gegenwärtig die internationale Politik sowohl der kapitalistischen als auch der sozialistischen Metropolen geprägt wird. Es kann durchaus sein, daß es heute nur auf der Grundlage solcher Defizite überhaupt zu Arrangements zwischen Ost und West kommen kann, weil nur eine von gesellschaftspolitischen Zielsetzungen abgeschirmte *technokratische* Rüstungskontroll- und Abrüstungsdiplomatie zu jenen gemeinsamen Ergebnissen *symbolischer* oder *kosmetischer* Rüstungskontrollpolitik führt, die

36 Vgl. Renée Arons und Egbert Jahn: „Vom kalten Krieg zur Entspannung", in: Frieden in Europa? a.a.O., Anmerkung 12, bes. S. 121 ff.

dem weiteren Wachstum der Rüstungsapparate nicht abträglich ist, noch irgendwelche kritischen Fragen hinsichtlich der Legitimation herkömmlicher Sicherheitspolitik provoziert.
Wenn dem so wäre, dann würde deutlich, daß Rüstungskontrolle und Abrüstungspolitik, so wie sie in den vergangenen Jahren betrieben worden sind und auf absehbarer Zeit wohl weiterhin betrieben werden, nur einen Teil von *Rüstungsdynamik* darstellen, den Begriff im oben eingeführten umfassenden Sinne definiert.

7. *Schlußbemerkung*

Selbst wenn dem so wäre, ist nicht sicher, daß sich eine solche, von gesellschaftspolitischen Fragestellungen abgeschirmte, gezähmte Rüstungskontroll- und Abrüstungspolitik langfristig aufrechterhalten läßt. Zu groß sind die realen Konfliktpotentiale in der internationalen Gesellschaft und zu virulent sind die wachsenden Probleme innerhalb von Nationen sowohl im Bereich der Industrieländer als auch der Dritten Welt, als daß nicht *die Alternative von rüstungsbedingter Verschwendung auf der Höhe von Übertötungskapazitäten einerseits und dem sozialen Nutzen von alternativen gesellschaftspolitischen Aktivitäten zur Befriedigung elementarer Bedürfnisse von Individuen und ganzen Bevölkerungsschichten andererseits* ins Bewußtsein der Menschen käme.
Die sozialen Kosten von Rüstung und ihre konkreten Funktionen (wie beispielsweise die Stabilisierung von irrationalen Herrschaftsordnungen) lassen sich nicht nur auf finanzielle und budgetäre Größen reduzieren. Rüstungsaktivitäten sind heute so umfassend, daß nicht nur die Militärapparate ihre ganze Aufmerksamkeit auf die systematische, durchdachte und geplante Weiterentwicklung ihrer Existenz richten. Effektive Rüstungspolitik setzt heute die Synchronisation von politischem Führungsapparat, Militärapparat, Rüstungsindustrie und technologischem Wissen voraus, wodurch nicht nur die Aufmerksamkeit staatlicher Organisation, sondern insbesondere auch

die Phantasie der Wissenschaft in einer beispiellos systematischen Weise auf die Weiterentwicklung von Zerstörungspotentialen hin abgelenkt wird.

Die Diskrepanz zwischen der Perfektion von destruktivem Potential und der Nicht-Befriedigung elementarer Bedürfnisse von Millionen von Menschen sowohl in Teilen der Industriegesellschaft als auch insbesondere in der Dritten Welt nimmt nicht ab, sondern laufend zu. Diese Diskrepanz läßt sich, so wird vielerorts gehofft, nur durch den weiteren Einsatz von militärischem Potential aufrechterhalten, z. B. vermittels counter-insurgency.

Es käme einer fatalen Fehleinschätzung von Verhältnissen struktureller Gewalt gleich, wenn angenommen würde, daß diese sich auch in Zukunft durch solches Gewaltpotential eindämmen ließen. Solche Perspektive liegt bürokratischer Politik jedoch nahe; sie ist in einer erschreckenden Weise welt- und realitätsfremd und trägt in sich den Keim zur Selbstzerstörung.[37]

Da diese nicht der Beginn einer neuen, glücklicheren Ägide der Menschheit wäre, sondern das schreckliche Ende vieler in der Geschichte der Menschheit mühsam erkämpfter Errungenschaften, muß die Rüstungs- und Abrüstungsproblematik angesichts der geballten Gewaltpotentiale viel mehr als jemals zuvor zum vordringlichsten Gegenstand wissenschaftlicher Arbeit und politischer Auseinandersetzung werden. Sie ist es heute noch keineswegs!

37 Dieter Senghaas: Aggressivität und kollektive Gewalt, Stuttgart 1972², S. 58 ff.

Klaus Engelhardt

Rüstungsinteressen und Abrüstung in kapitalistischen Staaten

Das Hauptproblem der Abrüstung besteht darin, daß in den kapitalistischen Ländern Rüstung nicht beliebig gegen irgend etwas austauschbar ist. Denn die Faktoren, die zum Wettrüsten drängen, sind außerordentlich vielfältig. Es sind ökonomische, militärische, politische und ideologische Motive, die einander durchdringen und in ihrer Komplexität ein außerordentliches Beharrungsvermögen aufweisen. Deswegen ist der Prozeß, zur Abrüstung zu gelangen, so zählebig.

Wie stark dieses Beharrungsvermögen eingeschliffener Machtstrukturen in den kapitalistischen Ländern ausgeprägt ist, verdeutlichen zwei Tendenzen: Die eine läßt sich so charakterisieren, daß in den hochentwickelten Industrieländern objektiv neue Anforderungen an den Reproduktionsprozeß entstanden sind wie beispielsweise die Infrastruktur, das Bildungs- und Gesundheitswesen, Städte- und Raumplanung, Umweltschutz usw. Das sind Bereiche, in denen nicht nur dringende soziale und humane Bedürfnisse der Bevölkerung zu befriedigen sind, sondern es sind heute zugleich *objektiv notwendige Bedingungen* für den Reproduktionsprozeß und für das wirtschaftliche Wachstum geworden. Doch diese lassen sich nicht auf privatkapitalistische Weise schaffen. Vielmehr sind die Gesellschaft und der Staat gefordert. Die Mittel, die der Staat mobilisieren kann, sind jedoch begrenzt, und sie werden zusätzlich und drastisch durch die Priorität der Rüstung eingeschränkt. Die negativen Auswirkungen der forcierten Rüstung im Zusammenhang mit dem Krieg gegen das vietnamesische Volk auf die Wirtschaft, das Finanzsystem und die sozialpolitischen Maßnahmen in den USA haben den Konflikt, daß nicht gleichzeitig „Kanonen und Butter“ produziert werden können, in der Praxis am deutlichsten veranschaulicht.

Obwohl das Ausmaß des Rüstens den volkswirtschaftlichen Reproduktionsprozeß destabilisiert und deformiert, beobachten wir eine zweite Tendenz. Maßgebliche gesellschaftliche Kräfte in den kapitalistischen Ländern drängen zum verstärkten Wettrüsten. In der Gegenwart übertrifft der Aufwand für die Rüstung in den führenden kapitalistischen Ländern jenen der Vorbereitungsphase auf den Zweiten Weltkrieg (nach den Rüstungsaufwendungen pro Kopf der Bevölkerung gerechnet). Außerdem ist es ein Novum in der Geschichte, daß die Rüstung in diesem Ausmaß zu einer Dauererscheinung geworden ist. Militärs, Rüstungskonzerne und bestimmte Politiker der NATO-Staaten fordern mit scheinheiligen Begründungen (Nah-Ost-Krieg, „Gefahr aus dem Osten") ein Mehr an militärischem Aufwand.

Diese beiden Tendenzen stoßen in der Gegenwart sehr hart aufeinander und finden ihren Niederschlag in scharfen politischen Auseinandersetzungen zwischen den Rüstungsinteressen und breiten Kreisen der Bevölkerung, die die Last des Wettrüstens zu tragen hat. Infolge der Priorität der Rüstung, die finanziell durch die Umverteilungsfunktion über den Staatshaushalt ermöglicht wird, werden natürlich auch andere Kapitalgruppen beeinträchtigt, die weniger im Rüstungsgeschäft engagiert sind. Man kann sogar von einem gewissen Interessenkonflikt zwischen dem Rüstungskapital und dem Gesamtkapital sprechen, der zu den Differenzierungserscheinungen innerhalb der Monopolbourgeoisie beiträgt.

Wenn sich das Abrüstungsproblem trotz der offenkundig destabilisierenden Effekte auf die Volkswirtschaften und das Finanz- und Währungssystem einerseits und trotz der weitreichenden Abrüstungsvorschläge der Sowjetunion andererseits so kompliziert darstellt, dann gibt es dafür einen sehr gewichtigen Grund: das ist die spezifische Funktion des Rüstungsprofits. Die Spezifik besteht darin, daß das, was für die Volkswirtschaft *destabilisierend* wirkt, für das Rüstungskapital, seine Profitrealisierung, seine Expansion in höchstem Maße *stabilisierende* Effekte hat. Das resultiert aus den im Vergleich zu anderen Bereichen der Wirtschaft extrem hohen Profiten im Rüstungssektor. Diese Tatsache ist in der marxistischen Literatur und in vielen Veröffentlichungen von Wissenschaftlern der westlichen Länder unbestritten.

Wir haben in einer Arbeit versucht, etwas genauer die Struktur des Rüstungskapitals und auch den Funktionsmechanismus des Rüstungsprofits zu analysieren (sie wird 1974 veröffentlicht). Ein von meinem Kollegen Dr. Heise erarbeiteter Teil ist bereits im IPW-Bericht 1/1972 erschienen. Darin wird nachgewiesen, daß die hohen Rüstungsprofite dadurch ermöglicht werden, daß der Staat wie in keinem anderen Bereich Mittel für die Rüstung zur Verfügung stellt, auf deren *Verwertung* der Staat zugunsten des Rüstungskapitals verzichtet, also kein ökonomisches Äquivalent verlangt. Das Rüstungskapital erzielt im Unterschied zu anderen Kapitalgruppen nur deswegen extrem hohe Profite, weil gesellschaftliche Mittel über den Staatshaushalt und zu Lasten der werktätigen Steuerzahler umverteilt werden. Über diese Mittel können die Rüstungskonzerne hinsichtlich der Profitrealisierung faktisch wie über ihre eigenen verfügen. Das einzig Private an den Rüstungsunternehmen ist die private Aneignung von extrem hohen Profiten. Ohne die besonderen ökonomischen Privilegien würde das Rüstungskapital aus diesem Bereich abwandern. Diese besonderen ökonomischen Vorzugsbedingungen des Rüstungskapitals sind ohne die politischen Privilegien, die der Militär-Industrie-Komplex einnimmt, nicht denkbar. Denn indem der Staat die politischen Prioritäten für die Rüstung setzt, sind erst die ökonomischen Privilegien realisierbar.

Die überdurchschnittlich hohen Rüstungsprofite einerseits und ihre Abhängigkeit von der Politik der jeweiligen kapitalistischen Staaten sowie dem politischen Klima in der Welt andererseits bilden eine wesentliche Triebkraft des militärisch-industriellen Komplexes, das Wettrüsten zu stimulieren und den Entspannungs- und Abrüstungsprozeß zu hintertreiben. Infolge der dabei gegebenen vielschichtigen und komplexen Verflechtung ökonomischer, wissenschaftlicher-technischer, strategischer, politischer und ideologischer Interessen sind beim Kampf um Abrüstungsmaßnahmen ebenso vielgestaltige Barrieren zu überwinden.

Wenn ich von einem gewissen Interessenkonflikt zwischen dem Rüstungskapital und dem Gesamtkapital spreche, dann stellt sich dieser heute nicht zwischen scharf voneinander abgegrenzten Kapitalgruppen oder Konzernen dar. Denn im Gegensatz zu der Periode bis zum Zweiten Weltkrieg, in der die Waffenproduktion vornehmlich in einigen großen Zentren konzentriert war – den sogenannten „Waffenschmieden" oder den Unternehmen der „Kanonenkönige" – ist heute das Rüstungskapital viel stärker integrierter Bestandteil des Gesamtkapitals. Bei vielen Rüstungskonzernen beträgt der Anteil des Rüstungsgeschäfts am Gesamtumsatz nur bis zu 10 Prozent, in einigen spezialisierten Unternehmen sind es zwischen 30 und 60 Prozent, und nur die Flugzeug- und Raketenkonzerne bilden mit Anteilen zwischen 60 und 90 Prozent eine – allerdings wesentliche – Ausnahme. Der Interessenkonflikt zwischen Rüstungskapital und Gesamtkapital wird daher im konkreten auch innerhalb der Konzerne ausgetragen. So schrieb die Zeitschrift „Wehr und Wirtschaft "(München, Heft 7/8/1973, Seite 439): „Schon immer hat es bei Krupp zwei Gruppen von Entscheidungspersönlichkeiten gegeben, von denen eine entschieden für eine stärkere Betätigung im Verteidigungsgeschäft eingetreten ist." Doch diese stärkere Intergrationstendenz des Rüstungskapitals vollzieht sich innerhalb der Konzerne in einer deutlichen Arbeitsteilung, so daß sich – das ist besonders für den politischen Kampf wichtig – die Rüstungsabteilungen oder -unternehmen innerhalb der einzelnen Konzerne meistens eindeutig bestimmen lassen, z. B. innerhalb der BRD-Konzerne Flick, Krupp, Rheinstahl usw. Außerdem ist ein rascher Zentralisationsprozeß zwischen den einzelnen Rüstungsabteilungen verschiedener Konzerne zu verzeichnen, so daß durch diese Teilfusionen, Arbeitsgemeinschaften usw. neue Knotenpunkte und Zentren des Rüstungskapitals entstehen, denen ebenso eindeutig auch die personellen Interessen und Personengruppen zuzuordnen sind.

Für die Abrüstungsproblematik ergeben sich daraus zwei wesentliche Aspekte. Erstens ist durch die stärkere Integration des Rüstungskapitals heute ein wesentlich breiterer Kreis des Großkapitals am Rüstungsgeschäft und damit an den besonderen ökonomischen und politischen Privilegien beteiligt. Der Einfluß des Rüstungskapitals auf die politischen Entscheidungsprozesse im Staat ist daher breiter und gewichtiger. Das kompliziert und erschwert den Kampf um die Abrüstung.

Zweitens stellen sich die rein ökonomischen Probleme der Umstellung auf eine Friedensproduktion einfacher dar, weil sie in der Regel nur einen geringen Teil der gesamten Produktion eines Konzerns betreffen.

Von Senghaas ist die Frage nach einem „funktionalen Äquivalent" für die Rüstung aufgeworfen worden. Ein solches „Äquivalent", das einen fast vollwertigen Ersatz für die ökonomischen und politischen Privilegien des Rüstungskapitals bietet, gibt es nicht. Vor allem geht es nicht darum, die Sonderstellung dieser Kapital- und Machtgruppen in anderer Weise zu konservieren, sondern ihren Einfluß einzuschränken.

Ich stelle daher die Frage, unter welchen gesellschaftlichen Bedingungen ist ein „ökonomischer Ersatzmechanismus" für die Rüstung möglich. Damit ist das Problem aufgeworfen, daß *die politischen Ziele* der Gesellschaft, die eine Priorität des Rüstens und Wettrüstens ermöglichen, verändert werden müssen. Wenn wir mit der Abrüstung nicht nur die negativen ökonomischen Folgen, sondern auch die ungerechtfertigte politische Sonderstellung, den Einfluß auf den politischen Entscheidungsprozeß zugunsten des Wettrüstens und des Kalten Krieges, die Tendenz zur Untergrabung und Ausschaltung der Demokratie durch den Militär-Industrie-Komplex beseitigen wollen, dann müssen die vielfältigen Privilegien dieser Machtgruppierung abgebaut werden. Als marxistische Wissenschaftler können wir für die kapitalistischen Länder lediglich diesen allgemeinen Ansatzpunkt liefern. Im konkreten ist es eine Angelegenheit der politischen Kräfte dieser Länder.

Wir gehen davon aus, daß weitgehende Teilabrüstungen oder eine weitgehende Einschränkung der Rüstung in den kapitalistischen Ländern jetzt möglich sind – bei einer totalen Abrüstung werden allerdings einige kompliziertere Probleme aufgeworfen. Ich stimme jenen zu, die sagen, der Hebel für die Abrüstung sei, „politischen Druck“ zu erzeugen. In der gleichen komplexen und vielgestaltigen Weise, wie sich die Verflechtung der Rüstungsinteressen und ihr Beharrungsvermögen darstellt – politisch, strategisch, ökonomisch, ideologisch usw. – ist der Kampf für die Abrüstung zu führen. Damit schaffen wir, je nach Intensität und Koordinierung dieses Kampfes, schrittweise oder beschleunigt, das Gegengewicht, das allein in der Lage ist, die Rüstungsinteressen zurückzudrängen. Das sind die entscheidenden Voraussetzungen, das allein kann der „Hebel“ sein, um weitere Abrüstungsmaßnahmen zu ermöglichen oder zu beschleunigen.

Egbert Jahn

Probleme der Abrüstung in den sozialistischen Ländern

Über die grundsätzliche Problematik und Schwierigkeit der Abrüstung im Kapitalismus existieren in unserem Kreis offensichtlich keine Differenzen Alle Teilnehmer des Symposiums scheinen davon auszugehen, daß es in den kapitalistischen Staaten starke partikulare Interessen gibt, die einer Abrüstung entgegenstehen und die es in politischen Auseinandersetzungen – vor allem in den kapitalistischen Ländern selbst, also nicht von außen her – zu überwinden gilt.

Sicherlich gibt es auch Differenzen in der Beurteilung der kapitalistischen Rüstung und der Möglichkeiten einer systemimmanenten Abrüstung, die hier jedoch kaum diskutiert wurden. Die liberale Analyse führt die Widerstände gegen eine Abrüstung auf die Aktivitäten von mehreren Interessengruppen, insbesondere des Komplexes von Militär, Rüstungsindustrie, Teilen des Staats- und Parteienapparates und der Wissenschaft zurück. Eine marxistische Analyse müßte den Rüstungskomplex nicht als autonomen Akteur der Rüstungsdynamik und der internationalen Politik, sondern als Instrument der bürgerlichen Klasse analysieren, ein Instrument, das nur in außergewöhnlichen Situationen eine selbständige, unmittelbar von eigenen Interessen bestimmte Politik betreibt.

Umstritten ist in unserem Kreis, ob es auch in den sozialistischen Ländern gesellschaftlichen Widerstand von sozialen Gruppen gegen die Abrüstung gibt. Im Unterschied zu den zahlreichen Studien über die sozioökonomischen und politischen Widerstände gegen die Abrüstung in den kapitalistischen Ländern gibt es zur entsprechenden Problematik in den sozialistischen Ländern so gut wie keine Literatur. Es gibt im Grunde nur einige wenige Schriften, die die Ergebnisse aus der Analyse des Rüstungskomplexes in den kapitalistischen Ländern auf die sozialistischen Länder übertragen und dort einen Widerstand des Militärs, der Rüstungsindustrie und anderer Interessenten an der Rüstung gegen Rüstungsmaßnahmen feststellen zu können meinen. Eine Forschungsgruppe der Hessischen Stiftung Friedens- und Konfliktforschung hat sich mit diesen Studien auseinandergesetzt[1] und ist zu dem Schluß gekommen, daß das Konzept des militärisch-industriellen Komplexes für die Analyse des sozialistischen Rüstungskomplexes nicht fruchtbar ist, da es die Bedeutung der kapitalistischen Produktionsweise und der sie kennzeichnenden Kapitalbewegungen und Konkurrenzverhältnisse nicht erfaßt und die Eigenheiten der Produktionsweise in den sozialistischen Ländern nicht berücksichtigt.

Doch ist es nicht mit einer Auseinandersetzung mit unzureichenden Ansätzen zur Analyse der sozialistischen Rüstung getan. Zahlreiche empirische Tatbestände, vor allem die Konflikte innerhalb der sozialistischen Staatenwelt, legen es nahe, sich nicht mit der einfachen These zu begnügen, daß das Problem der Abrüstung in den sozialistischen Ländern sich darin erschöpft, wie der Restkapitalismus in der Welt zu überwinden ist. Das hieße zu behaupten, daß es gar keine Probleme der Abrüstung in den sozialistischen Ländern gebe – allenfalls verfahrenstechnische und jedenfalls keine politisch-ökonomischen.

Dem Problem der Abrüstung in den sozialistischen Ländern können wir uns auf zweierlei Weise nähern, von der empirischen Seite und von der theoretischen Seite her. Einige wissenschaftliche Ansätze untersuchen empirisch-pragmatisch die verbale Abrüstungspolitik der Regierungen der sozialistischen Länder auf der internationalen diplomatischen Szene und versuchen herauszubekommen, wie ernsthaft diese Politik gemeint ist. Untersuchungen über soziale und ökonomische Probleme der Abrüstung in sozialistischen Ländern brauchen sich jedoch nicht nur auf Deklarationen und Absichtserklärungen zu beschränken. Am Beispiel der sowjetischen Truppenreduktionen zu Beginn der sechziger Jahre lassen sich einige konkrete Probleme erfassen, die bei beschränkten Abrüstungsmaßnahmen in einem militärischen Sektor in einem sozialistischen Land auftreten können. In unserem Institut wird über dieses seltene Beispiel

1 HSFK-Forschungsbericht 6/1973.

historischer, nicht nur zukünftiger, spekulativer Abrüstungsprobleme in einem sozialistischen Land eine Studie angefertigt. Es zeichnet sich schon bei dem gegenwärtigen Stand der Untersuchungen ab, daß es durchaus spezifische Abrüstungsprobleme in den sozialistischen Ländern gibt und daß sie nicht nur eine Funktion des Kapitalismus darstellen.

Bei derartigen Untersuchungen stößt man auf das Problem der theoretischen Einschätzung der empirischen Befunde zur sozialistischen Rüstungs- und Abrüstungsproblematik. Dazu ist es notwendig, sich mit der Frage auseinanderzusetzen, wie sich das Verhältnis von Rüstung und Sozialismus in der marxistisch-leninistischen Theorie darstellt. Diese Frage stellen heißt nicht zu verkennen, daß es unterhalb der ideologischen Ebene, die sich in den sozialistischen Ländern relativ stabil und scheinbar unbeweglich darstellt, einen sehr großen Spielraum der pragmatischen Veränderungen von Einstellungen und Verhaltensweisen gibt. Doch grundlegende Veränderungen und Entwicklungen in der Realität vollziehen sich nur unter gleichzeitiger Weiterentwicklung der Ideologie. In diesem Prozeß der gesellschaftlichen Entwicklung spielen auch ideologische Verhärtungen und Verfestigungen von Denkschemata sowie theoretische Auseinandersetzungen eine gewisse Rolle, die wir nicht übersehen sollten.

Einige Grundzüge der marxistisch-leninistischen Theorie scheinen die Möglichkeit von kritischen Aussagen über die sozialistische Rüstung von vorneherein zu begrenzen. Diese Situation ergibt sich aus dem offiziellen Anspruch der sozialistischen Länder, den Sozialismus als erste Stufe der kommunistischen Gesellschaft verwirklicht zu haben, so daß auch die Aussagen der sozialistischen Klassiker über die Rüstung im Sozialismus gültig seien. Dies, obwohl die Geschichte des „realen Sozialismus“ unter ganz anderen als den erwarteten internationalen und ökonomischen Bedingungen begann und obwohl die Weltrevolutionsperiode, also auch die Periode der Koexistenz kapitalistischer und sozialistischer Gesellschaftssysteme, weitaus länger dauert, als von den sozialistischen Theoretikern früher angenommen wurde.

Gehen wir zunächst von der klassischen marxistischen These aus, daß es zwischen Sozialisten keine Kriege, militärische Aktionen und grundsätzliche politische Konflikte, die in militärische überzugehen drohen, geben kann. Dabei möchte ich hier nicht die Frage aufwerfen, ob es sich dabei um eine marxismusimmanent revidierbare Grundthese handelt.

Da es nun empirisch feststellbar in den gemeinhin als „sozialistische Länder" bezeichneten Teilen der Welt in den vergangenen Jahrzehnten militärische Konflikte gab, müssen Marxisten, die die genannte Grundthese von der Unmöglichkeit intersozialistischer Kriege teilen, zumindest einer der beteiligten Konfliktparteien den sozialistischen Charakter grundsätzlich oder wenigstens für die Konfliktzeit absprechen. Dies gilt für innerstaatliche Konflikte ebenso wie für zwischenstaatliche. Eine der beteiligten Konfliktparteien muß unter der genannten theoretischen Prämisse bürgerlich konterrevolutionär oder zumindest der objektive Agent bzw. das verführte Opfer der Konterrevolution sein. Diesen Argumentationsmechanismus in der marxistisch-leninistischen Theorie können wir bei allen historischen Konflikten in den sozialistischen Ländern beobachten – sowohl bei Konflikten zwischen den sozialistischen Staaten als auch bei Konflikten zwischen der Regierung und den Werktätigen in einzelnen sozialistischen Ländern. Wir beobachten dies heute vor allem in der sowjetisch-chinesischen Auseinandersetzung, in der sich beide sozialistischen Staaten wechselseitig den sozialistischen Charakter absprechen; wir beobachten dies ebenfalls bei sozialen Konflikten innerhalb eines sozialistischen Landes, wobei Marxisten entweder der Regierung oder den revoltierenden Arbeitern antisozialistisches Verhalten vorwerfen.

Ich glaube nicht, daß es in absehbarer Zeit einen Ausweg aus dieser Sackgasse der marxistisch-leninistischen Theorie geben wird, die letztlich jeden Konflikt in der sozialistischen Welt aus dem Wirken und Einfluß des Kapitalismus erklären zu müssen meint. Unter diesen ideologischen Bedingungen wird wahrscheinlich auf Jahre und Jahrzehnte von den Wissenschaftlern aus den sozialistischen Ländern die Aussage stereotyp wiederholt werden, daß das Problem der Abrüstung im Sozialismus nur ein Problem der Überwindung des Kapitalismus in all seinen Formen, also auch der ideologischen Überreste ohne materiell-ökonomische Basis, darstellt. Die einzige Möglichkeit einer schöpferischen Weiterentwicklung der marxistischen Theorie sehe ich in weiteren Untersuchungen über die Bedeutung von sogenannten nichtantagonistischen Interessen in den sozialistischen Ländern, also von Interessengegensätzen ohne Klassencharakter. Vielleicht bestehen in den sozialistischen Ländern heute noch nicht die Bedingungen für eine Entwicklung der marxistischen Theorie in dieser Richtung. Mich interessiert die Ansicht der Kollegen aus den sozialistischen Ländern zu dieser Problematik der Theoriebildung. So möchte ich zum Abschluß meines Diskussionsbeitrages noch die folgenden Fragen an sie richten:

1. Halten Sie es für möglich, daß in den sozialistischen Ländern nichtantagonistische Interessen bestehen oder entstehen können, die der Abrüstung entgegenstehen?
2. Bis zu welchem Grade müssen die sozialistischen Länder aufrüsten, solange es noch eine kapitalistische oder eine nichtsozialistische Bedrohung für den „realen Sozialismus" gibt? Ist also für die Verteidigung und Sicherheit der sozialistischen Gemeinschaft eine militärische *Überlegenheit* erforderlich, oder genügt eine militärische *Gleichheit* mit den kapitalistischen Ländern?

Militärtheoretiker und Verteidigungspolitiker der sozialistischen Länder beanspruchen auch heute noch, daß die sozialistischen Staaten in einem kommenden Weltkrieg, sollte er von den Imperialisten angezettelt werden – und für diesen Eventualfall ist die sozialistische Rüstung geplant – militärisch überlegen sein und sogar den militärischen Sieg davontragen werden.

Eine eindeutige Abkehr von der Doktrin der notwendigen oder vorhandenen militärischen Überlegenheit der sozialistischen Länder – so gut wie sicher besteht sie in der Realität nicht – scheint mir nicht deshalb notwendig, weil eine militärische Überlegenheit der sozialistischen Länder eine größere Kriegsgefahr bedeuten würde als eine militärische Gleichheit oder Unterlegenheit. Die Abkehr von der Doktrin der militärischen Überlegenheit, die später auch einmal die Verhinderung einer faktischen Überrüstung der sozialistischen Länder erfordern würde, ist deshalb wichtig, weil eine solche Abkehr die Bemühungen der Rüstungsgegner in den kapitalistischen Ländern außerordentlich erleichtern würde. Solange eine Seite im Ost-West-Konflikt militärische Überlegenheit beansprucht, besitzt oder anstrebt, kann es keine Abrüstung unter den Bedingungen der Koexistenz der beiden Gesellschaftssysteme geben. Es ist in dieser Sache offensichtlich, daß es keine wissenschaftlichen Kriterien für eine vollständige Gleichheit der militärischen Potentiale geben kann. Unter den gegenwärtigen Bedingungen der totalen Vernichtungskapazitäten auf beiden Seiten können wir davon ausgehen, daß etwa seit dem Ende der sechziger Jahre eine hinreichende militärische Gleichheit zwischen Ost und West besteht, auch wenn wir in Rechnung stellen, daß der Begriff der Gleichheit unter den Bedingungen der militärisch-politischen Tri- oder Multipolarität der internationalen Kräfteverhältnisse sowieso an theoretischer Relevanz verliert, da unterschiedliche Koalitionen denkbar scheinen. Unter diesem Aspekt verlieren meines Erachtens auch alle historischen Erfahrungen mit äußeren Aggressionen, die so nachdrücklich und in durchaus verständlicher Weise das Denken und die Argumentationen unserer sowjetischen Kollegen prägen, ihre Beweiskraft für die Notwendigkeit einer unbeschränkten Weiterrüstung der sozialistischen Länder bis zur militärischen Überlegenheit über die Hauptmächte der kapitalistischen Welt.

Ich teile die Ansicht, daß es, solange eine kapitalistische Gesellschaftsordnung existiert, keine vollständige internationale Abrüstung geben kann. Darüber sollte man sich keinen Illusionen hingeben. Wir sprechen aber hier in unseren Diskussionen sowieso implizit immer nur von einer partiellen Abrüstung, von einer Reduzierung der Massenvernichtungsmittel, also von einer partiellen Demilitarisierung der internationalen gesellschaftlichen Auseinandersetzungen. Die Forderung nach einer Abrüstung auch der Antirevolutions- und Polizeibewaffnung ist zwar begrüßenswert, hat aber reale Bedeutung nur in der unmittelbaren Verknüpfung mit der Forderung nach und mit dem Kampf zur Überwindung aller sozial antagonistischen Gesellschaftsstrukturen.

Die Möglichkeit einer partiellen Abrüstung auch unter den Bedingungen des Kapitalismus war eine Grundthese der Schrift von Friedrich Engels von 1893 zur Frage, ob Europa abrüsten könne. Diese These ist meines Erachtens auch durch die beiden Weltkriege nicht falsifiziert worden. Würden wir sie nicht teilen, so brauchten Liberale und Sozialisten hier nicht zusammenkommen. Gegenüber der unglücklichen, totalen Negation einer Abrüstungsproblematik in den sozialistischen Ländern selbst, scheint es mir notwendig – obwohl die wichtigsten Auseinandersetzungen für Abrüstung in den kapitalistischen Ländern selbst stattfinden – hervorzuheben, daß unter den Bedingungen der Koexistenz zweier Gesellschaftssysteme die Chancen einer partiellen Demilitarisierung der internationalen und gesellschaftlichen Auseinandersetzungen nicht nur von der Entwicklung in den kapitalistischen Ländern abhängen, sondern auch von der Entwicklung in den sozialistischen Ländern. Dies bedeutet, daß der militärische Überlegenheitsanspruch gewisser gesellschaftlicher Kreise in den sozialistischen Ländern, der mit der nichtantagonistischen, also nicht klassenbedingten Interessenlage einzelner sozialer Gruppen zusammenhängen könnte, von den Rüstungsgegnern in den sozialistischen Ländern überwunden werden muß.

Gerhard Fink

Die Freisetzung von Finanzmitteln durch eine substantielle Kürzung der Rüstungsausgaben

183 Milliarden Dollar[1] wurden 1970 in der ganzen Welt für militärische Zwecke ausgegeben. Etwa 15 Milliarden Dollar wurden den weniger industrialisierten Staaten zur Verfügung gestellt. Der Gedanke liegt nahe, daß nach einer Reduktion der Militärausgaben, die fast so groß sind wie das Bruttosozialprodukt Frankreichs, sehr viel Geld für humanitäre Zwecke zur Verfügung stehen könnte. Die hier angesprochene Dimension verleitet zu optimistischen Einschätzungen über die Möglichkeiten, zu einer Veränderung der Lage zu kommen. Sollte nur eine Reduktion von 10% der Militärausgaben erreicht werden, dann wäre das schon eine Verdoppelung der Entwicklungshilfe. Bei solchen Aussichten vergißt man sehr leicht die Hemmnisse für eine Veränderung in der Ausgabenpolitik.

Ich möchte daher hier kurz skizzieren, wie groß die Chancen für eine Reduktion dieser Ausgaben aus rein ökonomischer Sicht sind und welche Effekte man sich unter diesen Bedingungen von einer Reduktion erwarten kann.

Die wichtigsten Ausgabengruppen, die zusammen etwa 80% der direkten Militärausgaben betragen, sind Personalausgaben, Ankäufe und Wartung von Ausrüstungen und die Nahrungsmittelversorgung. Würde man den Personalstand um die Hälfte reduzieren, dann könnten auch die Ausgaben für die Versorgung reduziert werden. Dabei stößt man sofort auf ein erstes äußerst ernst zu nehmendes Problem, das in der Folge des Vietnam-Krieges in den USA zu spüren war. Wenn durch eine langfristige Militärpolitik der Personalstand des Heeres relativ hoch gehalten wurde, dann führt eine plötzliche Reduktion des Personalstandes zu Arbeitslosigkeit. Die entlassenen Soldaten

1 Alle Angaben über militärische Ausgaben sind dem SIPRI Yearbook 1973 entnommen; soweit andere Zahlenangaben nicht besonders gekennzeichnet sind, stammen sie aus dem UN Yearbook 1971.

finden keine freien Arbeitsplätze vor. Allein durch die zu erwartenden Probleme wird daher jeder Staat davor zurückschrecken, kurzfristig seine Truppen zu reduzieren. Der bisher eingeschlagene Weg, die Rüstungsausgaben auf einem gewissen Stand einzufrieren, ist aus diesem Grund der einzig mögliche Zutritt, zu einer Änderung der unerfreulichen Rüstungssituation zu kommen.

Ähnliche Probleme würden entstehen, wenn man in kurzer Zeit die Ankäufe neuer Waffen einschränken würde. Die für den militärischen Bereich produzierten Güter können nur in sehr seltenen Fällen auch im nicht-militärischen Bereich verwendet werden. Man kann sich zwar vorstellen, daß man anstelle von Panzern Lokomotiven herstellt – nicht umsonst sind es häufig dieselben Fabriken, die diese Güter produzieren. Was geschieht aber mit jenen Fabriken, in welchen Raketen und Düsenflugzeuge hergestellt werden? Es ist kaum denkbar, diese Güter für den privaten Konsum in solchem Ausmaß verwenden zu können. Wiederum wären durch eine radikale Änderung der Politik Arbeitsplätze gefährdet. Die Analysen von Input-Output-Tabellen haben gezeigt, daß einzelne Wirtschaftsbereiche zwar von anderen Zweigen Leistungen beziehen, aber nur wenig Leistungen an die übrige Wirtschaft abgeben. Die auf den militärischen Bedarf ausgerichtete Produktion ist solch ein Bereich. Es muß daher eine Reduktion der Militärausgaben mit Investitionen im nicht-militärischen Bereich verbunden werden, damit die Strukturprobleme, die durch solch eine Reduktion entstehen, nicht zu einer allgemeinen Wirtschaftskrise führen. Die auf den militärischen Bereich ausgerichtete Produktion muß durch eine auf den zivilen Bereich ausgerichtete Produktion ersetzt werden. Gleichzeitig muß die zivile Nachfrage vergrößert werden.

Leider geht aus dem bisher Gesagten hervor, daß in einer ersten Phase der Reduktion von Rüstungsausgaben für die Entwicklungsländer wenig Hoffnung auf eine verstärkte Unterstützung durch die abrüstenden Staaten besteht. Eine Veränderung der Produktionsstruktur in den abrüstenden Staaten könnte aber so ausgerichtet werden, daß dort jene Güter produziert werden, die den Entwicklungsländern helfen, eigene Industrien aufzubauen. Erst in einer zweiten Phase, die nach der Abrüstungsperiode möglich wäre, könnte eine Verbesserung der Situation eintreten. Dieser Zusammenhang zeigt, wie dringend das Problem der Abrüstung zu lösen ist, damit die akuten Probleme der Menschheit vielleicht in 20 Jahren gemildert werden können.

Die entwickelten Staaten hätten allerdings auch die Möglichkeit, die bei der Reduktion der Militärausgaben eingesparten Mittel im Inland einzusetzen. Da zwei Drittel der Militärausgaben von den USA und der UdSSR getätigt werden und diese beiden Staaten außer den unmittelbar kriegführenden Staaten auch die relativ größten Summen ausgeben, habe ich meine Berechnungen nur für diese Länder durchgeführt. Die USA gaben 1969 8,7% des heimischen Bruttoprodukts und die UdSSR 6,8% des Nettomaterialprodukts für militärische Zwecke aus. Eine Reduktion der Militärausgaben um 50% hätte im Jahre 1970 zu einer Freisetzung von 39 Mrd. Dollar in den USA und von etwa 9 Mrd. Rubel in der UdSSR geführt. Im weiteren gehe ich von der Annahme aus, daß solch ein Abbau tatsächlich möglich sei, um die Größenordnung des Verzichts auf andere Verwendungen dieser Mittel zeigen zu können.

Wenn diese Beträge unmittelbar zur Vermehrung der Investitionen verwendet worden wären, dann hätten sich für die UdSSR 1970 folgende Auswirkungen ergeben können: Die Investitionen in der Wirtschaft wären statt um 11,4% um 20% gestiegen und die produktiven Grundfonds würden in diesem Jahr um 1,6% schneller gewachsen sein. Legt man die von Hocke und Wagner[2] ermittelten Produktionsfunktionen zugrunde, so käme das einer Steigerung des jährlichen Wachstums des Nettomaterialprodukts um 1% gleich. Für die USA wären die Ergebnisse ähnlich: die Investitionen hätten um 25%, der

2 J. Hocke und J.-J. Wagener, The application of production function analysis to Soviet industry, NASEES Conference, London 1972.

Kapitalstock um 2,3% und das Nationaleinkommen um etwa 1,8% schneller zugenommen.[3]
Da der militärische Verbrauch um den Betrag, um den die Militärausgaben gekürzt werden, zurückgeht, ist erst nach der Reifezeit der Investitionen die errechnete Zunahme der Wachstumsrate des Nationaleinkommens zu erwarten. Bei einer Übertragung des militärischen Verbrauchs in privaten Konsum, kann der Wachstumseffekt im Rahmen der hier angestellten Überlegungen vernachlässigt werden. An die Stelle der Nachfrage durch die Regierung tritt die Nachfrage der Konsumenten.
Wenn die freigesetzten Mittel konsumiert werden könnten, wäre 1970 der private Konsum in den USA um 6,3% schneller gestiegen als tatsächlich. In der UdSSR wäre der Effekt ähnlich groß: 4,5% schnelleres Wachstum des persönlichen Verbrauchs. Könnten die 9 Mrd. Rubel, die durch Reduktion der Militärausgaben freigesetzt werden, für den Bau von Wohnungen, Schulen, Krankenhäusern und kulturellen Einrichtungen verwendet werden, dann hieße dies, daß in der UdSSR statt 2,2 Millionen Wohnungen jährlich 3,3 Millionen gebaut werden könnten, denn die für diese Zwecke aufgewendeten Mittel sind insgesamt geringer als die Verteidigungsausgaben.[4] Ebenso könnte die Zahl der jährlich fertiggestellten Krankenhäuser und Schulen um 50% erhöht werden.
Aus den bisher angestellten Überlegungen geht hervor, daß es äußerst schwierig ist, eine deutliche Reduktion der Militärausgaben innerhalb einer kurzen Zeit durchzuführen. Die besten Absichten in dieser Beziehung können wegen wirtschaftlicher Verflechtungen und sozialpolitischer Grundsätze nur vorsichtig in Taten umgesetzt werden. Es liegt allerdings im Interesse der entwickelten Staaten, die Rüstungsausgaben zu be-

3 Hier wurde die Kapitalstockschätzung von B. Hickmann bis 1970 fortgeschrieben und auf „Preise 1970" umgerechnet. Als Produktionsfunktion wurde die Funktion 4c von R. Solow, Technical progress and productivity change, genommen.
4 Nach Narodnoe Chozjajstvo, SSSR, 1922–1972, S. 361.

schränken. Der Konsumverzicht ist beträchtlich, wenn diese Ausgaben beibehalten werden.

Die Verpflichtung der entwickelten Länder, den weniger industrialisierten Staaten beim Aufbau eigener Industrien zu helfen, kann bei einem Abbau der Rüstungsausgaben sicher leichter erfüllt werden. Schließlich sollte auch die militärische Hilfe in eine ökonomisch wirksame Hilfe umgewandelt werden können.

David Holloway

Mögliche Konversions-Probleme in der Sowjetunion

Das Thema der Konversion und die Frage des Widerstandes oder der Schwierigkeiten bei der Umstellung auf zivile Produktion und auf zivile Forschung und Entwicklung wurde bisher nicht wirklich systematisch behandelt. Es gibt verschiedene Meinungen und Erklärungen in der Literatur über kontroverse Punkte, wie zum Beispiel, ob die Wirtschaft der Vereinigten Staaten tatsächlich militärische Ausgaben benötigt oder nicht, ob der Kapitalismus unbedingt militärische Ausgaben braucht oder nicht. Wenn wir überhaupt an eine Politik der friedlichen Koexistenz glauben, scheint es mir, daß wir annehmen, eine Rekonversion sei möglich und daß militärische Ausgaben faktisch weder für die kapitalistische noch für die sozialistische Wirtschaft notwendig seien.

Der Großteil der Analysen bezog sich auf die kapitalistische Wirtschaft, und ich möchte die Frage aufrollen bezüglich des Problems der Rekonversion in den sozialistischen Ländern, insbesondere in der Sowjetunion. Es ist gesagt worden, daß es keine Gruppe, keine Klasse oder Schicht in der sowjetischen Gesellschaft gibt, die ein Interesse an der Rüstung hat und daß es daher keine Opposition gegen die Abrüstung gäbe. Im Prinzip läßt sich dagegen nichts einwenden. Soweit es sich bei der sowjetischen Wirtschaft um eine Planwirtschaft handelt, wäre es möglich, eine reibungslose Rekonversion zu planen. Gleichzeitig ist aber klar, daß Theorie und Praxis nicht immer auf das engste verbunden sind und daß es bei der Rekonversion zumindest die Möglichkeit von Problemen gibt. Man könnte daraus schließen, daß eine mögliche Form einer zwar nicht offenen Opposition entstehen könnte, oder eine Form der Passivität oder Verzögerung der Rekonversion. Ich möchte erklären, was ich darunter verstehe.

Wenn man die sowjetische Erfahrung, die Erfahrung des Sowjetstaates betrachtet, dann ergibt sich daraus klar, daß er während eines Großteils seiner Geschichte durch militärische Gewalt von außen bedroht gewesen ist. Ich denke nicht nur an die Intervention im Bürgerkrieg, die nationalsozialistische Bedrohung in den dreißiger Jahren und die spätere Bedrohung während des Kalten Krieges. Daher wurde in der Entwicklung des sowjetischen Wirtschafts- und Planungssystems selbstverständlich der Schwerpunkt auf die vordringliche Notwendigkeit des Ausbaus der Schwerindustrie gelegt, um die Hauptstütze oder die Grundlage für ein weiteres Wirtschaftswachstum und in zweiter Linie für die Verteidigungsindustrie zu schaffen. Diese sollte der Sowjetunion die Rüstungen bereitstellen, mit denen sie sich gegen eine Bedrohung von außen verteidigen konnte.

Während des Aufbauprozesses der industriellen Grundlage und dieses Planungssystems wurden gewisse strukturelle Merkmale berücksichtigt, wie zum Beispiel eine unterschiedliche Preisgestaltung, Vorzugsversorgung der Verteidigungsindustrie mit Material usw., was sich natürlich aus der der Verteidigung des Landes und dieser Gesellschaft gegebenen hohen Priorität ergab.

Mir scheint das Problem darin zu liegen, daß in den letzten Jahren in der sowjetischen Wirtschaftspolitik eine Verschiebung des Schwergewichts auf die Produktion von Konsumgütern, auf Güter der von den Industrien in der Gruppe B erzeugten Waren erfolgt ist. Soweit ich es aus der von mir gelesenen Literatur verstehe, gelang diese Verschiebung des Schwergewichts vielleicht nicht so glatt, wie man annehmen könnte. Anders gesagt, es sind Traditionen entstanden, die den Schwerpunkt und das Prestige auf die Schwerindustrie verlagern und der Konsumgüterindustrie nicht zu eigen sind. In der Schwerindustrie gibt es vielleicht in der Lohnstruktur Vorzugslöhne, Vorzugspreise und Lieferabkommen. Man könnte daher meiner Meinung nach erwarten, daß aufgrund der historischen Erfahrung in der sowjetischen Entwicklung die Abrüstung in der Sowjetwirtschaft eine strukturelle Veränderung erfordern würde. Damit meine ich eine Änderung der Preisvereinbarungen, der Lieferbedingungen usw., das heißt, keine bloße Feststellung einer Gruppe von neuen Prioritäten, sondern auch die Herbeiführung einer neuen Gruppe von Vereinbarungen zur Durchsetzung dieser neuen Prioritäten. Das Problem ist aber folgendes: Ich will nicht sagen, daß manche Leute gegen diese neuen Formen sind. Ich sage auch *nicht*, daß es gewissermaßen eine Gruppe gibt, die sich spezifisch gegen die Abrüstung oder gegen irgendeine Verringerung der Rüstungsausgaben wendet. Die Konversion würde jedoch einige ziemlich radikale Veränderungen in den sozialen Werten und Planungssystemen der Sowjetunion beinhalten. Mir scheint, daß man zum richtigen Verständnis der Probleme der Konversion und des Problems einer gewissen Trägheit oder inneren Dynamik des Wettrüstens die Frage ernsthaft studieren muß. Ich würde sehr gerne die Meinung unserer sowjetischen Kollegen dazu hören.

Maciej Perczynski

Ökonomische Auswirkungen von Abrüstungsmaßnahmen und die Perspektiven der Systemkonkurrenz

Ich möchte hier zunächst über die in meinem Institut, dem Polnischen Institut für Internationale Fragen, durchgeführten Untersuchungen berichten und einige sich aus ihnen ergebende logische Aspekte zu bedenken geben.

So wurden z. B. Überlegungen zum Studium der Wachstumsrate angestellt. Es war ein kompliziertes Verfahren, die etwaige Auswirkung von Abrüstung auf die Wachstumsrate der Volkswirtschaft zu beurteilen. Zu diesem Zweck analysierten wir die akkumulativen Wirkungen der Kapitalinvestitionen und errechneten für dieses Jahrzehnt Zahlen, aus denen sich ergab, daß die Wachstumsrate der Volkswirtschaft um ungefähr 0,9% höher sein könnte, wenn die für die Umstellung verfügbaren Mittel der Wirtschaft einem nicht-militärischen Gebiet zugewendet werden könnten.

Wir befaßten uns auch mit der Untersuchung der Korrelation zwischen den Rüstungsausgaben und dem Wachstum des Nationaleinkommens in Ländern wie Frankreich, Westdeutschland, den Vereinigten Staaten, Polen und der UdSSR. Dabei stellten wir fest, daß der Korrelationskoeffizient besonders niedrig ist. Dies zeigt, daß die Untätigkeit der Militärausgaben einen ungeheuer großen Einfluß auf die Orientierung des Wirtschaftswachstums in allen diesen Ländern in Ost und West ausübt. Wir versuchten, Ausgaben mit bestimmten konjunkturellen Perioden, wie z. B. in den Vereinigten Staaten, zu vergleichen. Dabei zeigte sich, daß Militärausgaben vom Standpunkt der anerkannten Methode der Marktregulierung in Richtungen verwendet wurden, die der Regulierung des Konjunkturprozesses ganz entgegengesetzt waren. Wir stellen auch in den sozialistischen Ländern fest, daß diese Untätigkeit einen großen Einfluß auf das Marktgleichgewicht hat und es stört.

Besonders deutlich kam dies in dem Prozeß zum Ausdruck, der es infolge bestimmter Schwierigkeiten der Planerfüllung notwendig machte, die Mittel anzugleichen und die Wirtschaftsstruktur anzupassen, um das notwendige Gleichgewicht auf dem Markt herzustellen. Die Tatsache, daß die Untätigkeit der Militärausgaben nicht vermieden werden konnte, hat die Festsetzung eines optimalen Wirtschaftswachstums bei bestimmten Verletzungen der Planerfüllung ungeheuer erschwert.

Im Prozeß des Wirtschaftswachstums hat sich die Rolle der Militärausgaben etwas verändert. Heute können sie in den hochentwickelten kapitalistischen Ländern nicht als Werkzeug, als Methode angesehen werden, die wirtschaftliche Stabilisierung zu beeinflussen oder die gegenkonjunkturelle Bewegung durch staatliche Ausgaben für Rüstungen zu verwenden, wie es Praxis und Theorie in früheren Jahren zeigten.

Ferner wurde die Frage aufgerollt, warum man in der Sowjetunion und in den Vereinigten Staaten, also in kapitalistischen und in sozialistischen Ländern oft eine so ähnliche Entscheidungsbildung beobachten kann. Welche Gründe liegen zum Beispiel bei der gleichen Entscheidung für ein Weltraumprogramm vor? Dies ist deswegen der Fall, weil wir im gleichen Zeitalter leben und vor den gleichen Problemen der technischen Revolution stehen. Die wichtigste Tatsache ist aber, daß wir in einer Zeit leben, in der die historische Konfrontation zwischen Sozialismus und Kapitalismus nicht nur eine Konfrontation auf militärischer Ebene ist. Ein viel wichtigeres Gebiet der historischen Konfrontation liegt im wirtschaftlichen Bereich. Es ist für jeden Marxisten ganz klar, daß nur jenes System Aussicht hat zu gewinnen, daß nur jenes System Überlebenschancen hat, das die größere Leistung, die größere Produktivität der Arbeit aufzuweisen hat. *Diese* Form des Wettbewerbs, *diese* Art der Konfrontation wird das historische Geschick des Systems bestimmen. Die sozialistischen Länder sind bereit, sich dieser Herausforderung auf wirtschaftlichem Gebiet zu stellen. Dies hat sogar eine bestimmte schöpferische Wirkung auf das gesamte wirtschaftliche Leben. Ich glaube, daß in der letzten Zeit diesbezüglich sehr bedeutende Veränderungen eingetreten sind. Es wurde die Frage gestellt, ob militärische Überlegenheit eine Bedingung ist, diesen Wettbewerb zu gewinnen, eine Möglichkeit für den Sieg des Sozialismus in der historischen Zukunft ist. Ich muß betonen, daß niemals in der Entwicklungsgeschichte der sozialistischen Gesellschaft der Gedanke der militärischen Überlegenheit gepredigt worden ist. Von allem Anfang der Existenz des Sozialismus wurden vielmehr die Idee des Exports der Revolution wie auch die des Imports der Gegenrevolution abgelehnt. Es war bis vor kurzem das Konzept, die Theorie der kapitalistischen Länder und in erster Linie der Vereinigten Staaten, die militärische Überlegenheit als Bedingung anzusehen, die Entwicklung des Sozialismus im Weltmaßstab hintanzuhalten. Ich muß aber sagen, daß in letzter Zeit ein wichtiges Ereignis von historischer Bedeutung eingetreten ist. Es handelt sich um die Anerkennung des Prinzips des gleichen Rechts auf Sicherheit durch die Vereinigten Staaten. Gleiches Recht auf Sicherheit schafft eine neue Möglichkeit, Beziehungen herzustellen und erschließt den Weg, auf die Abrüstung und die Erhaltung des gleichen Rechts auf Sicherheit hinzuwirken, wenn auch nicht auf einer so hohen und kostspieligen Ebene wie bisher. Natürlich müssen wir hier realistisch sein und dürfen diese Umstellung nicht in einem Tag oder in einem Jahr erwarten, sondern müssen erkennen, daß es notwendig sein wird, bloß schrittweise in der richtigen Richtung vorzugehen. Ich glaube, daß bestimmte Bedingungen im internationalen Leben eine Stufe erreicht haben, die nicht einmal von Wissenschaftlern erwartet wurde. Die Tatsache, daß wir aufgrund der Sicherheitsprobleme neue Beziehungen zwischen den Großmächten in der Welt haben, ist etwas, was die Einstellung völlig geändert und eine weitere Perspektive für konsequente Schritte im Abrüstungsprozeß gebracht hat. Ich möchte sagen, daß in diesem Zusammenhang nicht nur bestimmte objektive, sondern auch subjektive Faktoren eine sehr große Rolle spielen.

Peter Knirsch

Abrüstung und intersystemare Wirtschaftsbeziehungen

Im bisherigen Verlauf dieses Symposiums standen politische und zum Teil auch militärwissenschaftliche Überlegungen sehr stark im Vordergrund. Die Diskussion kreiste mehr um die Frage, ob Abrüstung überhaupt möglich sei und weniger um das eigentliche Tagungsthema, die ökonomischen und sozialen Aspekte der Abrüstung. Diese Entwicklung der Diskussion ist gewiß nicht unbegründet, denn die politischen Bedingungen für eine Abrüstung der heute bestehenden Militärpotentiale sind unmittelbarer zu erkennen als die wirtschaftlichen und sozialen Verhältnisse, die sie beeinflussen. Trotzdem erscheint es mir wichtig, auch auf diese Zusammenhänge einzugehen. Meiner Forschungsrichtung entsprechend, will ich dies hier nur für einen begrenzten Teilaspekt der Ökonomie, für die Zusammenhänge zwischen Ost-West-Wirtschaftsbeziehungen und Abrüstung, versuchen.

Das Problem zerfällt logisch in zwei Teile: Es wäre zum ersten zu untersuchen, inwieweit die Wirtschaftsbeziehungen zwischen Ost und West die Abrüstungsmöglichkeiten in den beiden Blökken beeinflussen. Zum zweiten wäre zu klären, in welcher Weise sich Abrüstung auf die Entwicklung der intersystemaren Wirtschaftsbeziehungen auswirken würde. Dieser zweite Gesichtspunkt hat dabei nicht nur spekulativen Charakter für eine mehr oder weniger ferne Zukunft, in der Abrüstungsbemühungen realisiert werden könnten, sondern er beeinflußt – wie alle ökonomischen Konsequenzen der Abrüstung – bereits die Möglichkeiten für die Durchsetzung der Abrüstungsbemühungen. Es geht dabei um die Auseinandersetzung mit dem Argument, daß gegen Abrüstung wegen der damit eventuell verbundenen wirtschaftlichen Probleme unüberwindbare Widerstände auftreten können.

Zunächst wäre zu überlegen, welchen Beitrag die Ost-West-Wirtschaftsbeziehungen zur Abrüstung der Militärblöcke leisten könnten. Eine Beantwortung dieser Frage muß wohl von dem Tatbestand ausgehen, daß die Wirtschaftsbeziehungen zwischen den kapitalistischen und sozialistischen Ländern bisher wenig intensiv sind. Insbesondere für die entwickelten Industrieländer des Westens ist die Bedeutung des Wirtschaftsverkehrs mit den RGW-Ländern bei einem Anteil von etwa 4% (so für die EWG-Länder 1970) doch sehr gering, und es ist schwer zu sehen, wie von derart marginalen Wirtschaftserscheinungen hinreichend starke Wirkungen auf die politischen Abrüstungsbemühungen ausgehen sollen. Etwas anders liegen die Dinge auf der Seite der sozialistischen Länder, wo die Anteile des Westhandels am Außenhandelsumsatz 1970 zwischen 17% in Bulgarien und 36% in Rumänien, in der Sowjetunion bei 21% lagen. In dieser Ländergruppe ist die gesamtwirtschaftliche Bedeutung der Ost-West-Wirtschaftsbeziehungen somit größer, die Bereitschaft zur Abrüstung könnte dadurch stärker beeinflußt werden, wenn wir überhaupt davon ausgehen, daß ein derartiger Wirkungszusammenhang besteht.
Soweit ich es übersehe, wird in der Literatur jedoch kaum ein direkter Zusammenhang zwischen den gegenwärtigen, wenig intensiven Wirtschaftsbeziehungen zwischen West und Ost und den Durchsetzungsmöglichkeiten von Abrüstungsbemühungen behauptet. Diese Argumentation bezieht sich mehr auf die künftige Entwicklung der Ost-West-Wirtschaftsbeziehungen, und hier vor allem auf die Herausbildung neuer, intensiverer Formen dieser Beziehungen, wie sie in den letzten Jahren als wissenschaftlich-technische und industrielle Kooperation entstanden sind. Freilich ist auch in dieser Frage die Beweisführung nicht allzu konkret, wenn gesagt wird, daß solche intensiveren Formen der intersystemaren Wirtschaftsbeziehungen zu einem besseren Kennen- und Verstehenlernen der Völker führen und einen allgemeinen Geist der Entspannung und Verständigung entstehen lassen, der natürlich abrüstungsfördernd wäre. Diese Ableitung erscheint mir insgesamt doch sehr vage. Es spricht zwar einiges für die Annahme, daß die Entwicklung

von ökonomischen Kooperationsformen zwischen Ost und West entspannungsfördernd wirken kann. Angesichts der bisher überaus geringen quantitativen Bedeutung der realisierten echten Kooperationsbeziehungen muß das Gewicht dieser Einflüsse vorläufig als recht klein eingeschätzt werden. Hinzu kommt, daß die intensivere Zusammenarbeit nicht notwendig diese entspannungsfördernde Wirkung haben muß, sie ist auch mit wirtschaftlichen Abhängigkeiten verbunden, die unter ungünstigen Bedingungen mehr Mißtrauen und Animositäten begründen können. Auf jeden Fall handelt es sich dabei um wissenschaftlich noch keineswegs abgesicherte und in positiver wie negativer Ausprägung für das Abrüstungsproblem gewiß nicht sehr bedeutsame Zusammenhänge. Wir sollten sie als Möglichkeit, eigentlich handelt es sich dabei nur um eine Hoffnung, zwar auch im Zusammenhang mit der Abrüstung im Auge behalten, aber es ist nicht zu übersehen, daß von den Ost-West-Wirtschaftsbeziehungen kaum direkte oder gar starke Einflüsse auf die Abrüstung ausgehen und auch auf absehbare Zeit nicht zu erwarten sind.

Der zweite zu untersuchende Zusammenhang betrifft die möglichen Wirkungen der Abrüstung auf die intersystemaren Wirtschaftsbeziehungen. Dieser Punkt wird am Rande in den für dieses Symposium vorgelegten Referaten berührt. So wird in der Ausarbeitung von Herrn Doernberg gesagt, daß durch die Abrüstung die Möglichkeiten für die wissenschaftlich-technische Zusammenarbeit durch Freisetzung von bisher für Rüstungszwecke verwendeten Kapazitäten erweitert werden. Dies ist sicher richtig, wirtschaftlich entscheidend ist jedoch die Frage, ob diese Potentiale so groß sind, daß sie eine wesentliche Änderung des Zustandes der Ost-West-Wirtschaftsbeziehungen zu bewirken vermögen. Diese Frage bedürfte wohl noch einer wissenschaftlichen Klärung. Eine zweite Bemerkung im gleichen Referat geht dahin, daß Abrüstungsmaßnahmen eine Atmosphäre schaffen würden, die der Entwicklung der wissenschaftlichen Zusammenarbeit günstig wäre. Ich finde, daß wir die betreffenden Prozesse nicht auf diese Weise trennen können: Abrüstung setzt ebenso oder eher in höherem Maße als wissenschaftliche Zusammenarbeit eine Atmosphäre des Vertrauens voraus, es handelt sich dabei um einen einheitlichen Prozeß, der beiden Erscheinungen zugute kommt.

Eine letzte Bemerkung zu den Wirkungen der Abrüstung auf die Ost-West-Wirtschaftsbeziehungen findet sich im Referat von Herrn Aboltin. Er nimmt an, daß durch die Abrüstung die inflationären Entwicklungen und damit auch die Währungskrisen in den westlichen Industrieländern aufhören würden, was den internationalen Handel fördern würde. Auch dieser Zusammenhang – er erscheint mir auf den ersten Blick nicht unbedingt zwingend – verdient und verlangt eine sorgfältige wissenschaftliche Analyse.

Während in den Referaten relativ konkrete Probleme angeschnitten wurden, möchte ich hier in der Diskussion allgemeiner die vorstellbaren Wirkungen der Abrüstung auf die Ost-West-Wirtschaftsbeziehungen zu skizzieren suchen. Durch Abrüstungsmaßnahmen werden in den Volkswirtschaften auf beiden Seiten Kapazitäten, die bisher der Produktion von Rüstungsgütern dienten, freigesetzt. Während langfristig eine Umstrukturierung der Volkswirtschaften auch in Richtung auf verstärkte Außenwirtschaftsbeziehungen vollziehbar erscheint, liegen die interessanten Probleme bei den Möglichkeiten der kurzfristigen Anpassung. Es kommt für unsere Fragestellung darauf an, ob die durch Abrüstung frei werdenden Kapazitäten Güter produzieren können, die für eine Ausweitung des Ost-West-Handels geeignet sind. Die Rüstungsgüter, die bisher diese Kapazitäten okkupiert haben, sind dafür selbstverständlich nicht geeignet, denn dies würde ja in direktem Widerspruch zu den vorausgesetzten Abrüstungsmaßnahmen stehen. Nun werden, wie ja auch dieses Symposium gezeigt hat, durch Abrüstung offenbar nicht nur spezifische Rüstungsgüter freigesetzt. Als Beispiel wären die Flugzeugindustrie oder die elektronische Industrie zu nennen. Es erscheint grundsätzlich angesichts der Sachlage durchaus möglich, daß im Falle einer wirtschaftlich einigermaßen bedeutsamen Abrüstung relativ schnell neue Güterangebote auf dem Weltmarkt auftreten können. Für die Ost-West-Wirtschaftsbeziehungen könnte erwartet werden, daß es als Folge von Abrüstungsmaßnahmen zu einer strukturellen Verbesserung des Exportangebots der sozialistischen Länder und damit zu einer generellen Ausweitungsmöglichkeit für den Ost-West-Handel kommt. Diese Überlegung geht von der Annahme aus, daß die Rüstungsindustrie und die verwandten Zweige in den sozialistischen Ländern auf einem überdurchschnittlichen technologischen Stand stehen und eher als andere Zweige der materiellen Produktion geeignet wären, auf dem Weltmarkt voll konkurrenzfähige Produkte anzubieten.

Die gleiche Argumentation würde auch für die wissenschaftlich-technische und für die industrielle Kooperation zwischen sozialistischen und kapitalistischen Ländern gelten. Auch hierfür würden durch Abrüstungsmaßnahmen, die freilich ziemlich weit gehen müßten, wenn sie sich in dieser Weise wirtschaftlich auswirken sollten, neue Kapazitäten frei werden, und zwar auf Gebieten, die bisher überhaupt nicht für eine intersystemare Zusammenarbeit infrage kamen und auf denen bei den sozialistischen Ländern ein hoher technologischer Stand erwartet werden kann.

In ähnlicher Weise erscheinen allerdings auch negative Wirkungen der Abrüstung auf die Entwicklung der Ost-West-Wirtschaftsbeziehungen möglich. Die durch Abrüstungsmaßnahmen freiwerdenden Kapazitäten können in spezifischen Güterbereichen die Selbstversorgungsmöglichkeiten bei den einzelnen Handelspartnern erhöhen und damit die Importnachfrage reduzieren. Die Konkurrenz auf dem Weltmarkt kann bei den aus der früheren Rüstungsproduktion zu entwickelnden Gütergruppen in diesem Prozeß also härter werden, und partielle Rückgänge der Ost-West-Wirtschaftsbeziehungen erscheinen möglich. Im Hinblick auf die technologische Struktur des osteuropäischen Exportangebots erscheinen jedoch zumindest auf den ersten Blick positive Wirkungen wahrscheinlicher.

Alle diese Überlegungen sind freilich recht hypothetisch und können eigentlich nur auf noch zu lösende Forschungsaufgaben im Rahmen unseres Themas hinweisen. Wir brauchen viel exaktere Untersuchungen darüber, welche Gütergruppen in den einzelnen Ländern durch Abrüstung relativ schnell frei werden könnten und wie die Außenhandelselastizitäten dieser Güter im Ost-West-Handel abzuschätzen wären. Auf dieser Basis könnten wir definitiver etwas darüber aussagen, wie sich Abrüstungsmaßnahmen auf die intersystemaren Wirtschaftsbeziehungen auswirken würden. Die Ost-West-Wirtschaftsbeziehungen sind bei Abrüstungsüberlegungen nur ein Faktor unter vielen, ein gegenüber den politischen Faktoren sicher auch unmittelbar nicht so wichtiger Faktor. Aber Abrüstung, das hat auch diese Konferenz gezeigt, ist ein überaus komplexes Phänomen, und es ist notwendig, alle sie beeinflussenden Umstände systematisch zu untersuchen.

Anhang

Teilnehmer des Symposiums: Ökonomische und soziale Aspekte der Abrüstung, vom 16. bis 17. November 1973 in Berlin (DDR)

***Bertil Åberg*, Uppsala**
Universität Uppsala, Schweden

Prof. Dr. W. Aboltin, Moskau
Institut für Weltwirtschaft und Internationale Beziehungen der Akademie der Wissenschaften der UdSSR (IMEMO)

Prof. Dr. U. Albrecht, Westberlin
Freie Universität Berlin, Otto-Suhr-Institut

Dr. A. van der Bellen, Innsbruck
Institut für Finanzwissenschaft der Universität Innsbruck, Institut für Management Westberlin

Prof. Dr. W. Frhr. von Bredow, Marburg/Lahn
Fachbereich Gesellschaftswissenschaften der Philipps-Universität

Dr. W. Bruskow, Wien
Internationales Institut für den Frieden

Prof. Dr. St. Doernberg, Berlin
Institut für Internationale Politik und Wirtschaft

Prof. Dr. K.-H. Domdey, Berlin
Humboldt-Universität, Wirtschaftswissenschaften

Dr. A. Eide, Oslo
Generalsekretär der Intern. Peace Research Association (IPRA)

Jutta Hans, Frankfurt/M.
Hessische Stiftung Friedens- u. Konfliktforschung

Dr. K. Engelhardt, Berlin
Institut für Internationale Politik und Wirtschaft

Dr. G. Fink, Wien
Wiener Institut für Internationale Wirtschaftsvergleiche

Prof. Dr. E. Forndran, Neuß
Pädagogische Hochschule Rheinland

Udo Freier, Frankfurt/M.
Hessische Stiftung Friedens- u. Konfliktforschung

Prof. Dr. I. Geiss, Bremen
Universität Bremen

***Dr. R. Gutermuth*, Berlin**
Institut für Internationale Politik und Wirtschaft

Dr. D. Holloway, Edinburgh
University of Edinburgh

Dr. E. Jahn, Frankfurt/M.
Hessische Stiftung Friedens- u. Konfliktforschung

Prof. Dr. W. Jemeljanow, Moskau
Institut für Weltwirtschaft und Internationale Beziehungen der Akademie der Wissenschaften der UdSSR (IMEMO)

Dr. P. Joenniemi, Tampere
Tampere Peace Research Institute, Finnland

Dr. A. Kaljadin, Moskau
Institut für Weltwirtschaft und Internationale Beziehungen der Akademie der Wissenschaften der UdSSR (IMEMO)

Attila Kiraly, Budapest
Ungarisches Institut für Internationale Beziehungen

H.-G. Kirchner, Berlin
Institut für Internationale Politik und Wirtschaft

Dr. P. Klein, Berlin
Institut für Internationale Politik und Wirtschaft

Prof. Dr. P. Knirsch, Westberlin
Freie Universität Berlin

Prof. Dr. H. Kröger, Potsdam-Babelsberg
Institut für Internationale Beziehungen

A. Lawrowski, Warschau
Zentrum für die Erforschung der Ost-West-Beziehungen

Milton Leitenberg, Stockholm
Utrikespolitiska Institutet

H. Peck, Potsdam-Babelsberg
Institut für Internationale Beziehungen

Prof. Dr. J. M. Perczynski, Warschau
Polnisches Institut für Internationale Fragen

Dr. H. Roede, Berlin
Institut für Internationale Politik und Wirtschaft

Prof. Dr. D. Senghaas, Frankfurt/M.
Hessische Stiftung Friedens- u. Konfliktforschung

Dr. H.-V. Schierwater, Hamburg
Haus Rissen – Institut für Politik und Wirtschaft

H. Schirmeister, Berlin
Institut für Internationale Politik und Wirtschaft

Dr. M. Schmidt, Berlin
Institut für Internationale Politik und Wirtschaft

***Dr. G. Stefanoff,* Sofia**
Juristische Fakultät der Staatsuniversität, Institut für Außenpolitik

Prof. Dr. S. Verona, Bukarest
Institut für Politische Wissenschaften

Dr. L. Wiberg, Lund
Institut für Friedens- u. Konfliktforschung, Universität Lund

J. Wilczynski M. A., Warschau
Zentrum für die Erforschung der Ost-West-Beziehungen

***Dr. T. Zádor,* Budapest**
Ungarisches Institut für Internationale Beziehungen

Bericht der Kommission VI — Abrüstung

Die Sitzungen der Kommission VI „Abrüstung“ fanden unter dem Vorsitz von Dr. Andriamanjato, Madagassische Republik, statt. An der Diskussion beteiligten sich annähernd 200 Delegierte. Zum Büro der Kommission gehörten ferner die Mitglieder:

1.	Prof. G. A. Arbatow	– UdSSR
2.	Dr. James G. Foulks	– Kanada
3.	Dr. Pertti Joenniemi	– Internationale Vereinigung für Friedensforschung (IPRA)
4.	Arthur Booth	– Großbritannien
5.	Hector Ramminez Cuellar	– Mexiko
6.	Hochwürden Gyotsu N. Sato	– Japan
7.	Ion Carje	– Rumänien
8.	Prof. Eric Burhop	– Weltförderation der Wissenschaftler
9.	Serge Wourgroff	– Internationale Vereinigung der Kriegsveteranen
10.	R. K. Garg	– Indien
11.	Dr. Rose Khaddouri	– Irak
12.	Luther H. Evans	– USA
13.	K. Kielan	– Internationales Sekretariat

Die Sitzungen der Kommission verliefen in einer Atmosphäre des gegenseitigen Verständnisses und des guten Willens. Sie herrschte während ihrer ganzen Arbeit vor, an der sich 90 Delegierte mit Diskussionsreden beteiligten. Die Kommission unterbreitet der Plenarsitzung des Kongresses nachstehende Erwägungen:

Der Kampf für die Abrüstung, einschließlich des Verbots von Kernwaffen, ist eine der Hauptrichtungen der Anstrengungen zur Verhütung eines Krieges, vor allem eines nuklearen Weltkrieges, der die Existenz ganzer Länder und Völker bedroht. Internationale Spannungen stimulieren das Wettrüsten, das wiederum die Spannung verstärkt. Das Wettrüsten bewirkt Furcht, Mißtrauen und gegenseitigen Argwohn und vergiftet dadurch das politische Klima.

Eine stabile und dauerhafte Normalisierung der internationalen Lage ist unmöglich, wenn man die riesigen Arsenale von Massenvernichtungsmitteln aufrechterhält, wenn man sie weiterhin in immer größerem Ausmaß mit immer gefährlicheren Waffenarten auffüllt. Die politische Entspannung kann nicht effektiv und unumkehrbar sein, solange das Wettrüsten anhält.

1.1. Es wird heutzutage immer mehr erkannt, daß der Frieden unteilbar ist, daß er nicht auf dem „Gleichgewicht des Schreckens" basieren kann und daß wahre Sicherheit sich auf die Prinzipien der friedlichen Koexistenz, der kollektiven Sicherheit und der UNO-Charta gründen muß. Die Achtung der Unantastbarkeit der Territorien aller Staaten und die Unverletzbarkeit ihrer Grenzen, die Achtung der Unabhängigkeit und der nationalen Souveränität, die Nichteinmischung in die inneren Angelegenheiten anderer Staaten und der Verzicht auf die Anwendung oder Androhung von Gewalt in den Beziehungen zwischen den Staaten müssen zu unverrückbaren Normen der internationalen Beziehungen werden.

1.2. In letzter Zeit fanden zahlreiche bedeutsame Ereignisse statt, die auf einen Erfolg weiterer Schritte bei der Abrüstung hoffen lassen: In Vietnam und Laos wurde der Weg zum Frieden geebnet, obgleich noch bestimmte wichtige Probleme in Indochina zu lösen sind. Infolge der jüngsten Maßnahmen der UNO ergeben sich neue Perspektiven für eine gerechte und friedliche Regelung im Nahen Osten. Die Konferenz für Sicherheit und Zusammenarbeit in Europa setzt ihre Arbeit fort, und Verhandlungen über die Reduzierung der Streitkräfte und Rüstungen in Mitteleuropa haben begonnen. Internationale Abkommen über die Eindämmung des Wettrüstens und über das Verbot der bakteriologischen (biologischen) Waffen, die in der letzten Zeit abgeschlossen wurden, bringen positive Ergebnisse und werden von den meisten Ländern der Welt gutgeheißen.

1.3. Die Normalisierung und Entwicklung der Beziehungen zwischen Staaten unterschiedlicher Gesellschaftsordnung, die Abkommen zwischen den Vereinigten Staaten von Amerika und der Union der Sozialistischen Sowjetrepubliken, insbesondere über die Begrenzung der strategischen Rüstungen und über die Verhütung eines Nuklearkrieges, schaffen ein günstiges Klima für weitere Fortschritte auf dem Wege zur Abrüstung und zum Frieden.

1.4. Die Öffentlichkeit und die Friedenskräfte haben im Kampf für Entspannung und Abrüstung eine hervorragende Rolle gespielt. Sie haben die Einstellung der Völker gegen den Krieg ermutigt und in beachtlichem Maße auf die Politik der Regierungen Einfluß genommen, was zu außerordentlich wichtigen Verbesserungen in der internationalen Lage geführt hat.

1.5. Nichtsdestotrotz wird das Wettrüsten nicht nur nicht eingestellt, sondern verstärkt, was auf eine materielle Vorbereitung eines Weltkrieges hinausläuft. Die Militärhaushalte wachsen immer weiter an; es wurden neue, wesentlich verbesserte Arten von Waffen entwickelt und eingesetzt.
Das Wettrüsten fördert die Festigung der militärischen und politischen Blöcke, verschärft die Konfrontation und droht mit einem Ausbruch von Konflikten.
Das Wettrüsten drückt den Lebensstandard der Menschen, verhindert die Verbesserung des Gesundheits- und Bildungswesens. Es verewigt die soziale Ungerechtigkeit. Die Produktion von Rüstungsmaterial hemmt die Entwicklung der Volkswirtschaften. Sie ist eine der Hauptursachen der Inflation, unter der vor allem die einfachen Menschen leiden. Das Wettrüsten ist zu einem zusätzlichen Hindernis für die Entwicklung der jungen unabhängigen Staaten geworden, indem es Ressourcen bindet, die für die Befriedigung ihrer wirtschaftlichen, kulturellen und sozialen Bedürfnisse genutzt werden könnten.

Das Wettrüsten hat verhängnisvolle Auswirkungen auf die Umwelt. Es lenkt riesige wissenschaftliche und geistige Kräfte in einen Bereich ab, der eine Gefahr für die menschliche Gesellschaft darstellt und dem wissenschaftlichen und sozialen Fortschritt Schaden zufügt.

1.6. Das Wettrüsten wird vom militärisch-industriellen Komplex und von den transnationalen Monopolen stimuliert, aber auch von anderen Kräften, die gegen die Entspannung eintreten, sowie von Regimes, die die Waffen gegen die für ihre Freiheit und Unabhängigkeit kämpfenden Völker einsetzen.

1.7. Die sich gegenwärtig vollziehende Wende vom Kalten Kriege zur Entspannung ist zur Sicherheit des weiteren Fortschritts auf dem Gebiet der Abrüstung – einschließlich unilateraler Maßnahmen – zu nutzen, wobei der untrennbare Zusammenhang zwischen der Abrüstung und der Festigung der internationalen Sicherheit für alle Länder zu berücksichtigen ist.

1.8. Das gegenwärtige Jahrzehnt, das von der UNO zum Jahrzehnt der Abrüstung proklamiert wurde, wird den Aktionen der Öffentlichkeit und der Regierungen für die Verwirklichung neuer konkreter Maßnahmen auf dem Wege zur Abrüstung zweifelsohne einen mächtigen Auftrieb verleihen.
Wir unterstützen die Ausarbeitung eines Aktionsprogrammes, das konsequente Maßnahmen beinhalten muß, um das Wettrüsten einzustellen und die allgemeine und vollständige Abrüstung durchzusetzen, insbesondere bei Kernwaffen.
Die Kommission, die die allgemeinen Prinzipien auf dem Gebiet der Abrüstung untersucht hat, von denen sich die Staaten und die gesellschaftlichen Kräfte unter den gegenwärtigen Bedingungen leiten lassen müssen, empfiehlt zu diesem Zweck folgende Aktionen:

Die Schaffung eines Klimas, das Fortschritte auf dem Wege zur allgemeinen und vollständigen Abrüstung ermöglicht

2.1. Durch die Schaffung von völkerrechtlich verbindlichen Systemen, die eine wahre und vollständige Sicherheit in den verschiedenen Teilen der Welt gewährleisten, und die Herstellung von Beziehungen zwischen den Staaten auf der Grundlage der Prinzipien der friedlichen Koexistenz und des Völkerrechts. Durch Entwicklung der Zusammenarbeit zwischen den Staaten, zwischen den Völkern und zwischen den Menschen zur effektiven Verwirklichung der Resolution der XXVII. Tagung der UNO-Vollversammlung „Über die Nichtanwendung von Gewalt in den internationalen Beziehungen und das Verbot der Anwendung von Kernwaffen für alle Zeiten" beizutragen.

2.2. Durch die Unterstützung aller Bemühungen, die auf eine gerechte Beilegung internationaler Streitfragen und bewaffneter Konflikte auf der Grundlage der Achtung des unabdingbaren Rechts eines jeden Volkes auf Freiheit und Verfügung über ihre Naturschätze, auf nationale Unabhängigkeit und sozialen Fortschritt gerichtet sind.

2.3. Durch die Unterstützung aller Vorhaben zur Eindämmung der Eskalation der Angst, die zur weiteren Aufrüstung führt, die selbst wiederum Mißtrauen und Angst erzeugt.

2.4. Durch die Unterstützung der Prozesse der internationalen Entspannung und der Abrüstung, so daß diese sich gleichzeitig entwickeln, einander fördern und beschleunigen und so zu einer wahren und vollständigen Sicherheit in den verschiedenen Gebieten der Welt führen.

2.5. Durch die Förderung der baldigen Einberufung einer Weltabrüstungskonferenz und des erfolgreichen Abschlusses der Abrüstungsverhandlungen, einschließlich der Verhandlungen, die über die gegenseitige Reduzierung der Rüstungen und Streitkräfte in Europa begonnen wurden, sowie der laufenden Verhandlungen über die Begrenzung der strategischen Rüstungen.

2.6. Durch die Unterstützung aller Anstrengungen, die auf den Rückzug fremder Truppen in ihre nationalen Grenzen, das Verbot der Stationierung von Kernwaffen auf fremden Territorium, den Abbau von Militärbasen auf fremden Territorien, die Liquidierung von Militärblöcken und Militärpakten, die

Reduzierung der Streitkräfte und die Schaffung kernwaffenfreier Zonen gerichtet sind.

Die Förderung des Abschlusses und der Anwendung internationaler Abrüstungsabkommen

Praktische Maßnahmen könnten in folgendem bestehen:

3.1. Unterstützung von Verhandlungen und des Abschlusses eines Vertrages, der die Nutzung, Herstellung und Lagerung von Kernwaffen sowie die Forschungs- und Entwicklungsarbeiten auf diesem Gebiete verbietet, mit dem Ziel der Vernichtung der bestehenden Vorräte an Kernwaffen.

3.2. Kürzung der allgemeinen Militärbudgets der großen Staaten um 10 Prozent als erster Schritt. Bereitstellung der freigewordenen Mittel für soziale Zwecke und zur Unterstützung der Völker der Entwicklungsländer.

3.3. Erhöhung der Zahl der Unterzeichnerstaaten und Erweiterung des Anwendungsbereiches der bestehenden Abkommen, wobei insbesondere der Teststop-Vertrag auf die unterirdischen Kernwaffenversuche zu erweitern ist, und Forderung nach Ratifizierung des Genfer Protokolls von 1925 durch alle Staaten und seine Anwendung, wie dies in der Resolution 2603 der XXIV. Vollversammlung der Organisation der Vereinten Nationen erneut ausgedrückt wurde.

3.4. Abschluß einer Vereinbarung über das Verbot der Entwicklung, Herstellung und Lagerung chemischer Waffen sowie über die Vernichtung der bestehenden Vorräte an chemischen Waffen.

3.5. Einwirkung auf die Regierungen mit der Forderung nach Ratifizierung und effektiver Anwendung solcher Verträge, insbesondere der Konvention über das Verbot und die Vernichtung von bakteriologischen (biologischen) Waffen sowie nach Einstellung aller Kernwaffenversuche.

3.6. Alle Länder, die über Massenvernichtungswaffen verfügen, haben alle Anstrengungen zu unternehmen, um den Abschluß weiterer multilateraler und bilateraler Abkommen zu erleichtern, die bedeutende qualitative Begrenzungen und eine wesentliche Einschränkung der strategischen Angriffs- und Verteidigungskernwaffensysteme vorsehen.

Es ist ein klares Verständnis der Abrüstungsprobleme zu erreichen

4.1. Durch die Organisierung von Kampagnen zur Entlarvung des Irrglaubens, daß die Aufrüstung „den Frieden festige", über „die technische Unmöglichkeit" der Abrüstung und ihrer Kontrolle, über den sogenannten ökonomischen und wissenschaftlichen Nutzen der Aufrüstung wie auch über „die Sicherheit" als Folge des „Gleichgewichts des Schreckens". Hierbei ist es erforderlich, der Öffentlichkeit in breitestem Maße die gesamte Literatur zugänglich zu machen, die der Entlarvung derartiger Mythen dient.

4.2. Durch die breiteste Propagierung aller Beschlüsse, die im Zusammenhang mit den Änderungen ausgearbeitet werden, welche als Ergebnis der Abrüstung entstehen, insbesondere infolge der Umstellung der Rüstungsindustrie. Es sind dabei konkrete Beispiele zu nutzen, die es bereits auf diesem Gebiet gibt, und die Erforschungen von Folgen dieser Umstellung für die in der Rüstungsindustrie Beschäftigten, namentlich für die wissenschaftlichen Mitarbeiter, zu fördern.

4.3. Es ist in der Richtung zu wirken, daß alle Probleme, die mit der Abrüstung oder ganz allgemein mit den friedlichen internationalen Beziehungen und dem gegenseitigen Verständnis zusammenhängen, untrennbarer Bestandteil der Lehrpläne in den Schulen werden und die Unterstützung der Massenmedien finden.

4.4. Alle Möglichkeiten für kollektive Aktionen und für Äußerungen des individuellen Bewußtseins im Kampf gegen den Krieg, für die Abrüstung, sind zu unterstützen.

4.5. Es ist der Zusammenhang hervorzuheben, der zwischen den Aktionen gegen das Wettrüsten und dem Kampf für die Verbesserung der wirtschaftlichen und sozialen Lage breiter Bevölkerungsschichten in unterschiedlichen Ländern besteht, damit Möglichkeiten für gemeinsame Aktionen gefunden werden.

Die Folgen der Abrüstung für die Entwicklungsländer sind hervorzuheben

5.1. Diese Länder müssen immer aktiver in die Lösung dieser Probleme einbezogen werden. Die Erfolge auf dem Wege zur Abrüstung werden zur Lösung der lebenswichtigen Probleme ihrer Entwicklung beitragen.

5.2. Ferner sollte betont werden, daß die von den Völkern und Regierungen dieser Länder unternommenen Anstrengungen, die auf die Erringung der nationalen Unabhängigkeit, auf die Beseitigung des Kolonialismus und gegen die Fremdherrschaft gerichtet sind, einen gewichtigen Beitrag zur Abrüstung darstellen.

5.3. Es sind die Abrüstungsaspekte hervorzuheben, die den Kampf für die nationale Befreiung, das Verbot aller Waffenlieferungen und der Übergabe technischer Kenntnisse an Kolonialkriege führende Länder und an solche Regimes betreffen, die diese Waffen zur Aggression, Ausbeutung, Herrschaft und Bedrohung des Friedens benutzen und Gewalt zur Verhinderung des sozialen Fortschritts anwenden.

5.4. Es sind wirksame Sanktionen – insbesondere solche, die bereits von den Vereinten Nationen beschlossen wurden – gegen die Regimes anzuwenden, die eine Politik der Apartheid und der Rassendiskriminierung in anderen Formen betreiben. Diese Regimes bekommen Hilfe unterschiedlicher Art, um ihre Positionen zu stärken und die erhaltenen Mittel für die Herstellung von Waffen, insbesondere von Kernwaffen, zu nutzen.

5.5. Es sind Maßnahmen zu ergreifen, um die Anwendung der modernen Kriegstechnik in bewaffneten Aktionen gegen die Zivilbevölkerung, insbesondere in den Entwicklungsländern, für ungesetzlich zu erklären.

Es ist das Echo zu verfolgen, das die Probleme der Abrüstung in verschiedenen Kreisen der Öffentlichkeit auslösen können, dementsprechend ist die Aktionslinie festzulegen

6.1. Es ist nach Methoden zu suchen, wie die Vertreter der Presse für die Abrüstungsprobleme interessiert werden können. Dabei sollten sie zu Aktionen, beispielsweise zur Veranstaltung von „Rundtischgesprächen" für Journalisten aus unterschiedlichen Ländern und Systemen, hinzugezogen werden, damit ihnen die Möglichkeit geboten wird, zu einer besseren internationalen Verständigung beizutragen.

6.2. Die vorhandenen Ergebnisse von Untersuchungen sind effektiv zu nutzen, die Institute für Friedensforschung wie auch andere wissenschaftliche Einrichtungen sind in die koordinierten Aktionen zu Abrüstungszwecken einzubeziehen und mit den nötigen Mitteln zu versehen.

7. In der gegenwärtigen Etappe sind neue günstige Aussichten zur Koordinierung der Anstrengungen der unterschiedlichen nationalen und internationalen Organisationen im Kampf für die Verwirklichung der obengenannten Ziele und Aufgaben entstanden. Die Tätigkeit der Kommission „Abrüstung" hat die Möglichkeit koordinierter Standpunkte zu einem großen Kreis von Fragen der Abrüstung und Zusammenarbeit von verschiedenen Friedenskräften bestätigt.

7.1. Unter Anerkennung und Achtung der Selbständigkeit und Autonomie der Kräfte, die am Kampf für die Abrüstung teilnehmen, hält es die Kommission für möglich und notwendig, gegenseitige Verständigung, Zusammenarbeit und gemeinsame Aktionen verschiedenster Strömungen der Öffentlichkeit zu entfalten.

7.2. Konkreter Ausdruck solcher Annäherung und der gemeinsamen Aktionen kann die aktive Mitwirkung der Friedenskräfte an der gemeinsamen Durchführung der Internationalen Woche zur Unterstützung der Abrüstung sein, die vom 22. bis 29. April 1974 stattfinden wird, und an der jährlichen Veranstaltung des Internationalen Tages der Abrüstung am 17. Juni 1975.

Die Kommission hat aufrichtig den Wunsch zum Ausdruck gebracht, daß die praktischen Voraussetzungen für die Fortsetzung von Kontakten, die während der Arbeit der Kommission entstanden sind, und für die Herstellung von Verbindungen zwischen den verschiedenen Organisationen im Weltmaßstab geschaffen werden.